U0361653

培文·历史　斯塔夫里阿诺斯全球史系列

LIFELINES

全球史纲

FROM OUR PAST

人类历史的谱系

A New World History

〔美〕斯塔夫里阿诺斯 / 著
L. S. Stavrianos

张善鹏 / 译

北京大学出版社
PEKING UNIVERSITY PRESS

著作权合同登记号 图字：01-2014-6049

图书在版编目(CIP)数据

全球史纲：人类历史的谱系/（美）斯塔夫里阿诺斯（Stavrianos）著；
张善鹏译. —北京：北京大学出版社，2017.6
（培文·历史. 斯塔夫里阿诺斯全球史系列）
ISBN 978-7-301-27143-8

Ⅰ.①全… Ⅱ.①斯… ②张… Ⅲ.①世界史 Ⅳ.①K10

中国版本图书馆CIP数据核字（2016）第105684号

书　　　名	全球史纲：人类历史的谱系
	Quanqiu Shigang
著作责任者	〔美〕斯塔夫里阿诺斯（L. S. Stavrianos）著　张善鹏 译
责 任 编 辑	徐文宁　于海冰
标 准 书 号	ISBN 978-7-301-27143-8
出 版 发 行	北京大学出版社
地　　　址	北京市海淀区成府路205 号　100871
网　　　址	http://www.pup.cn　新浪微博：@北京大学出版社 @阅读培文
电 子 邮 箱	编辑部 pkupw@pup.cn　总编室 zpup@pup.cn
电　　　话	邮购部 62752015　发行部 62750672　编辑部 62750112
印 刷 者	三河市吉祥印务有限公司
经 销 者	新华书店

787毫米×1092毫米　16开本　16.75印张　230千字
2017年6月第1版　2024年第4次印刷

定　　　价　　48.00元

致谢

本书是我毕生探寻和思考的结果。限于篇幅，我无法列举详细的致谢名单，只能对他们深鞠一躬，聊表谢意。不过，我要格外感谢那些阅读和批评过本书部分手稿的人，他们是加州大学圣芭芭拉分校的埃尔曼·谢伟思（Elman R. Service），圣地亚哥州立大学的玛丽·克拉克（Mary E. Clark），以及加州大学圣地亚哥分校的艾伦·雷恩（Allen Lein）。我尤其要感谢我在加州大学圣地亚哥分校的同事约翰·道尔（John W. Dower），他顶着其他课业的压力，通读了我的书稿，并提出了详细而深刻的批评意见。我当时虽然十分自负，但对他的批评十分感激，至今仍念念不忘。我最为感激的是本书编辑汤姆·恩格尔哈特（Tom Engelhardt），他从不保留自己的意见，就像他从不吝惜自己的时间。他敦促我反复斟酌，并把书稿从头到尾加以修正。这份独特的经历弥足珍贵，我本人感到极为受用。

在本书写作期间，加州大学圣地亚哥分校中心图书馆的工作人员不厌其烦地满足了我的借阅请求。我也要对杰奎琳·格里芬（Jacqueline Griffin）表示感谢。当本书的书稿在太平洋和大西洋沿岸之间来回穿梭时，她尽职尽责地反复录入了那些数度起死回生的文字。

目 录

每一代人都必须撰写属于自己的历史，并对已经写 *3*
好的历史得出自己的结论。这并不是因为前人的结论不正
确，而是因为一种实际的考虑。之所以需要不同的答案，
是因为需要回答不同的问题。站在旅途的新起点上，就会
看到眼前呈现的是既陌生又复杂的全新景观，要求人们对
传统的图示加以扩大。

——理查德·托尼（Richard Tawney）

导言：我的个人历史谱系

宏大的叙事，其实都是自传。

本书也是一部宏大叙事，其源头可以上溯到大萧条时期。当时，我只有
十几岁，在一座贫民窟的餐厅做服务员，好为不太宽裕的家里挣些口粮。那
家餐厅坐落在美丽的温哥华市区。每天，我都要接待一些穷困潦倒的顾客，
他们与不列颠哥伦比亚省无尽的财富形成了巨大的反差，在我年青的头脑当
中留下了深刻的印记。

餐厅的顾客大多曾在农场、森林、矿场或渔场做工，但在大萧条那几年，
他们许多人都失了业。由于挣不到薪水，他们只得靠当地救济机构发放的每
周用餐券过活。领到用餐券后，失业者就会成群结队地来到贫民窟餐厅。只 *4*
有在那里，他们手中为数不多的几分钱才能发挥出最大的作用。

由于不列颠哥伦比亚是加拿大冬季最温暖的省份，所以，加拿大的失业
人口也就汇集到了温哥华（这个位于太平洋沿岸的唯一一座加拿大大城市），
就像美国的失业人口汇集到了加利福尼亚一样。每天都有成百上千的失业者

来到这里。他们一跳下货运列车，就向救济机构走去。我们那家餐厅每天接待新顾客的高峰时段，可以根据货运列车从寒冷的草原省份驶入温哥华的时刻表推算出来。

我当时虽然还是个孩子，心里却也很清楚，这些失业者当中有很大一部分是酒鬼，也有许多人在工厂、矿场、木材厂、渔船或罐头厂工作期间因伤致残。断指、残腿、截肢、眼罩，十分常见。在这些人居住的贫民窟，我曾打过好几年工，度过许多个周末和"暑假"。此类场所常见的低俗标志，那里应有尽有：廉价的住所，当铺，啤酒馆，以及形形色色的江湖骗子。

我们那家餐厅对面碰巧有一座广场，被称为温哥华版的"海德公园"（Hyde Park）。每天晚上，世界产业工会（Wobbly）的演讲者都会在那里发表一些充满火药味的不同凡响的演说。从肥皂箱上讲演过后，他们通常会到餐厅买咖啡和馅饼。此时，天色已晚，餐厅里没有多少顾客，我就能闲下来，一边喝咖啡，一边和为世界产业工人（Industrial Workers of the World，IWW）声言的那些发言人聊天。我对他们讲的那些东西吃惊不已。他们批判那种"天上掉馅饼"的幻想；他们对市级、省级和自治领的官员不屑一顾，称其为统治阶层的"马屁精"，而非人民公仆；他们提到通常受人爱戴的"骑兵"（加拿大皇家骑警）时，称其为"哥萨克"；他们声称，加拿大的洲际铁路，以及他们所熟悉的货运列车，其管理者和所有者应该是建造它们的工人，而非从中牟利的银行家和股东。

这些话语令我这个懵懂的少年目瞪口呆，但其震撼程度却比不上周围的现实。那些年，我的人生态度非常严肃。对于世界产业工会那些人提出的问题，以及自己每天观察和经历的事情，我力图马上理出头绪，找出答案。有一个重大问题，在我的脑海里一直挥之不去：美丽的温哥华拥有无尽的潜力，但为何现实却是如此悲惨，差距却是如此残酷？我知道自己那些顾客和朋友憎恨失业，渴望做工。显然，数以百万吃得很差、穿得很差、住得很差的人们亟需食物，但却无人种粮；亟需木材，但却无人加工；亟需鱼肉罐头，但却无人制造。然而，那些无缘做工的失业者为何不能从事这些自己十分在行的工作，何况加拿大社会又迫切需要这些工作？为什么？

虽然温哥华的海滩和山峰极富魅力，我也曾以年轻人特有的热情去游山玩水，但却发现自己反复回到这个简单的问题，令我苦恼不已。世界产业工会那些人的答案虽然令我震惊，但最终却还是无法让我满意。不过，他们至少对我进行了鞭策，让我产生疑问，并从知识和情感的角度去挑战那些既有的答案。

起初，这种挑战令我形成了一些看法。然而事后回想起来，那些看法实在是单纯得可笑。当时，我对一种理论十分着迷，该理论认为，加拿大的问题可能源于其历史上缺乏美国独立革命那样的革命运动。美国是个富国，相对而言，美国人生活得更加富裕（我们这些饱受大萧条折磨的加拿大人当时误以为情况就是这样）。在 18 世纪，美国人成功地推翻了大英帝国的统治，加拿大人却依然留在大英帝国，在我看来，我们这些身处困境的帝国臣民的出路，或许就是发布自己的《独立宣言》（*The Declaration of Independence*）。世界产业工会那些人曾对我说，英国人的牟利方式就是剥削加拿大的天然资源和人力资源。这一假说与此相符，从而增加了几分对我的吸引力。

这些年轻人的看法在今天看来可能显得有些幼稚，但滋生它的那些贫民窟的经历给我留下的印象，却比我在任何课堂上或书本里学到的东西都更加深刻和长久。不管听上去多么陈腐，那家贫民窟餐厅永远都是我的第一所"大学"。我觉得自己在那里学到的东西如今依然成立——官方论调与社会现实之间，理想与实践之间的差距，使所有的社会都深受其害。一个历史学者的角色，就是阐明那种差距的起源。

这一看法，即便是在当时，以我的个人经历为参照，也是不言而喻，无 *6* 可辩驳。因而，当我发现老师们坚决不同意我的观点时，我感到十分惊讶。当我直截了当地追问他们为何选择讲授历史时（这是我本科和研究生阶段选择的进修科目，所以不足为奇），他们含糊其辞，说什么有教养的人士需要熟知自己的文化传统。以我的个人经历和观察力来判断，这种回答十分牵强，我拒不同意。所以，我坚持了自己研究历史的初衷，不是为了装点文化，而是把它当作理解社会的工具。

1937 年，我完成了研究生学业，随后在加拿大和美国的几所大学开始了长达半个世纪的学术生涯。我的研究和写作所围绕的专门题目，反映了贫民窟"遗产"对我的深远影响。在攻读研究生学位期间，我的专业研究方向是巴尔干半岛的历史，该地区在 19 世纪的作家眼中，就是当时欠发达的第三世界。这块半岛由于连年战乱，革命频发，还滋生出不少国际危机，所以常被人们称作"欧洲的火药桶"（powder keg of Europe）。"火药桶"这一比喻虽已深入人心，但却极少有人重视欧洲列强（沙皇俄国、霍亨索伦家族统治下的德国、哈布斯堡家族统治下的奥匈帝国，以及大英帝国）出于各自的利益诉求，曾刻意给这一地区提供"火药"。巴尔干半岛上的诸多小国其实都是棋子，与当今许多中美洲小国及东南亚国家一样，在外交棋局中任由那些大国摆布。

我也注意到一些特例，当巴尔干半岛上的国家能够使其民族和宗教矛盾服从半岛的合作和统一大业时，列强总是会无一例外地出面进行干涉，为了达到其"分而治之"（divide and rule）的目的，它们常会挑唆某个巴尔干民族与另一个民族为敌。我决定从内部研究巴尔干的历史，而不是从欧洲大臣那些空洞的观察出发。我的博士论文"巴尔干联盟运动史"，以及后来出版的一部内容更加全面的著作《1453 年以来的巴尔干》（*The Balkans Since 1453*），在学术界为我奠定了"巴尔干问题专家"的地位。

不过，一个巴尔干问题专家的生活很难跟得上教室外面动荡不定、急速变化的世界。第二次世界大战之后，一股殖民地革命的浪潮席卷了曾经存在几个世纪的欧洲帝国。在我家附近，我执教的西北大学的学生不断被送到朝鲜服役。令人痛心的是，他们显然对自己此行的目的和原因知之甚少。我越是思考，就越发意识到，美国学术界的西方中心论思想是多么严重，这一问题不仅存在于史学界，也不仅存在于西北大学，而是存在于所有的学科，以及所有的校园。

对此，我本人的回应，就是在我所从事的学科领域——即大学新生必修的历史学导论当中，竭力纠正这种极为猖獗的歪曲史实现象。这门课程几乎无一例外地被称作"西方文明"简史，从内容到形式都是如此。老师和课本都是从埃及和美索不达米亚开始，从地中海讲到古希腊罗马，从阿尔卑斯山讲到北欧，最后从大西洋讲到新大陆，在那里，人类文明才达到了巅峰。我们当中极少有人懂得，在追溯"文明"西进的历程时，我们已竭力将亚洲人、非洲人和哥伦布到来之前的美洲人的大部分历史清除出了学生的视野。我们之所以提及日本，只是为了交代海军准将佩里（Mattew Perry）[1]的历史背景；之所以提及印度，只是为了介绍罗伯特·克莱武（Robert Clive）[2]的功业；之所以提及非洲，只是为戴维·利文斯顿（David Livingstone）[3]和塞西尔·罗兹（Cecil Rhodes）[4]的出场打好铺垫。

我们大多数人甚至都没有意识到这种排他性是一个问题，因为我们想当然地以为，西方在第二次世界大战之前就已取得了全球霸权。在将势力平衡的背景歪曲之后，历史教学当中传统的西方中心论就显得既正常，又恰当。然而，第二次世界大战之后出现的殖民地革命浪潮，迅速而明显地粉碎了旧有的背景，就像任何一张地图业已显示的那样，地名和颜色正在发生变化。慢慢地，我们当中有些人开始不情愿地承认，我们为学生罗列世界历史的方式已经过时了。

此时，我决定舍弃巴尔干历史研究，转而探索世界历史。当时，作为正

---

[1] 马修·佩里（1794—1858），美国海军军官，1853年他率领美国舰队，逼迫日本开港通商。——编注

[2] 罗伯特·克莱武（1725—1774），英国殖民者，孟加拉首任省督，集冒险家、军事家、外交家、政治家于一身，英国人视其为英帝国最伟大的缔造者之一，殖民地人民则视其为罪恶的强盗。——编注

[3] 戴维·利文斯敦（1813—1878），英国著名探险家，传教士，在非洲一待就是30年。——编注

[4] 塞西尔·罗兹（1853—1902），又译罗得斯，英国政治家、商人，罗得西亚（Rhodesia）的殖民者，罗得西亚即以他的名字命名。他通过剥削南非的自然资源，攫取大量财富，死后设立罗兹奖学金。——编注

规的研究和教学领域的世界历史尚未得到普遍承认。就这样，我开始着手开
设一门新的历史学导论课程，它既要涵盖全球，又要便于讲授。这就需要尝
试去除许多古老的话题，它们虽然适用于讲述西方简史，但却很难适用于为
期一年的全球史通论课程。

在纽约卡内基集团的支持下，我得以腾出大量时间来设定那些基本的新
概念和新框架。我最为根本的主张，就是认为世界历史并非国别史或区域史
的总和，而且也不能仅被视为国别史或区域史的总和，而是必须涵盖包括世
界历史各个组成部分在内的一个全新的整体。

在 1950、1960 年代，也有其他一些历史学者开始沿着这些思路展开思
考和工作。作为大家辛勤努力的结果，书刊上，以及小学、中学和大学开设
的课程中，出现了一种新的全球视角。渐渐地，全球视野赢得了一些人的垂青。
一个可信的证据就是，出版商正在迅速而大量地推出新版世界史教材，以期
在不断扩大的图书市场上快速盈利。这一方法之所以能够成功，幕后的关键
因素显然是当时越南、南非、中东等地发生的事件所产生的影响，毫无疑问，
这些事件要求教师必须扩大自己的视野。

虽然世界历史的正当性和必要性如今已不再遭受严肃的质疑，但在近来，
出现了一个更为根本的问题。新的问题不再是应不应该有世界历史，而是应
该有什么样的世界历史。我们今天的世界已经与 1950 年代开始呼吁建立世
界历史学科时的情况有所不同，正如 1950 年代的世界不同于二战之前的世
界一样。就像殖民地革命、朝鲜和越南的战争（以及"冷"战）引发的全球
动荡需要建立全球取向的历史新学科一样，如今出现的正在引发更大动荡的
事件，包括环境恶化、资源耗竭、全球范围的结构性失业、日益严重的贫富
分化，以及最为严重的"核冬天"（nuclear winter）的阴影，都迫使我们对
世界历史进一步加以改进。再一次，我们需要重新思考和编写历史，以适应
我们当下的经验和需求。

问题已不仅限于将西方与非西方放到一起进行比较，或是像汤因比那样

去评价文明兴衰的意义，甚或是去评价现代列强的兴衰，就像保罗·肯尼 9
迪（Paul Kennedy）[5]最近分析的那样，不论这些努力是如何重要，如何有用。[6]
问题已经涉及如何评价作为一个物种的我们自身——我们的人性、价值、成
就和前景，本质究竟如何。

　　这里有个矛盾，此类整体评价的必要性源于一个事实，即我们作为一个
物种一直都在地球上遥遥领先。我们的"成就"如此巨大，以至我们如今正
在超越数十亿年的自然选择过程，开启了一个人为选择的进化新时代。我
们不仅决定着地球上的动植物的命运，而且决定着那些动植物（包括我们
自身）基因的命运。进化过程已不再单单取决于基因——或是引发物种灭
绝的自然灾难，而是越来越取决于人类。由此，进化过程也就被改造成了一
种数量意义上的新型"定向"过程，至少从我们控制着地球和以地球为居所
的生物的命运来看，情况确实如此，不管我们是否充分或自觉地接受这种责
任。就像物理学家维尔纳·海森堡（Werner Heisenberg）[7]指出的那样，"在
历史上，地球上的人类第一次面对的只有自己；他再也找不到别的伙伴或
敌人"[8]。

　　可以肯定，我们最终面对的将只有我们自己，这并没有什么可以大惊小
怪的。我们再也无法回避下面这个问题：这个人类已经取得空前的优势和成
就的时代，为何也是物种灭绝的可能性首次成为完全可能的时代。

　　南非政治家扬·克里斯蒂安·史末资（Jan Christiaan Smuts）[9]曾经

---

[5]　肯尼迪（1945— ），美国著名历史学家，国际战略学家，曾任皇家历史学会会长，现为耶鲁大学历史学
　　教授，重点研究和讲授当代战略和国际关系。代表作《大国的兴衰》。——编注

[6]　参见保罗·肯尼迪：《大国的兴衰：1500—2000 年的经济变迁与军事冲突》（*The Rise and Fall of the
　　Great Powers：Economic Change and Military Conflict from 1500 to 2000*，Random House，1988）。

[7]　海森堡（1901—1976），德国核物理学家，量子力学创始人之一，"哥本哈根"学派代表人物，1927 年
　　提出"测不准原理"，1932 年获得诺贝尔物理学奖。——编注

[8]　转引自马赫（R. Maheu）发表在《联合国教科文组织公报》（UNESCO Courier）1966 年 2 月号第 30 页
　　上的文章。

[9]　史末资（1870—1950），南非及英联邦著名政治家，军事家，哲学家。1919—1924、1939—1948 年出任
　　南非总理，1941 年授英国陆军元帅军衔。其最大成就是创立了国际联盟。——编注

宣称："一回顾历史，我就感到悲观……不过，一回顾史前历史，我就感到乐观。"[10] 这一言论不仅说中了历史的要害，而且就历史写作本身而言也很正确——因为在评价人类的历史时，我们的史前历史通常都会被毫无理由地加以缩短，仿佛史前时代人们的观点和行为可以视作某种亚人类的东西简单地不加理会。然而，我们的"历史"是在文明——以及文字——不到 6000 年以前在美索不达米亚首次出现之后才开始的，但据考古学家新近在中东的发现，人类的各种经历可以上溯到 5 万—10 万年前"智人"的出现。如果进一步追溯人类的原人起源，我们就必须把时段扩展到大约 500 万年前，才能涵盖我们的南方古猿祖先。尽管我们的历史和意识已经自然而然地被过去几千年中有文字记载的事件所主导，但事实却依然表明，史前历史毕竟占据了人类遗产 99% 以上的部分，从而也就可以为人类可能出现的情况，甚或人类未来的前景，提供一个非常独特而且通常更有希望的视角。

　　近来，在我们史前祖先的生活方面，人类学家有了重大发现。这些发现已经帮助我们清除了关于"人性"（human nature）、"人种"（race）和其他一些重大问题的某些陈规陋习、文过饰非，以及偏见，而在这些问题上，人们过去却是非常肯定地书写了非常之多的荒唐文字。如今，我们已经可以凭借越来越多的证据以及合理的自信，来评价人性的本质和人类基本的价值观念，遑论人类社会在上万年间而非短短几个世纪内为了满足人类的基本需求而经历的成败。人性的本质以及人类如何处理人与人、人与自然的关系，都是 20 世纪晚期任何一个负责任地预估人类前景的人所无法回避的基本问题。这些都是关乎人类"命脉"（lifeline）的问题，需要从既包括史前历史，也包括历史本身的人类历史出发去加以界定和追溯。

　　即使存在这种需要，也依然存在是否可行的问题。汤因比的文明兴衰史

---

[10]　转引自埃利希·弗洛姆（Erich Fromm）：《人类破坏力分析》（*The Anatomy of Human Destructiveness*，Holt，Rinehart & Winston，1973，p.vii.）。

跨越了几千年的时间，肯尼迪的大国兴衰史也跨越了五个世纪，史前历史则要上溯到 500 万年以前——具体时段完全取决于个人的界定。在如此漫长的时间范围内，我们这个物种的进化过程如何才能以本书这样的篇幅来概括，并加以合理解释？事实表明，人类是一种社会动物，总是生活在自己创造的社会环境当中，这就提供了一个简单可行的起点。这些社会环境，或曰社会组织，曾以无数的形态在世界各地出现，具体取决于气候之类的地理因素（此即爱斯基摩社会与阿拉伯社会的差别所在），或是外在环境（此即安第斯社会与波利尼西亚社会的差别所在），或是接受外来影响的程度（此即与外界隔绝的澳洲土著居民与主要位于中东地区的民族有着全然不同的历史经历的原因）。

所有这些因素以无数种方式排列组合，形成了过去和现在人类社会的总 *11* 和。这个总和非常巨大，相应地，对那些社会加以评价，并在它们与我们的时代和需求之间建立联系，也就成了一项极为艰巨的任务。当我们注意到人类过去和现在数以百计的社会可以广义地分为三类时，这项任务才变得更具可操作性。这三类社会分别是氏族社会（kinship societies），涵盖了大约公元前 3500 年以前的所有人类共同体；朝贡社会（tributary societies，也叫文明社会），最先于公元前 3500 年左右出现在中东，随后逐渐扩散，与那些自发形成的朝贡社会一起，遍布澳洲之外的世界各大洲；自由市场社会，或曰资本主义社会（capitalist societies），最先于公元 1500 年左右（具体时间仍有争议）出现在欧洲西北部，随后不断扩散，直到遍布世界，并主导全球。

这三种社会制度的寿命都很长久，因为它们都满足了人类当时的某些基本要求。不过，当情况发生变化时，它们也迟早都会在内部出现某些矛盾，随后变得日益失调，直到每一种社会（我们目前这种社会除外）让位给另一种可以解决上述矛盾的新社会。人类最初的需要是如何得到满足的？那些矛盾又是如何出现的？它们在过去又是如何得到解决的？这些问题都可以启发当下，因为我们的社会目前采用的基本框架是相同的，虽然在资本主义及其发展出来的高科技的驱动下，社会发展的速度和水平都得到了极大的提升。

拜人类社会的这一共性所赐，我们得以沿着一条贯穿三种社会的线索来考察某些关乎人类命运的基本问题，进而分析和比较人类过去和现在的实践和经验。为清晰起见，本书甘冒过度简化的风险，将这些"谱系"分成四类：生态（ecology）、两性关系（gender relations）、社会关系（social relations）和战争（war），来分析上述三种社会制度。之所以选择这四个题目，不是由于无数的其他题目无关紧要，而是由于它们涵盖了与当下直接相关的人类经历当中最为广泛的领域，从而可以将我们的过去与我们现在面临的全球性危机最大限度地联系起来。

有人也许会反对，认为如此简略和挑剔的通论并非真正的世界历史，因
12 为它未能展示纷繁复杂且丰富多彩的人类史诗。情况确实如此，所以这里我们也就有必要将本书的主旨加以明确界定。

本书绝非一部面面俱到的人类历史专著。最近出现了几部这样的著作，而且都不难查阅。[11] 本书则在内容上进行了大胆取舍，只会分析那些对我们当下具有启发意义的历史问题。简言之，本书探讨的是那些有用的历史。当然，探寻有用的历史，就要涉及人类社会的集体经历和共同思考，因为它们合成了可以指导人类未来发展的共识。不过，在探寻历史的意义时，我们也有必要识别一些陷阱。这种意义并不一定要限制在"最近"（recent）。例如，旧石器时代的人们比我们今天的工作量要少，遭受的饥荒和营养不良问题也可能比现在的 50 亿人要轻，与我们从晚间新闻报道中获取的大部分资讯相

---

[11] 新近的作品包括本书作者的《全球通史：从史前到现在》（*A Global History：From Prehistory to the Present*，4th ed.，Prentice-Hall，1988）；威廉·麦克尼尔的《人类社会简史：从史前到现在》（*A History of the Human Community：Prehistory to the Present*，2nd ed.，Prentice-Hall，1987）；以及 H. 托马斯（H. Thomas）的《世界简史》（*A History of the World*，Harper & Row，1979）。关于这种联系，值得一提的是玛丽·克拉克（Mary E. Clark）的佳作《阿里安德涅之线：新型思维方式探析》（*Ariadne's Thread：The Search for New Modes of Thinking*，St. Martin's，1989），该书是一位生物学家对阿尔伯特·爱因斯坦几十年前提倡的"新型思维方式"（new modes of thinking）所作的大胆探索，极富启发意义。

比，这一点可能更有意义。

需要格外强调的一点是，历史学家理解的"意义"（relevance）不应混同于"预言"（prediction）。对于当下的问题，或是想象中的未来将要面对的问题，不能指望从历史当中获得明确的答案。诚然，历史不像物理或化学那样，是一门精确的科学。历史的研究对象是人，而人的行为很难准确预测，不能像化学家那样，可以更有把握地预言 A 元素与 B 元素混合后将会发生何种反应。历史不是水晶球，不能预言哪个政党会胜出，哪个国家领导人会遇刺，哪个国家会发生革命，哪个地方会爆发战争。但在另一方面，我们也不能得出这样的推论，认为历史揭示不了过去、现在和未来之间的关系。如果我们用心探寻有意义的模式，并以娴熟的手段和负责的态度开展研究，就能使历史成为一门有用的学科。历史的用处不是预测未来，而是提供一个考察过去和现在的框架——这个框架不会预言将要发生什么，但却可以揭示人类的灵活性和潜能，那是我们的遗产。

最后，历史固然不是预言，但却也不单单是记述史实。人们经常认为，通过罗列史实，史实就会不证自明。这种观点不可取。罗列史实并不能说明 _13_ 史实。我们今天所要承担的根本任务，不是继续积累更多史料，而是阐释我们早已掌握的大量信息。

正因如此，本书在写作过程中遵循的原则是"大胆取舍"。所以，本书难免会舍弃一些人们熟知和重视的历史人物和事件，并会舍弃一些重要的话题，例如标准的通史著作所要彰显的国家、民族主义，以及高雅文化。

本书看上去可能更像是一部应时之作，但应指出的是，在过去的任何时代，任何民族的历史都曾以各自时代的"应时之作"的面目出现，都直接或间接地宣示了各自时代的特定需要。我们史前时代的祖先想必也已酝酿出了类似的创世神话，因为他们假定万事万物，包括他们的自身、文化和习俗，在创世之初即已出现，而且注定会一成不变地延续到未来。这些观点都很自然。欧洲中世纪的基督教历史学家认为，自己的任务就是证明上帝对待人类的公正性。他们明白，人类的文明要接受末日审判，他们之所以撰写历史，主要就是为了警醒那些浑浑噩噩的人们，审判正在到来。这种观点同样很自然。

19 世纪那些秉持西方取向的历史学者，认为世界完全就是欧洲帝国的天下。这种观点也很自然。可想而知，那些学者关注的焦点不是耶路撒冷，而是帝国注定向西扩张的历程。终于，在两次世界大战和殖民地革命颠覆了那些欧洲帝国之后，西方取向的历史开始受到质疑。这一点也很自然。因为在成文的历史和真实的世界之间，差距日益显著，着实令人不安。渐渐地，人们认识到并坦承，必须采取一种新的全球视角来看待人类的经验。

本书的基本观点就是，在当今的世界形势下，我们很有必要从一个新的视角来观察人类历史——这种新的观察视角要能反映 20 世纪晚期的新情况和新需求。每一代人都必须撰写自己的历史，不是因为过去的历史不对，而是因为这个急速变革的世界提出了新的问题，需要新的回答。

提出新问题，作出新解答，说起来容易，做起来难。若要探寻有用的历史，
14 主要障碍是在心理层面。约翰·梅纳德·凯恩斯（John Maynard Keynes）[12]
在 1936 年版的《就业、利息与货币通论》（General Theory of Employment, Interest, and Money）导言当中，曾经提示过这一点。凯恩斯告诉人们，他在该书写作期间，"为了摆脱习惯的思维和表达方式，经历了漫长的斗争……本书极为费力地展示了一些极为普通的观点，而且理应简单明了。提出新观点并不难，困难在于摆脱旧有的观点，因为对我们中的大部分人来说，旧观点已经伴随我们的成长经历，植入到我们头脑的各个角落"。

对历史学家来说，凯恩斯的观点显得尤其重要和有意义。任何一个知识

---

[12]　凯恩斯（1883—1946），美国现代著名经济学家，他创立的宏观经济学与弗洛伊德的精神分析、爱因斯坦的相对论并称 20 世纪人类知识界的三大革命。凯恩斯提倡国家直接干预经济，被誉为"资本主义的救星""战后繁荣之父"。他的以财政政策和货币政策为核心的思想后来成为整个宏观经济学的核心。其思想被称为"凯恩斯学派"，至今仍有很大的影响力。——编注

分子都必须与死缠着过去不放的思想搏斗，对历史学家而言，这种做法特别必要，因为他们研究的对象具有特殊性。我们已知的东西将会阻止我们以全新的眼光去审视过去，使我们无法学到当下所需的知识。

拉尔夫·爱默生（Ralph Emerson）[13]对此问题有过精辟的阐释，他评论说，"历史的用处就是赋予当下以价值"。本书秉承爱默生的宗旨并不忘提醒读者，我们面临的挑战，就是在摆脱旧习方面，要像探索新知一样，投入同样多的精力。

---

[13]　爱默生（1803—1882），美国思想家和文学家，19世纪超验主义文学运动的领袖，确立美国文化精神的代表人物。著有《论文集》等。——编注

一回顾历史，我就感到悲观……不过，一回顾史前
历史，我就感到乐观。

——扬·克里斯蒂安·史末资

在掌控自然力方面，原始文化虽然粗劣而低下，却在
人与人的关系方面建立了一种制度，自农业革命以来，这
种制度无有其匹。它用一种温情脉脉的血缘纽带把人们牢
固地联结在一起。部落社会没有主子和仆人，也没有农奴
和奴隶。在举行社会仪式时，一个人可能会对另一个人毕
恭毕敬，但没有谁会奴役别人，以别人的劳动成果为生。
原始社会没有时钟，没有工头和监工，一年之中，人们自
由休息的时间也不止两星期……原始文化在技术层面可能
显得粗劣而有限……但是，那种建立在血缘之上，并具有
自由、平等和博爱特征的社会制度，与农业革命以来的任
何文化——包括我们当今的社会在内——所能实现的任何
其他制度相比，无疑更加符合人类的本性，也更能满足人
类的心理需要和精神抱负。

——莱斯利·怀特（Leslie White）

第一章　氏族社会

人类的起源

从一开始，人类就是地球这颗行星上面伟大的革命者。通过一项使其区
别于其他任何生物的具有颠覆性的重大成就，他们开启了自己动荡不安的历
史。直到今天，他们仍在延续自己的革命道路。

这种革命"成瘾"（addiction）的根本原因，是人类特殊的大脑。它使人类得以突破传统的冰河时代那种通过基因选择来适应环境的进化方式，从而进入一条使环境适应基因的快车道。具体而言，人类利用自己更为高级的大脑实现了两大历史性突破。一个是他们的技术，使其能够学会控制外在环境的方式，来满足自身的需要；另一个是他们的社会组织，与其他任何灵长类动物相比都更加高级。技术方面的成就已经得到普遍承认，但在社会组织方面，他们的成就尚未得到同样的认可。不过，在使人类取得全球领先地位的过程中，后者至少也曾发挥同样重要的作用。其实，在技术取得空前成就的今天，如果我们想要理解物种能否存活的原因，先了解一下人类过去如何组织自己，也就有了特殊的意义。

首先，考虑人类技术的历史作用时，应该指出的是，其他动物也会使用工具。加利福尼亚海獭会在水下用石块把软体动物的硬壳砸开。同样，黑猩猩会拿一根树枝，摘掉上面的叶子，然后把它伸进白蚁的巢穴。过一会儿拔出树枝，上面通常都会覆盖一层白蚁，黑猩猩于是就可以美美地将其吃掉。所以，海獭和黑猩猩及另外一些动物，也必须和人类一样列为工具使用者。

然而，相比于其他任何动物，人类在制造和使用工具方面显然有着质的不同。不同之处主要在于，人的大脑不但可以接收到感官冲动的信息，而且还能将其分析并储存成记忆，继而加以统一处理。随后，这些感官冲动就能被转化成范围极广的行动指令，使人类像最先和最佳的通才那样展开活动。人类从未使自己只能适应某一特定的环境，他不像长臂猿那样，以细长灵活的双臂来适应森林；不像羚羊那样，以飞奔的长腿来适应广阔的草原；也不像北极熊那样，以厚厚的白色皮毛来适应北极的环境。人类是以大脑来适应环境，从而能够对赤道与两极之间的任何环境加以利用。与此同时，人类也凭借大脑使自己的技术日益发展（相比之下，猿猴的技术如今与10万年前相比并没有多少进步）。

"智人"（Homo Sapiens）的原人（hominid）祖先在技术方面取得了初

步的成就，他们不仅会制造工具，而且会用火，还发明出了语言。这些独特的本领，使原人得以逃出温暖的热带非洲草原。人们普遍认为，那里就是原人的发源地。过去了许多个千年，原人后代中的不同分支之间出现了交叉。如今，我们只能从考古发现的化石中知晓他们那些拗口的名字。"南方古猿"（Australopithecus）可以追溯到距今大约 500 万年前，至于我们的直系祖先"直立人"（Homo erectus），则最早出现在距今大约 160 万年之前。在这一进化过程中，距今大约 50 万年之前，出现了原初的"智人"（会思考的人）。距今大约 5 万年之前，终于出现了近代"智人"。根据考古学家最近在以色列的发现，近代智人出现的时间可能要上溯到距今大约 10 万年之前。[14]

至此，人类这一物种已经遍布南极洲之外的所有大洲。即便是按每一代人扩展十英里的速度保守地估计，我们的祖先也可能以不到 1.5 万年的时间，从内罗毕扩展到了北京。从进化的角度来看，这段时间并不长。在冰河时代，海水被吸收进冰盖，使陆桥露出水面，将各大洲连接起来，或至少使它们之间的距离比今天更近。结果，人类跨越陆桥，从西伯利亚来到了北美洲。如今，这座陆桥已被白令海峡的海水淹没。人类还穿越海峡，从东南亚来到了澳大利亚。

伴随着"智人"的扩散，出现了种族差异。分散的人类群体之间相对隔绝，在适应各自环境的过程中，形成了目前的各个种族，分别具有特殊的肤色、发色、体型和脸型（包括眼褶、鼻型和嘴型）。需要指出的重要一点是，这些种族差异是在"智人"出现很久以后才产生的，从而解释了为何所有种族的人皆可通婚，以及人类学家为何一致认为，人类各个种族之间在智力方面并无重大差异。不同种族的历史经历之所以有着很大差别，不是因为能力

[14] 参见斯特林格（C. Stringer）的"伊甸园岁月"（The Dates of Eden），载《自然》（Nature）杂志，1988 年 2 月 18 日，第 565-566、614-616 页；以及卢因（R. Lewin）的"关于现代人类起源的详细分析"（Modern Human Origins Under Close Scrutiny），载《科学》（Science）杂志第 239 期，1988 年 3 月 11 日，第 1240—1241 页。

上的差异，而是因为历史的偶然。

从灵长动物到人类社会

"智人"取得的成就，不论是利用工具战胜掠食者，用火丰富人类的食谱，还是改善人类的居住条件，或是语言的发展，使每一代人能够通过语言的宝库承袭上一代人的本领，不必再重新探索——关键因素之一就是人类的技术发展。但对人类取得的成就来说，具有同等重要的意义并与我们今天尤其相关的，是我们的远古祖先及其原人前辈发明出来的那种社会组织。

研究史前历史的专家和人类学家现在大都同意这样的观点，认为最初的人类社会的基本特征，就是以血缘关系为基础。它与灵长动物的群体截然相反，是一种互相合作的公有制社会。血缘关系意味着旧石器时代的某个猎人带着一头死鹿回到营地时，自然而然地要与人分享，不仅分给自己的直系家属，还要分给他所属部族的其他成员。在部族内部，所有成员之间都有一种或另一种亲属关系。这种分享食物的做法被视为理所当然，并不是因为他们将来会给猎人某种补偿，而是因为他们之间的血缘关系使然。人类学家埃尔曼·谢伟思（Elman Service）[15] 曾将之与当今社会进行对比，发现我们的社会主张父母把食物"给予"子女，子女则要相应地"帮助"年老时的父母。[16]

食物采集者的社会当中存在的这种"普遍互惠形式"，其普遍性可由丹麦人类学家和探险家彼得·弗洛伊肯（Peter Freuchen）[17] 的一段经历得到

---

[15]　谢伟思（1915—1996），美国文化人类学家，提出社会进化的四阶段模型，代表作《文化进化论》。——编注

[16]　谢伟思：《狩猎者》（The Hunters，Prentice-Hall，1966，p.14）。

[17]　弗洛伊肯（1886—1957），丹麦人类学家，北极探险家，作家，记者。著有《北极探险》《爱斯基摩手册》等。——编注

说明。他曾向一位爱斯基摩猎人表示感谢，因为后者把肉分给了他。对于他的感谢，那位猎人表现出了明显的不悦。此时，一位老人向弗洛伊肯解释了猎人反应消极的原因："你不必为一块肉而感谢他，那是你应得的权利。在这里，没有人希望依靠他人。所以，没有人送礼，也没有人收礼，因为那会产生依赖。礼物会使人变成奴隶，就像鞭子会使狗变得驯服。"[18] 在澳大利亚土著居民当中，人类学家也发现了与之一模一样的共享特征，分享行为显得既自然，又正当。"把自己的物品分一部分给别人，是〔澳大利亚土著的〕一个固定习惯。他既不要求接受物品的人表示感谢，也不觉得自己接受他人的物品时有必要做同样的事情，原因很简单，给予和接受都是其日常生活当中理所当然的事情。"[19]

以血缘纽带为基础的人际关系，可以追溯到几百万年以前诸如南方古猿这样的人类远古祖先，并作为主要的社会互动形式，延续到了大约公元前3500年朝贡社会出现之时。换句话说，在许多个千年之中，人类在地球上经历的最主要的社会形态，就是氏族社会。然而，这种时间和地域上的普遍性却既非人类独特基因的产物，也非集体谋划的结果，而只不过是旧石器时代人类生活方式的自然延伸。与集体共享原则相伴随的，是对周围地区一切食物来源的共同所有及自由获取原则。对旧石器时代的食物采集者而言，他们的自然环境宛如一台冰箱，里面永远装满了食物，可以随时取用。当一群人发现当地可供食用的动植物即将耗竭时，他们只需迁移到一处新营地。结果，旧石器时代的人群也就总是走在迁移之路上。他们简直就是从一个营地 *21* 吃出一条路来，通向下一个营地。

最近的考古挖掘显示，在一些特殊情况下，有些地方可供食用的动植物资源丰富得异乎寻常，即便是完全依靠狩猎和采集为生，也有可能使食物采

---

[18]　弗洛伊肯：《爱斯基摩手册》（*Book of the Eskimos*，World Publishing Co.，1961，p.154）。

[19]　斯宾塞与吉伦（B. Spencer and F. J. Gillen）：《阿伦塔人》（*The Arunta*，vol.I，Macmillan，1927，p.37），转引自弗洛伊肯《爱斯基摩手册》第17页。

集者以村落的形式整年定居下来。这就是叙利亚北部阿布胡赖拉地区曾经出现过的情形。在那里，野生谷物、豆类植物生长得极为繁盛，它们的产量几乎与人工培育的情况不相上下。波斯瞪羚每年都会在迁徙途中经过这里，从而可以给这里提供丰富而稳定的肉食来源。这些有利条件，使一个三四百人的大型村庄从公元前 9500 年持续繁盛到公元前 8100 年，当时出现的气候变化缩减了丰富的草原植被，迫使村民向外迁移。也有一些类似的特殊情况，例如太平洋的西北部，终年都有丰富的鱼类资源，使另外一些食物采集者能够依靠永久性的定居地为生。由此，人类学家现在总结道，我们的远古祖先在各地并不局限于一种要么游猎采集，要么定居务农的生活。各地的生活方式确有不同，具体取决于各地的独特环境，所以，一些具有相当规模的村庄即便没有庄稼和家畜，也能存在相当长的时间。然而，事实表明，此类村庄只不过是一些特例。以采集为生，自然要四处流浪，就像食物生产者过着定居生活那样。[20]

　　四处流浪的生活方式，不仅使个人的财富积累没有必要，而且也没有可能。如果每隔几周或几个月就要把全部物品收起来带到另一处营地，物质财产的数量必定会有严格的限制。在这种情况下，获取和积累财富虽被我们视为"人性"（human nature）的内在冲动，却也几乎变得不可思议。这也有助于解释西方观察者（从他们自己崇尚进取的社会的视角）发觉海外那些氏族社会的人们"毫无远见"（improvidence）和"不负责任"（irresponsibility）时，何以经常会感到愠怒。

　　氏族社会之所以曾经主导几乎整个人类历史，不单单是因为它对到处游荡的食物采集者最管用，还因为它在可能遇到的严酷环境下可以极大限度地满足他们的生存需求。氏族内部人与人之间的合作关系与灵长动物之间更为

22

---

[20]　卢因，"农业起源中的思想革命"（A Revolution of Ideas in Agricultural Origins），载《科学》（Science）杂志第 240 期，1988 年 5 月 20 日，第 984—986 页。

常见的竞争关系相比，已被证明要更胜一筹。比较两者在处理基本的性交和进食冲动时的表现，就会清晰地印证这一点。

在猿猴的群落，对雌性的争夺是由打斗，或者至少是能展现斗志的表演来加以解决。结果都是那些最强壮、最好斗的雄性占了上风。这样的雄性会统治几只雌性及其幼仔，那些较弱或较小的雄性则被迫处于猿猴社会的边缘。相比之下，人类则是通过婚姻制度这种社会公认的择偶安排来协调他们的两性关系。在猿猴社会，性是一种破坏力量；在人类社会中间，它却起到了一种凝聚甚至和解的作用。比如，近亲通婚的禁忌促使人类从邻近的群体选择配偶，从而在较大区域内的人群之间建立起友好的私人纽带。

同样，在分配食物方面，猿猴社会中的雄性首领只有在自己吃得撑不下时，才会准许其他成员进食。早期人类社会的情况则与此截然相反，过去和现在关于氏族部落的观察结果全都表明，男性狩猎者和女性采集者带回群居地的食物，要给全体成员分配、烹制和食用。在氏族社会，食物和性一样，非但没有像猿猴社会那样加剧矛盾和竞争，反而增进了群体成员之间的合作和友谊。

人类学家一致认为，正是早期人类社会中这种崇尚合作的特征，确保了人类这一物种的生存和发展。这种特征是否源于一种或多种特殊的人类利他基因，目前尚无证据。单个的人，就像人类学家埃尔曼·谢伟思评论的那样，跟其他动物一样自私自利。根据谢伟思的说法，"智人"成功的秘密在于"人类社会拥有奖励和惩罚制度，从而把喜悦和恐惧结合起来，使人在为同伴服务时，同时也是在为自己服务"。[21] 人类学家马歇尔·萨林斯（Marshall Sahlins）[22] 也曾提出同样的基本观点：

---

[21]　谢伟思：《爱斯基摩手册》，第 32 页。

[22]　萨林斯（1930— ），美国当代著名人类学家，在密歇根大学接受本科和研究生教育，在哥伦比亚大学获得博士学位后回到密歇根大学执教，1973 年进入芝加哥大学任教；以对太平洋岛屿土著文化的研究及提出的一些理论而著称，代表作《石器时代经济学》《"土著"如何思考》《文化与实践理性》《甜蜜的悲哀》《历史之岛》等，对晚近西方人类学乃至整个社会科学领域产生了较大影响。——编注

23　　　　为了适应石器时代的凶险环境，人类克服或克制了灵长动物的某些习性，譬如自私、滥交、专横和好勇斗狠。人类社会以血缘和合作取代了冲突，使团结高于性欲，使道德高于强力。它在早期阶段就实现了人类历史上最伟大的变革，摈弃了灵长动物的劣性，从而确保了人类这一物种的进化前景……人类灵长动物刚刚出现时，仍在与自然界进行着殊死的经济斗争，不会奢望再进行一场社会斗争。重要的是合作，而非竞争。[23]

在早期人类对抗环境威胁的生存斗争中，旧石器时代人类社会崇尚合作和公有的特征，如果曾经发挥根本的作用，那么，在人类这一物种对抗很大程度上业已取代自然环境的人为环境的生存斗争中，这些特征同样有可能给我们提供某些启示。两者之间的关联，可由北极探险家菲尔加摩尔·斯蒂芬森（Vilhjalmur Stefansson）[24]的经历加以说明。斯蒂芬森曾于1906—1918年间在加拿大西北领地克罗内申湾与爱斯基摩人一起生活。他注意到，所有的爱斯基摩人都能从集体储备那里领取食物、衣物和其他生活用品。他们无需集聚财富以备养老，因为"当你上了年纪，干不了活时，集体会乐于赡养你"。斯蒂芬森还发现，爱斯基摩人的地位取决于"他的见识、本领和品格，尤其是他的无私和友善品格"。值得注意的是，在与爱斯基摩人的长期交往中，斯蒂芬森总结道："他们过着幸福生活的主要因素，是按黄金法则（Golden Rule）生活。人类基本上是一种乐于合作的动物，而非乐于竞争的动物。作为一个物种，人类之所以能够存活下来，是通过互相帮助，而非粗鲁的个人主义。"

---

[23]　萨林斯："人类社会的起源"（The Origins of Society），载《科学美国人》（Scientific American）杂志，1960 年第 3 期（总第 203 期），第 80、86 页。

[24]　斯蒂芬森（1879—1962），加拿大北极探险家，人种学家。著有《我与爱斯基摩人在一起的日子》《斯蒂芬森—安德森探险：1909—1912》《北极未解之谜》等。——编注

昆族人

人类的行为与人类的尸骨不同，无法变成化石，人类学家试图为旧石器时代的人类社会定性时，必须主要依靠研究当代的食物采集者。不过，我们是否仅凭他们以大自然的慷慨恩赐为生，而非自己生产食物，就能假定旧石器时代的人类祖先与今天的食物采集者有着同样的社会组织呢？人类学家认为，这个假定可以成立，因为今天的食物采集者，不论是在北极还是在亚马 24 逊，在澳洲沙漠还是在南部非洲，都有着大致类似的社会组织。

这些氏族社会所处的环境虽然极为不同，但在运作方式上却是惊人的相似，从而表明，不论处于何种地理位置，或是何种历史阶段，食物采集者选择生活方式的决定因素都在于，他们的选择极为有限。任何一个靠天吃饭的民族都会遇到类似的根本问题，从而建立起基本类似的社会制度。也许，旧石器时代的食物采集者与今天的食物采集者之间，主要的差别在于后者已被迫在不太理想的边缘地带——例如沙漠和丛林地区——过着极为艰难困苦的生活。相比之下，他们的旧石器时代祖先却是可以在世界各地出没，包括如今已被人数更多、实力更强的农业和工业人口居住的那些物产丰富、气候宜人的地区。所以，人类学家如今所观察的食物采集者的社会不能被视为此类社会的理想代表，它们只不过是在极为不利的情况下得以幸存，如今依然处于极为恶劣和紧张的环境中，而且前景极为黯淡。

由于处境如此堪忧，所以人类学家近来发现，也就有必要抛弃托马斯·霍布斯（Thomas Hobbes）[25] 关于食物采集者"孤独、贫穷、卑劣、野蛮、短命"（solitary, poor, nasty, brutish, and short）的传统观点。[26] 这一决定意义重大。

---

[25] 霍布斯（1588—1679），英国政治家、哲学家，早年就读牛津大学，后为贵族家庭教师，游历欧洲大陆，一生都在社会局势动荡不安的恐惧氛围中渡过；创立机械唯物主义，提出"自然状态"和国家起源说，代表作《利维坦》。——编注

[26] 托马斯·霍布斯：《利维坦》（*Leviathan*, London, 1651）。

如今，上述形容词中的每一个都已被换成它的反义词。食物采集者的社会现在被视为"原初的丰裕社会"（the original affluent society），它的社会成员按照"短工时"工作，享用着健康的饮食，过着有保障的经济生活，以及充满暖意的社交生活。[27] 这一评价的依据，是对各大洲现存的食物采集者群落进行的研究，其中最为详细的，是对非洲南部卡拉哈里沙漠里的布须曼人当中的昆族人（the Kung）的研究。自 1963 年以来，昆族人已经成为人类学家、考古学家、语言学家、心理学家和营养学家详加研究的对象。他们的研究发现与来自其他大洲的研究发现相吻合，这些成果合到一起，为考察曾经主导人类历史 95% 以上时段的人类生活方式，提供了极具启发意义的重要见解。

　　在有关昆族人的研究当中，有一项惊人的发现，即他们所处的环境虽然不利，食物来源却是既丰富又稳定。这要部分归功于他们对当地所有植物和动物习性的非凡了解。尽管这些人居无定所，不会阅读，也不会书写，但却会学习和记忆——其水平之高，估计他们世代相传的那些口头资料，足以写满数以千计的书卷。

　　昆族人用作食物、药材、美容、制毒以及其他用途的植物和动物，不会少于五百种。昆族人的食物当中，有 60%—80% 是由妇女取得。她们会采集各种植物（包括球茎植物、豆类、根茎植物、绿叶菜、浆果和坚果，尤以非常重要的蒙刚果的果肉和果实最为突出），会捕捉小型哺乳动物、龟、蛇、毛毛虫、昆虫，还会收集鸟蛋。西方人虽然在文化上排斥上述大部分食物，但那些甲虫的幼虫、毛毛虫、蜂仁、白蚁、黑蚁，以及蝉的幼虫，其实都极富营养。拿白蚁来说，大约 45% 都是蛋白质，这个比例甚至高于富含蛋白质的鱼干。昆族人里的男性贡献的食物是捕获的野兽、鸟类，以及从蜂巢中汲取的蜂蜜。这些丰富多样的食物来源，使昆族人即便处于极为恶劣的气候条件，也能确保终年都有可靠的食物供给。相比之下，必须以少量庄稼为

[27]　萨林斯：《石器时代经济学》（*Stone Age Economics*，Aldine-Atherton，1972，p.34）。

生的农人，面对干旱、霜冻、水灾和害虫，则要脆弱得多。其实，人类学家已经注意到，在1964年夏季大旱期间，昆族人的食物供给同往常一样丰富，附近的班图族农民却遭受了饥荒。为了养活饥饿的家人，班图族妇女加入到她们的昆族姐妹当中，一起外出采集食物。

昆族人的食物供应不仅充足可靠，而且其成分对人体健康非常有益。这些食物中的盐分、饱和脂肪和碳水化合物含量较低，不饱和油、纤维素、维生素和矿物质的含量较高。这种饮食习惯，加上昆族人运动量多，生活相对安逸，有助于解释他们为何很少患高血压、冠心病、脂肪肝、肥胖症、动脉硬化，以及诸如口腔溃疡和结肠炎这样与焦虑有关的疾病。昆族人的预期寿命比许多工业化国家人口的预期寿命还要长。另一方面，昆族人的婴儿死亡率，患疟疾和呼吸性传染病的几率，以及由于事故导致的死亡率则比较高，因为他们缺乏医生和医院。西方科学家发现，昆族人的部落中，有约十分之一的人口年龄在60岁以上，与配有常规医疗服务体系的农业和工业社会的比例大致相当。 *26*

昆族人在狩猎和采集食物的过程中，付出的劳动与当今农业和工业社会的工人相比要少得多。这一点同样重要。经过漫长而艰辛的斗争赢得的每周40小时的工作制度，在昆族人看来，依然显得很不人道。他们一周花费15—20小时用于采集食物和狩猎活动，其余时间均可自由安排，用来休息、游戏、闲谈、吸烟、帮人打扮，以及拜访在附近宿营的朋友。由于相对来说只需付出少量的劳动就能获得必需的食物，所以并不需要年轻人去工作。通常要到十五六岁，女孩才能参加母亲采集食物的活动，男孩才能参加父亲的狩猎活动。在宿营地，分派劳动遵循的是传统的性别分工，妇女负责照看小孩，把蔬菜和小型猎物做熟，给大家上菜，清洗餐具，打扫炉灶；男性则负责收集木材，宰杀猎物，烹制肉食，制作工具。

昆族人的氏族社会奉行公有制，这在财产分配方面可以十分明显地看出。每一个昆族部落都集体"拥有"周围大约643亩的土地，这应该是他们所能合理管控的最大区域。任何一个部落遇到暂时性的食物短缺时，都可以请求附近的部落准许他们到后者的领地采集食物。他们的请求通常也都会得到满足。这样做是可以理解的，因为将来有机会的话，他们也会报答对方。容易腐坏的食物，不管是肉食还是植物，都会由部落的全体成员来分享。不过，一个人的工具和衣物则是其私人财产。

公有制的范围还从财产分配延伸到昆族人精心管理的社交领域。举例来说，一个猎人若是特别能干，总是带回大量猎物，人们就会想出办法，打消他的骄傲情绪或任何炫耀的欲望。"我们拒绝那些自吹自擂的人，"一位部落成员解释道，"因为总有一天，他的傲慢会驱使他杀死别人。因而，我们也就总是会说他送来的肉没有价值……'你的意思是说，你把我们大老远地拽来，就是要让我们把你这堆骨头运回家里。'……通过这种办法，我们可以使他冷静下来，变得更加谦虚。"[28] 经过一系列成功的狩猎活动之后，那位日益得意的明星猎手就会发现，要想避免可能会出现的嫉妒和不满，明智的做法就是消极处世，去享受他应尽的义务所带来的应有的利益。就这样，昆族人在狩猎期和炫耀期之后安排了冷淡期，使猎手"冷静"下来，变得更加"谦虚"，从而维护了部落内部的和谐。

最后，昆族人的社交生活也极为丰富，甚是惬意。他们的茅屋很小，只够睡觉时使用。每一座茅屋的门前都会生一堆火，而所有的屋门都朝向一块较大的公共场地。因而，人们的注意力全在部落的公共社交生活上。每个人追求的不是独处，而是结伴。在睡眠之外，他们把三分之二的时间都用于拜访或接待其他部落的亲朋好友。有位人类学家指出，昆族人"一定是世界上最健谈的人"。谈话涉及白天狩猎和采集食物的经历，涉及分配食物、赠送礼品，以及人们津津乐道的绯闻和丑闻。音乐和舞蹈也是重要的部落活动，同样重要的还有成人仪式，伴随着世代相传的神话和传说。这种交织着艺

---

[28]　李：《昆族人》（*The !Kung San*，Cambridge University Press，1979，p.246）。

术、宗教、娱乐和教育的活动，构成了部落的传统和文化延续的基础。"他们的生活充满了温情，也很会审美，"一位观察家总结道，"在劳动与爱情之间，在仪式与娱乐之间，他们令人羡慕地保持了平衡。"[29]

昆族人的生活方式不但"令人羡慕"，而且一直都很稳定，至少在近代之前是这样。它是一种处于均衡状态的社会——这种均衡状态不仅主导着人与人的关系，而且主导着人与环境的关系。人们的基本需求以一种剥削之外的方式得到了满足。当然，私人之间也存在着大量的冲突，但在制度方面却没有冲突。其实，正如人类学家斯坦利·戴蒙德（Stanley Diamond）[30]总结的那样，食物采集者的社会一般而言，"据我所知，从未听说过革命活动。我们也许可以保险地说，原始社会从未发生过革命"[31]。

这样的社会，不仅对"革命"的概念感到陌生，对"改革"的感念也　28
是如此。这种情况很正常，因为在史前时代的人们眼中，他们自身及其文化和居所诞生之后，就会一直均衡地延续下去，而且注定会延续下去。既然如此，又有什么必要批评自己的文化，或者试图改变它呢？家长培养子女，是为了让子女按照他们过去那样行事。教育这种机制是为了维持现状，而非改变世界。

昆族人的社会过去虽然很稳定，但是现如今，它即便不是在迅速解体，也与世界各地的其他食物采集者的社会一样，变得十分脆弱。这些社会在存活了许多个千年之后，现在都已分崩离析，前景黯淡。它们只有在与世隔绝的情况下，才能保持良好的平衡，并且能够自给自足。这种孤立状态，在大约公元前1万年出现农业之后，它们就难以为继了。农业人口对以采集食

---

[29] 肖斯塔克（M. Shostak）：《尼萨：一位昆族妇女的生平和言论》（*Nisa：The Life and Words of a !Kung Woman*，Harvard University Press，1981，p.16）。

[30] 戴蒙德（1922—1991），美国诗人，人类学家，社会批评家；著有三部诗集《图腾集》《西行》《在墙上写诗》，《原始人眼中的世界》《探寻原始社会》等，主编《走向马克思主义的人类学：问题与前景》等。——编注

[31] 戴蒙德：《探寻原始社会》（*The Search for the Primitive*，Dutton，1974，p.138）。

物为生的民族产生的影响，在当今的非洲南部表现得极为突出。昆族人已经与附近的班图族农民有过接触，并对其生活方式非常羡慕。他们羡慕后者驯养的家畜，充足的肉食、牛奶和蔬菜，班图族女性五颜六色的服装，以及最具诱惑力的烈酒和烟草。为了挣钱购买这些心仪的商品，昆族人干起了卑微而且报酬不高的工作。

昆族人在与食物采集者之外的世人接触时，产生了严重的问题。这些问题包括感染性病和其他疾病，以及班图族人的牛羊对昆族人水源的污染。班图族人的家畜肆意啃食植物，使昆族人赖以为生的草原植被逐渐消失，还吓走了他们的猎物。昆族人不但正在沦为班图族村庄里名副其实的乞丐，整日无所事事，而且更为糟糕的是，他们已被纳入南非的军事体制。如今，几乎半数昆族成年人都在为南非的一处或另一处军事设施服务。与此同时，当局还为昆族人颁发了在当地经营酒馆的执照，以便这些人使用新近得来的财富去购买强尼·沃克牌威士忌酒和各种香烟。昆族人正在经历的事情，北极的爱斯基摩人，美国和加拿大保留地中的美洲土著，以及澳大利亚的原住民，如今也正在经历。

29   食物采集者的社会虽然都很古老，令别的社会制度无法企及，但是，它们却也都面临一个问题，这个问题被恰如其分地定义为"迫在眉睫的收益递减问题"[32]。一个氏族部落在某个地方待上几周或几个月之后，就会耗尽那里的食物资源，从而必须迁到一个新的地方。因此，他们总在流浪，而且无意设立最低限度的食物储备，也无意建造坚固的房屋。通常情况下，他们收集的食物仅够一时之需，与其相应，出生率也就必须控制在一种较低的水平，因为两次分娩之间相隔的时间如果太短的话，就会给产妇带来难以控制的问题。她很难同时哺育两个婴儿，也很难带着他们外出采集食物，或是从一个宿营地搬到另一个宿营地。

---

[32]   萨林斯：《石器时代经济学》，第 33 页。

　　实际上，在诸多食物采集者的社会中，控制人口是一项令人不悦却又不可回避的任务，迫使家长在第一个婴儿出生之后，必须在长时间内避免过性生活。在另外一些社会中，如果一个婴儿的出生时间距上一个婴儿的出生时间太近，或者属于孪生的话，就有可能被遗弃。老年人也可能会主动结束自己的生命，以免耗费食物或拖累部落的迁徙活动。与爱斯基摩人一起生活过十几年的彼得·弗洛伊肯，曾经讲述过一位既可怜又可敬的老祖母自杀的故事。那位老祖母已无法跟上部落迁徙的步伐，她筋骨酸痛，气息奄奄，继续活着，对她本人及其亲属而言，都成了一种负担。弗洛伊肯总结道，自杀很平常，就像爱斯基摩人所说的那样，"如果生不如死，年青时的记忆成为年老时的负担，老人们无法重振声威［那就不如一死了之］……从未听说过有谁怕死……他们只会讲，死亡或许可以结束一切，或许可以迎来新生，这两种情况都没有什么可怕。"[33]

　　最终的结果就是出现了一种稳定得异乎寻常的生活方式，它在内部实现了平衡，但也存在严重的内在缺陷。所有的食物采集者社会都注定人口稀少，因为在给定的区域内，与食物生产者相比，食物采集者能够养活的人口要少得多。所以，一旦出现农业之后，食物采集者的生活也就更加难以为继，他们仅从数量上来说就落了下风。当两种生活方式相遇时，在酒精和尼古丁，以及耕地出产的大量物质财富的诱惑下，这种差距就更加明显了。

　　如今，食物采集者那种崇尚合作、与人为善的生活方式，与 20 世纪世 *30* 界上许多国家崇尚竞争、进取、消费至上的风气格格不入，同样岌岌可危。"这简直就是价值观之间的较量，"一位研究蒙大拿州克劳族印第安人保留地现状的人类学家总结道，"克劳族主张分享财富，白人则主张积累财富……结果，为了维护传统的价值观，克劳族付出了沉重的代价。"[34] 这种代价包括

---

[33]　弗洛伊肯：《爱斯基摩手册》，第 145—154 页。

[34]　《洛杉矶时报》（*Los Angeles Times*），1986 年 12 月 22 日。

当地 85% 的失业率，以及比美国平均水平高出 10 倍的因酗酒而导致的死亡率。在各个大洲的土著人口当中，类似的情况也很严重。结果，虽然 1 万年前地球上居住的 500 万人百分之百都是食物采集者，但到如今，在 50 亿的世界总人口中，他们的数量已经不足 100 万。

氏族社会的谱系

氏族社会如今虽然正在瓦解，但我们却也不可否认，除了最近几千年之外，人类的全部经验其实都由它们构成。据此我们可以推断，它们留下了堪称人类家谱的遗产，不仅赋予过去以意义，还能指导我们的现在和将来。其实，这一谱系至少在四个关键领域，的确从食物采集者祖先的经历当中一直延伸到我们自己的生活。

生态

史前时代与当今时代之间，有一条涉及生态或曰人类与地球家园（*oikos*）的互动关系的基本脉络。人类学家一致认为，旧石器时代的食物采集者对环境的影响比较有限，但是至于为何如此，他们却有着不同的看法。一些人强调，这种情况与氏族社会的社会组织或崇尚公有的心态无关，而是由于人们缺乏破坏性的技术，从而决定了他们只能对环境产生细微的影响。另一些人则更多地强调，食物采集者对自己生活的世界充满了敬畏，他们之所以对环境影响有限，与氏族社会不爱破坏的本性有关。

这两种看法都有许多支持的证据。举例来说，当美洲森林地带的印第安人收集树皮时，他们只将树干一侧的树皮剥去，而不是将树皮剥光而使树木死掉。但是，美洲印第安人也懂得用火焚毁整片森林，代之以更能吸引理想猎物的草地。彼得·弗洛伊肯也曾指出，印第安人和爱斯基摩人"对他们赖以为生的动物怀有崇高的敬意和热爱。他们赋予它们以灵魂，竭力使它们明白，被人类猎杀是一件好事。所以，在他们的民间故事里，动物扮演着重要的角色"[35]。也有一些人类学家认为，这种态度并不是由于食物采集者对自己生活的世界心存敬畏，而是想以魔法手段使猎物越来越多，而且越来越容易捕杀。他们还注意到，印第安人的祖先在用投枪和弓箭提升了狩猎技术之后，毫不犹豫地将诸如穴居野熊和鬣狗这样比较危险的竞争对象，以及被视为珍贵的肉食来源的猛犸象和长毛犀牛，加以捕猎并使之灭绝。世界各地都有动物被远古人类灭绝：例如新西兰的恐鸟，马达加斯加的巨型狐猴和隆鸟，以及夏威夷不会飞翔的野鹅。

关于氏族社会与地球家园之间的关系，人类学家之间的争论可能永无休止，在这些争论背后有一个事关人性本身的更大争议：我们"天生"就是一种既贪婪又破坏成性的动物吗？而且只因技术有限才会有所收敛？在人类历史的大部分时间里，我们的"本性"相对而言是否与自然界本身相协调？关于人类当下的种种可能，我们将会得出何种结论，在极大程度上取决于我们在这场争论中认为何种观点最有历史依据。

然而，不管旧石器时代的人们自觉或不太自觉的动机如何，一个无可否认的事实是，他们人数较少，技术有限，从而使其对环境的影响微乎其微。最近有一份关于马来西亚塞芒人（the Semang）的研究，他们有两三千人，在森林里到处活动，以采集食物为生。研究结果显示，他们习以为常地在河里沐浴、洗衣、便溺、捕鱼，并且饮用河水。在从事刀耕火种的农耕活动期间，他们会随意烧毁周围的森林，在被烧光的土地上播种之后，重新过上流 *32* 浪采集的生活，只有在庄稼成熟时节才会再次回到这些毫不设防的田地，以"收获"动物们剩下的东西。

---

[35] 弗洛伊肯：《爱斯基摩手册》，第 178 页。

　　由于这种生活方式，塞芒人每天人均消耗的热量不超过 5000 千卡（其中 40% 来自人力劳动，60% 来自烧火），相比之下，美国普通市民每天的平均消耗量为 25 万千卡。[36] 塞芒人的活动范围与我们相比是如此之小，以致在我们的环境中可能会产生破坏的行动，在塞芒人的环境中却可能会适得其反。一个小部落在一条河流中便溺的行为，不会像我们预想的那样造成污染，反而会给缺乏养分的热带河流增添养料。随意焚毁周边林地的现象，范围也是如此之小，以致其对马来西亚热带雨林的影响在整体上并不明显。

　　尽管氏族社会的人们毫无疑问对他们的环境具有"破坏"作用，但同样毫无疑问的是，他们与环境的关系及其对环境的理解，并不会超越他们所处的历史阶段。无论他们有何种破坏行为，他们仍把自己视为一个生机勃勃的世界的一个生机勃勃的组成部分，被这个世界养育、包围和笼罩着。就像彼得·纳博科夫（Peter Nabokov）[37] 指出的那样，说起美洲印第安人，

　　　　他们多把大地和天空想象成一座神庙。许多部落都能精确地指明某座山洞、山峰或者湖泊，在他们的神话当中，他们的部族最初就是通过那里从古老的地下世界来到这个世界。在他们的传说中，周围的树木、庄稼、河流、沙漠、动物，以及其他各类生物都具有超自然的力量。他们头上是天空父亲的华盖，脚下是大地母亲不朽的身躯。

　　　　这些神话中的场所都是些著名的天然地标。在亚利桑那州，纳瓦霍族的宇宙边界是四座圣山。在东面 160 公里处的圣胡安，普韦布罗族的世界环绕着四座神山。在美国各地，印第安人部落都会把

[36] 兰波（A. T. Rambo）："污染环境的原始人：论塞芒人对马来西亚热带雨林生态系统的影响"（Primitive Polluters：Semang Impact on the Malaysian Tropical Rain Forest Ecosystem），密歇根大学人类学博物馆（人类学）文集第 76 卷，1985 年，第 36—42 页。

[37] 纳博科夫，美国当代人类学家，作家，加州大学美洲印第安研究和世界艺术及文化教授，著有《世界是如何运转的》《闪电击中的地方：美洲土著圣地的生活》等。——编注

一些山洞、山泉、方山和湖泊视作圣地，并将祈福棒和食物献给那里的神灵。[38]

作为总结，在此也应指出，尽管只要人类存在，为了满足自身的需要，就会利用技术对外在环境进行开发，从而始终都对环境起着"破坏"或污染作用，但是，"破坏"的含义在各个时代有所不同。塞芒人部落从事刀耕火 *33* 种的农业活动时，造成的污染在性质上——以及概念上——都不能与 50 亿采用高科技手段的今人造成的污染同日而语。塞芒人没有任何理由去反思他们可能会对河流或森林产生何种影响。在近代以前，这种"自治"是可以理解的，但是，当世界上的河流乃至海洋被当成工厂排污的管道和丢弃垃圾的场所时，这种做法已不足取。

两性关系

食物采集者群体内部的两性关系，对我们有着特殊的启示。关于 90 来个食物采集者部落的研究结果显示，氏族社会中的妇女比农村妇女的地位更高。这种现象的根本原因，似乎源于下面这样一个事实，即氏族社会中的妇女为集体贡献的食物至少同男性狩猎者贡献的一样多，而且通常都会比男性更多。与时常被限制在家中的农村妇女不同，食物采集者社会中的妇女作为活跃的部落成员，在采集食物时可以在宽广的地域活动。值得重视的是，在此类部落中，男女平等的程度与生肉在部落饮食中的重要程度成正比，而屠宰大型猎物所得的生肉，无一例外皆由男性供应。所以，在食肉极少的坦桑

[38]　彼得·纳博科夫主编：《美国原住民调查之印白关系资料选编：从初次接触到失去家园》(*Native American Testimony：An Anthology of Indian and White Relations：First Encounter to Dispossession*，Harper & Row，1979)。

尼亚哈扎人（Hadza）当中，男女平等的状况比较显著，而在以肉食为生的爱斯基摩人当中，妇女则在很大程度上被当作性交的对象，几乎无法掌控自己的命运。

不过，在以采集食物为生的民族当中，爱斯基摩人属于特例。以澳大利亚原住民为例，人们注意到，如果一个狩猎者回到宿营地后，发现自己的妻子尚未完成家务，就有可能训她，甚至要打她。然而，她不大可能逆来顺受；反之，当她发觉自己的丈夫犯懒或是未能弄到足够的生肉时，她也会毫不迟疑地反唇相讥，或用棍棒加以教训。

34   关于食物采集者社会中的妇女相对独立的情况，早在几个世纪之前，欧洲人在与之最先接触时就曾进行过报道。对于她们享有的平等地位，欧洲观察者通常都会感到奇怪和惊讶。1633—1634 年冬季，耶稣会传教士保罗·勒热讷（Paul le Jeune，1591—1664）与加拿大东部拉布拉多半岛纳斯卡皮族印第安人（Naskapi Indians）的一个部落生活在一起。"这里的妇女权力极大，"勒热讷如此报道。他敦促印第安人男性加强自己的地位。"我告诉他，他才是主人，在法国，妇女不能管自己的丈夫。"另一位耶稣会神父注意到："如何计划，如何实施，如何出行，如何过冬，其选择权几乎都由家里的主妇掌控。"1950 年，人类学家埃莉诺·利科克（Eleanor Leacock）[39] 在对纳斯卡皮族进行考察时发现，男女平等的情况依然存在。"这种感觉真好，"她写道，"我看到了集体责任感……看到了妇女在两性关系方面轻松自如的自主意识，在过去的许多个世纪里，这种意识并未因基于性别和地位的差异所进行的训练而受到拖累。"[40]

即便如此，遍布全球的以采集食物为生的民族也已按照性别进行了分工：

---

[39] 利科克（1922—1987），美国人类学家，社会理论家，主要贡献在于对平等主义社会的研究、女性在社会中的地位演变、历史唯物论、女性运动。著有《女性在平等主义社会里的地位》等。——编注

[40] 引自利科克："平等主义社会中的妇女"（Women in Egalitarian Societies），载布里登萨尔和库恩（B. Bridenthal and C. Koong）合著的《走向前台：欧洲历史中的妇女》（Becoming Visible：Women in European History，Houghton Mifflin，1977，pp.21-22）。

男人负责狩猎，妇女负责采集。如何解释这种普遍存在的分工形式，似乎要诉诸男女在生理方面的实际情况，妇女之所以被排除在专职的狩猎活动之外，是因为她们肩负着双重任务，不但要孕育胎儿，还要至少花两年时间哺育婴儿。在氏族社会，成年女性在一生当中既不怀孕也不哺育婴儿的时间，相对来说既短暂，又分散。这就使得专注于受怀孕和育婴影响较小的采集食物的活动，对女性而言更加务实和高效。按照性别分配任务的做法，解释了领导部落的为何通常都是男首领而非女首领。男性在生死攸关的狩猎和攻防行动方面所起的主导作用，使其具有了一种气概，由他们领导部落，不管是非正式的，还是临时性的，通常都会被普遍接受。

在人类历史上的绝大部分阶段，两性之间的关系如果说总体上是平等的，那么我们就可以得出推断，旧石器时代之后关于女性生来"柔弱"和"顺从"的说法——在当今世界是如此常见——只不过是为了证明现存制度和现存做法的合理性，而非基于某种关于女性生来处于劣势的经过科学论证的真理。

社会关系

超越两性关系来考察部落组织的总体情况，我们就会发现，所有现存的氏族部落都有一个共同的特征，即崇尚合作和财富共享。之所以会出现这种情况，一部分源于部落过着流浪生活，使得私人积累的物质财产更像是一种负担，而非财富；一部分源于这样一个事实，即共同分享财富的做法与成员之间的彼此竞争相比，更有机会使部落生存下来；还有一部分则源于"家庭"的逐年扩张，给那些丧失劳动能力的个别成员提供了经济保障。

然而，尽管这些部落曾经存在而且依旧存在财富均等的现象，但在威望方面却并不存在此种均等情况。根据不同的标准，个人地位之间有着极大的不同。荣誉和尊严通常属于那些年长的人，以及那些被视为拥有超自然力量的人。那些具有杰出才能的人，比如善于打猎或演讲的人，以及在分享物质财富和助人方面极为慷慨的人，同样也能取得高位。一个人若是同时具备这些众望所归的品质，就有可能登上部落首领的位置。即便如此，他的威望却可能依旧很低。一个人的威望取决于他的个人品质，而非任何要求人们服从领袖的强制规定，或是某些惩罚不服领导的人的命令。人们希望部落首领继续自己制作工具，在所有的工作和集体活动中分担任务。他的表现只有赢得普遍的满意，才能保持首领的位置。所以，没有人能将自己的威望制度化，或永远保有自己的权威。正如曾于 1630 年代与印第安人一起生活过的保罗·勒热讷所报道的那样，"他们曾经上百次地指责我，因为我们害怕自己的长官，而他们却敢取笑和愚弄自己的首领……［他们］丝毫无法忍受那些看上去想要使自己显得高高在上的人；对于一个人的德行，他们会表现出特定程度的温和或冷漠"[41]。有一篇来自 1867 年一位澳洲移民的典型报道，同样惊讶地注意到土著居民中的平等主义观念。"他们不明白高贵地位的含义，你很难让一个澳洲土人接受这样的观念，即一个人比另一个人更高贵。"[42]

以采集食物为生的部落崇尚财产公有和财富共享的特点，虽然延续了许

36 多个千年，但事实表明，在与等级社会或崇尚竞争的社会接触之后，这些特点极易受损。这种脆弱性有一个例证，讲的是一位富有进取心的昆族男子德贝（Debe）试图效法其班图族邻居的故事。德贝畜养了一群牛羊，打算像邻居一样，做一个成功的牧人。然而好景不长，当亲戚家肉食匮乏时，纷纷找上门来向他求助。于是，在沉重的社会压力下，德贝被迫一头接一头地屠宰自己的牛羊，以满足他们的要求。过了几年之后，德贝所开创的事业与传

---

[41]　利科克："论阶级、商品与妇女地位"（Class，Commodity and the Status of Women），载斯坦利·戴蒙德主编的《迈向马克思主义的人类学》（Toward a Marxist Anthropology，Mouton Publishers，1979，p.193）。

[42]　转引自雷诺兹（Reynolds）《边界之外》（The Other Side of the Frontier，Penguin，1982，p.151）。

统的社会责任之间的矛盾似乎已经无法调和，他只好将剩余的牛羊卖掉或送人，放弃了跨入另一个社会阶层的努力。

克劳族印第安人"老牛角"戴尔（Dale Old Horn）是麻省理工学院的毕业生，也是蒙大拿州克劳族小大角学院的教师，他也承认并且强调，在竞争激烈的现代世界，氏族社会十分脆弱。

> 对于克劳族人而言，金钱和物质财富不像血缘关系和部族关系那样有意义。这种情况在克劳族的庆祝活动中体现得十分明显。克劳族的部落成员虽然要靠美国联邦政府的津贴为生，但却会把大包的衣物、毯子或工具都送给朋友和亲戚。
>
> 克劳族印第安人从小就会接受这样的教导，认为自己是亲戚、族人和大自然和谐共处的圈子中的一部分。白人从小接受的教导，则认为自己就是这个圈子的核心。
>
> 克劳族人主张分享财富，白人则主张积累财富。
>
> 这些观念上的差异导致克劳族人不擅经营，很少能够抗拒那些精通快速盈利之道的白人。在土地交易当中，这种情况表现得最为突出。
>
> 我们这里有些极为穷困的印第安人，为了得到一点现金，就会以低得离谱的价格把土地卖给外族人。[43]

氏族社会共享财富的行为虽然在上千年的时间里被公认为做人的规范，但它却也绝非自动或轻易形成的行为模式，指出这一点十分重要。相反，它是在人们的童年阶段用心加以社会化（socialization）教育的结果。人类学家观察了昆族人的这种社会化教育过程之后，得出了一个结论，认为昆族人的

---

[43] 《洛杉矶时报》，1986 年 12 月 22 日。

婴儿与所有的婴儿一样，都是生来既有自私自利的一面，也有乐于分享的一面。然而，经过不懈的教育，这两种相互矛盾的冲动已被引入到社会能够接受的形式，那些形式要求个人更多地分享财富，而非积累财富，与西方社会的传统观念迥然不同。但给予和索取之间的冲突从未彻底解决，这在一位老人家索要一条毯子时所发的并不算非典型的牢骚中可以得到印证："我一生都在给予，给予；现在我老了，希望给自己要些东西了。"

在两性关系问题上，长期以来人们一直都是习以为常地以为，存在一种"第二性"。同样，在社会关系问题上，人们通常也都是以为，积极进取与否自然就是评价一个人的社会标准。"真正的公有制生活经常被斥为乌托邦理想，"人类学家理查德·李（Richard Lee）[44] 评论道，"虽然理论上可行，但在实际生活中却是难以行通。然而，来自以采集食物为生的民族的证据却给我们提供了反例。财富共享的生活方式不仅是可行的，而且曾在世界上很多地方真实地存在了很长时间。"[45]

以采集食物为生的人群的独特性不仅反映在相对平等的社会关系上，还反映在他们将工作与日常生活的结合上。工作不是一种为了谋生才被容忍的必要的罪恶。挖菜根、设陷阱、凿石头、做工具，跟吃饭、讲故事、走亲访友一样，都是日常生活的一部分。工作不是实现目标的手段，而是兼为手段和目标。现代工人之所以工作，是为了挣钱谋生，以及花钱休闲"充电"（recharge the batteries），这个词语极其传神地揭示了日常工作的乏味。我们想当然地以为，工作和生活是分开的，这对旧石器时代的部落成员而言则可能难以理解。

史前时代工作的另一个独特性在于它的简短。对各大洲以采集食物为生的部落的研究表明，它们的共同特点是每周只工作 12—20 个小时。耶稣会

---

[44]　李（1937— ），加拿大人类学家，多伦多大学人类学荣休教授，代表作《昆桑人：狩猎社会里的男人、女人和工作》。——编注

[45]　李：《昆桑人》，第 460—461 页。

神父贝尔德（the Jesuit Father Baird）也注意到了这种情况。1616 年，当他看到加拿大新不伦瑞克地区的米克马克族印第安人（the Micmac Indians）轻松地得到所需的全部食物时，感到十分惊讶："即便是所罗门也未曾将庄园打理得这么好，而且还能提供食物……他们整天无所事事，无非是在打发时光。他们从不着急。这与我们截然相反，因为我们无论做什么事情，都不免着急上火。"[46] 同样，在今天的昆族部落，人们并不指望男性在结婚并承担家庭责任之前参加工作。于是，在那些体格健全的青少年中也就出现了这样的 情景，他们要么四处串访，要么自娱自乐。他们活跃的狩猎岁月相对较短，因为大多数人 50 多岁就会退休。换言之，不拘在任何时候，都有 40% 左右的昆族人对共享的食物毫无贡献。

食物采集者社会那种轻松安逸的情形，与后来的农业社会及工业社会的辛苦压抑两相比较，有助于我们去理解马歇尔·萨林斯那个发人深思的论断："随着科技的进步，人均工作量将会增加，休闲的时间将会减少。"[47]

战争

1971 年，世界各地的报纸和电视争相报道了一则激动人心的消息：在菲律宾的棉兰老岛，发现了一个由 27 个食物采集者组成的完全与外界隔绝的民族。这个被称作塔萨代人（the Tasaday）的民族有一个惊人的显著特点，即丝毫没有好斗特征。他们的词汇中没有"武器"、"敌意"、"愤怒"或"战争"之类的词语。他们乐于采用菲律宾长刀，即大砍刀（bolo），因为它在采集食物和在丛林中开辟道路时，比他们的石制工具更有效。但是，他们对长矛

---

[46] 斯维茨（R. G. Thwaites）主编：《耶稣会相关文件》（*The Jesuit Relations and Allied Documents*，vol. III，Cleveland，Burrows，1897，pp.84-85），转引自法尔博（Farb）《论人类》（*Humankind*，Houghton Mifflin，1978，p.96）。

[47] 萨林斯：《部落人》（*Tribesmen*，Prentice-Hall，1968，p.79）。

和弓箭却是没有任何兴趣，因为它们在采集食物时毫无用处。他们既不好斗，也不贪婪，不管采到何种食物（野薯、水果、浆果、花朵、鱼类、蟹类、蛙类），他们都会在全体部落成员之间仔细地进行平均分配。

关于"热爱和平的塔萨代人"的消息广受欢迎，因为它似乎削弱了那种流行的理论，该理论认为，人类之所以天生好斗，与人类的遗传基因有关。根据这一理论，我们远古时期以植物为生的祖先利用自己更加高级的大脑和工具进行狩猎，捕食其他动物，在品尝了生肉的滋味之后，变成了肉食者。经过了许多个千年，按照信奉这种学说的派别的观点，"智人"在遗传基因里也就具有了好斗的成分。所以，在整个历史上，人类之间的冲突变得日益血腥，并在 20 世纪的两次世界大战和种族灭绝活动中达到了顶峰。

39　这种认为人类生来嗜血的观点一度颇为流行，并在 1960 年代获得了一批信徒。所以，当那些相信人类天生爱好和平的人们听到塔萨代人的消息时，我们也就不难理解其宽慰之情。人们还注意到，遍布世界各地的其他食物采集者群体同样也不好斗。这样一来，塔萨代人及其类似群体也就传递出人类天生爱好和平的形象，而并非先天注定就要不停地争战，直至毁灭自身。

不幸的是，这个令人欣慰的推论遭到了质疑，媒体先是对塔萨代人故事的真实性表示怀疑，与此同时又报道了新几内亚发现的另一个由 30 人组成的部落，即费顿人（the Fenton）。这些部落成员都是剽悍的武士，不断与邻近的人们交战。在新几内亚，还有一个以掠取人头著称的阿斯玛特部落（the Asmat）。根据一位曾与他们一起生活过的传教士的说法，这些人毕生都致力于打仗。"一个人的全部威望，以及全部的权威，最终都取决于他的战果。一个男人若是没有猎取过几颗人头的话，就不可能在社会上有地位。从门柱上悬挂的头盖骨数量，可以判断出主人社会地位的高低……成功的猎头者可以享受很多特权：他们有权佩戴标志其特殊身份的饰品，有权要求得到额外的食物……他们无须卖力气干重活；在男人举行的集会上，事事都得征求他们的看法；他们也更容易得到女人的垂青。"[48]

在各大洲以采集食物为生的民族当中，也存在着类似的矛盾。在美国的印第安人中间，霍皮族（the Hopis）和祖尼族（the Zunis）给子女的教导是与世无争，夏延族（the Cheyenne）和克劳族（the Crow）则把英勇善战称赞为"一个人从摇篮到坟墓，得以在众人中脱颖而出的唯一道路"[49]。非洲也存在类似的情况。昆族人不喜欢好勇斗狠，在他们的传说中，主人公都是些凭借机智而非强力生存下来的动物。相比之下，东非游牧民族博兰人（the Boran）却是毕生习武，并尤为强调"男人的气概和昂扬的斗志……顽强的毅力……丛林战术……眼观六路，耳听八方"[50]。

那么，关于人性的本质，所有这些情况能给我们以何种启示呢？科学家们绝大多数都同意，在上千年的时间里，人类和其他动物一样自私自利，而为生存起见，确实也必须如此。出于自利，他们在旧石器时代的漫长阶段建立起崇尚合作的氏族社会，因为这种社会组织恰好适合当时环境下的人类生存需要。毕竟，人类完全依赖父母的幼年时期不像猴子那样只有一年，也不像猩猩那样有 3—4 年，而是有 6—8 年。在这漫长的依赖时期，人类幼仔若要存活下来，最佳保障就是有一个相互合作的宿营体系，可以提供必要的食物和保护。 *40*

在旧石器时代，崇尚财产公有的氏族社会由于满足了人类的若干关键需求，从而一直延续了下来。但是，谁也不能据此便作出推断，认为在过去和现在的食物采集者群体当中就没有争斗或冲突。以昆族人为例，研究结果表

[48]　奇格沃德（G. A. Zegwaard）："荷属新几内亚阿斯玛特人的猎头行为"（Headhunting Practices of the Asmat of Netherlands New Guinea），载《美国人类学家》（*American Anthropologist*）第 61 期，1959 年 12 月，第 1040 页。

[49]　转引自戈德施密特（W. Goldschmidt）："私人动机与制度性冲突"（Personal Motivation and Institutionalized Conflict），载福斯特与鲁宾斯坦（M. L. Foster and R. A. Rubinstein）主编的《跨文化视野下的和平与战争》（*Peace and War：Cross-Cultural Perspectives*，Transaction Books，1986，p.6）。

[50]　同上。

明，他们之间同样发生过无数次的小摩擦，通常都与女人有关，或者仅仅因为在走亲访友时节，一个地方聚集了太多采集食物的人。不过，这些摩擦与战争毫不相干。人们通常只是象征性地表达敌意，造成的损失和伤害也都微乎其微。埃尔曼·谢伟思在分析过亚马逊雅诺马莫人（the Yanomamo）中间的暴力活动的性质之后，称其原因是"个人矛盾和家庭矛盾：雅诺马莫人通常会为女人大打出手，有时是因为受辱，有时则是逞能——要么恃强凌弱，要么打抱不平。当我们这里十来岁的孩子出于这样的原因打架时，我们并不会把它与有组织的战争行为混淆起来"[51]。

马来西亚塞芒族人的案例最能说明问题。在他们居住的山区，这些人完全不好斗。他们很少发怒，不愿杀死自己喂养的动物，从而以懦弱著称。可是，正是这些"谦和"的部落成员，在被征召进入马来西亚军队之后奉命作战的时候，却变成了嗜血成性的杀手。然而，一旦回到塞芒社会，这些士兵就会跟那些一直待在家里的邻居一样，再次变成温和厌战的人。

基于这些证据，心理学家艾伯特·班杜拉（Albert Bandura）[52]总结道："从社会习得的角度而言，人性的特点就像一种巨大的潜能，在社会的影响下，可以具有各种各样的形式。……好斗并非人类无法回避或改变的一个方面，而是社会当中那些鼓励争斗的因素造成的结果。"[53] 这个结论得到了人类史前时代证据的印证，基本上还算令人鼓舞。"人性"既不崇尚和平，也不崇尚暴力，既不崇尚合作，也不崇尚掠夺。其实，它在很大程度上都是取决于"社会"或"文化"。然而，社会和文化都是人类的创造，自然也能被人类所改变。由此可以推断，社会和人类的未来前景，并不取决于人类预设的

41

---

[51]　谢伟思："战争与我们当年的祖先"（War and Our Contemporary Ancestors），载弗里德等（M. Fried et al.）主编：《战争：武装冲突与争斗的人类学》（War: The Anthropology of Armed Conflict and Aggression，Natural History Press，1968，p.160）。

[52]　班杜拉（1925— ），加拿大裔美籍社会学家，心理学家，新行为主义的主要代表人物之一，创立社会学习理论，1974 年被选为美国心理学会会长，代表作《社会学习理论》。——编注

[53]　班杜拉：《论争斗》（Aggression，Prentice-Hall，1973，pp.113、322）。

遗传基因当中贪婪或好斗之类的特性——我们最近的历史经验似乎说明了这一点——而是取决于那些拥有潜在能力，可以主动改变世界而不是任由历史操纵的人们。

食物采集者是被裹胁到了文明社会，而非出于自愿。

——斯坦利·戴蒙德

第二章　朝贡社会

从氏族社会到朝贡社会

在人类历史上，从氏族社会到朝贡社会的转变，是一个关乎人类命运的转折点。与氏族社会那种平等主义和温情脉脉的共同纽带相比，朝贡社会显得人情冷漠，剥削成性。朝贡社会的基础，是从大量农民和工匠手中强征的以商品、劳务或货币形式呈现的贡品，用以供养少数统治精英。可想而知，食物采集者是被"裹胁"（conscripts）到这一转变之中，而非出于自愿。那么，这种似乎不太可能的转变当初是如何发生的呢？

从现有的证据来看，答案似乎是人口因素。大约从公元前1万年起，世界各地人口增长的比例如此之大，以致传统的食物采集技术已经无法满足日益增多的人群的基本需求。在上千年的时间里，这些食物采集者曾经通过各种刻意或不太刻意的节育措施来限制其群体规模。有抑制排卵作用的哺乳活动，在婴儿出生之后通常会持续好几年，从而可使女性两次怀孕的间隔延长四五年。此外，氏族社会通常都会有一些文化禁忌，禁止在女性分娩之后以及其他一些特殊时期性交，从而进一步延迟了怀孕时间。以狩猎和采集食物为生的人还会借助各种植物和草药来避孕或堕胎。如果一个新生儿的出生时间距其母亲生下上一个婴儿的时间太近，通常会被杀死，因为对于这种居无定所的部落中的妇女来说，同时哺育和携带两个婴儿太过艰难。这些因素 *46* 和另外一些因素，共同限制了旧石器时代的人口规模，使其年均增长率在0.001‰，相当于一个世纪才增加10%。

这种增速即使非常缓慢，但到公元前1万年的时候，我们的旧石器时代祖先估计也已增加到1000万人。当时，他们已从非洲热带草原的发源地扩散开来，占据了各个大洲，并且开始为人口过剩而感到苦恼。

1000万人分散在非洲、亚洲、欧洲、南北美洲和澳洲，似乎应该都有充足的生存空间。然而，实际情况却并非如此，因为以狩猎和采集食物为生的人若想生存，平均需要一平方英里的土地。但在各大洲的许多地方，要么太寒冷，要么太干旱，要么太多山，根本连一个人都养活不了。

随着冰河时代的最终结束，人口压力变得更加紧迫。消融的冰川导致海面升高，淹没了先前大约五分之一的陆地。土地越来越少，人口越来越多，在公元前1万年左右，中东和其他地区的食物采集者先后遇到了一个窘迫的问题：他们的传统生活方式已经无法充分满足人们此时的需要了。

过去，当食物变得匮乏时，部落成员可以转移到附近的区域。此时，人们发现那些土地早已被别人占据。这就给氏族社会造成了一个无法应对的制度危机。以采集食物为生的部落根本无意节省或储存食物，以备不时之需。遇到困难时，也能通过氏族之间的共享制度以及到周围公有的天然食物来源地取食的办法，有效地加以解决。此外，从逻辑上讲，不断的流浪生活使积累食物或其他任何物品的做法都不太实际。所以，正如外部观察者无一例外地汇报的那样，那种相对闲散的生活方式，在其人口超过狩猎采集技术所能承受的一平方英里养活一个人的限度时，在某些地区也就越来越难以为继了。

这种持续了极其长久的社会制度在各地崩溃时，不断发展的情况所引发的矛盾冲突，1万年前的人们一定会有直接而强烈的体验，就像那位企图在

47 我们这个时代靠畜牧发家，但却最终以失败告终的昆族人德贝一样。因而，在对抗气候变幻和食肉动物的漫长斗争中曾经极佳地满足了人类需求的氏族社会，也就以这种方式表明，在对抗人口压力的问题上，它已无能为力。

氏族社会向朝贡社会的转变，其实是一个渐进的长期过程。由于越来越难于向无人居住的地区转移，食物采集者被迫留在原处对本地资源进行更有效的开发。为此，他们采取了各种各样的办法。他们更加仔细地收获野生粮食作物的果实，除掉周围无用的植物以增加其产量，在附近建起篱笆以防野兽祸害，并为那些珍贵的植物浇水。加利福尼亚州欧文斯谷地的派尤特族印第安人（the Paiute Indians）就是一个典型的案例，他们在小河中修筑堤坝，挖掘引水渠，从而增加了并非由他们自己种植的野生水稻的产量。

随着食物匮乏的压力日益增大，妇女毫无疑问就会开始播种那些产量最多而且营养丰富的野生植物种子，而在这之前她们只是按照季节采集它们。在取得这些进展时，根本无需史前时代的阿基米德对其发现的农业规律高喊"我知道啦"（Eureka）。女性采集者必然非常了解当地植物的属性和长势。食物采集者在无数代人的时间里已经知道，植物的种子会如何发芽，在哪些土壤要比别的土壤条件下长得更好，以及它们需要多少水分和阳光。

在被称为"刀耕火种"（slash-and-burn）的早期农业中，树木和树下的植物都会被砍倒，继而放火焚烧，只留下一片灰烬，用于给土壤施肥。接着，在这片被清理干净且富含养分的空地，人们会播下种子，然后不断拔除杂草，引水灌溉，直至最后收获。在土壤的肥力耗尽之前，人们会一直采取这种方式耕种，直到庄稼的产量不足以为之付出劳动为止——这种情况一般会持续1—8年。这些先前清理出来的土地接下来会被闲置6—20年，以使其慢慢恢复原状，先是长出一些生命力很顽强的杂草，继而长出灌木和小树，并在最后长成大树。此时，这些土地就为新一轮的"刀耕火种"做好了准备。这种耕种方法至今依然广为流传，并在被第三世界3亿以上的人们所采用。

就这样，人类开始了从采集食物到生产食物的关乎其生死存亡的转变。

世界各地的部落社会一个接一个地独立完成了这种转变。人工栽培的作物种 48
类取决于各地的环境和资源——例如中国北方寒冷地区的粟，东南亚热带地
区的水稻，中东炎热干旱地区的小麦和大麦，以及安第斯山脉高寒地区的马
铃薯。在大约 20 万种开花植物当中，只有约 3000 种被人类广泛食用，其中
有 15 种尤为重要：4 种是禾类（小麦、水稻、玉米和甘蔗），6 种是被称为
穷人的肉食的豆类（扁豆、豌豆、菜豆、蚕豆、黄豆和花生），还有 5 种是
淀粉类（马铃薯、甘薯、番薯、木薯和香蕉）。

　　这些植物实行人工栽培之后，在千百年的时间里，由于人类的拣选，具
有了人类希望的特性，从而能够供养更多的人口。以玉米为例，它原本是墨
西哥的一种野生禾草，玉米穗只有人类的拇指大小，玉米粒就更小了。如今，
人工栽培的玉米穗长达 0.3 米，结的玉米粒也大多了。实际上，玉米现在已
经完全依靠人工栽培，如果人类不播种的话，它已无法自我繁殖。有些植物
也已完全依靠人工种植，例如香蕉和面包树，要靠人类从它们的树干上选取
嫩芽进行繁育。

　　野生植物的人工栽培过程并非一种单向活动，如果说人类培育了植物，
那么也可以说植物驯服了人类。狩猎采集者曾以数百种动植物为食物来源，
这种食物多样性使其在某种程度上具有安全感。农业社会的人，则要靠自己
种植的少数几种农作物为生，从而更加容易受到干旱、洪水、害虫的影响。
在很大程度上，人类确实被自己培育的植物驯服了，他们为了照看自己的庄
稼和家畜，不得不放弃过去的流浪生活。很快，临时的宿营地就被村庄所取
代。从此，人类中的绝大多数都是在村庄中出世、处世和辞世。

　　尽管有其弊端，农业依旧解决了人口过剩这个氏族社会所面临的最棘
手的问题。即便是早期的"刀耕火种式"农业，也能使每平方英里土地养活
10 个人，而非过去的 1 个人。但是，人口压力虽然暂时得到了缓解，新的 49
农村定居生活却很快就引发了人口的爆炸式增长。这种生活方式显然触发了
女性的生理变化，结果也就增加了她们怀孕的频率。

　　人类早已发现，妇女在哺育幼儿期间，其月经、排卵和受孕周期都会延迟。所以，哺乳活动起到了天然调节生育的作用，是天然的节育措施。在居无定所的食物采集者社会，以昆族人为例，婴儿的唯一营养来源就是母乳，哺育婴儿的母亲平均有 4 年时间不能生育。然而，当昆族女性放弃采集，过上定居的农村生活之后，她们哺育婴儿的时间显著地缩短了，因为她们现在可以用谷物食品和牛奶代替母乳。伴随着这种变化，她们哺乳期间的不孕周期也相应缩短。如今，她们仍像以前那样不采取任何避孕措施，在育龄期间平均生育 5—6 胎，而以往则只能生育 4—5 胎。昆族人的这一数据，也可以在其他以采集食物为生的民族那里得到印证，其中尤以北美洲哈达族社会（Hutterite communities）的情形最为显著。哈达族女性同样对婴儿实行母乳喂养，而且也不采取任何避孕措施。所有这些研究表明，持续的哺乳活动会延长不孕时间，可以起到抑制人口增长的天然节育作用。[54]

　　人类的这种生理特性，有助于解释最先出现农业的中东地区何以在 4000 年内，也就是 160 代人的时间里，人口数量从不足 10 万猛增到 300 多万。这一增长很快就导致新一轮的人口过剩，而以从食物采集者部落沿袭下来的那种不利于人口增长的氏族社会制度为基础的新农村，显然无法应对这种危机。换言之，人类在从食物采集者向食物生产者转变的过程中，技术领域的革命并未伴随相应的社会革命。起初，氏族制度在各地依旧存在，一个村庄的所有居民都可以自由使用周围各村的土地，所以村民们也就只耕种仅够满足其一时之需的少量土地。

　　对亚马逊库伊库鲁族印第安人（the Kuikuru Indians）的研究表明，上述劳动只需平均每天花费 3.5 个小时即可完成，而这则已是其劳动时间的极限。50 关于以氏族关系为基础的村庄如何运转的详细情形，可以从下面选取的文字

---

[54]　麦克尼利（A. S. McNeilly）："哺乳行为对女性生育的影响"（Effects of Lactation on Fertility），载《医学公报》（Medical Bulletin）第 35 期，1979 年，第 151—154 页。

中加以了解。这是一位西方观察者1933年9月对罗德西亚（今赞比亚）北部本巴族部落成员（Bemba tribesmen）的工作与非工作状态所做的记录。

1933年9月1日，准备了两桶给男人喝的啤酒，一桶给老人，一桶给年轻人。新出生了一个婴儿。外村妇女前来道贺，在该村待了两三天。在此期间，本村的妇女们推迟了田间的劳动。

2日，老人外出去清理灌木。年轻人待在家里，喝光了变酸的剩啤酒。更多的外村妇女来看望新生儿。很少有妇女下地劳作。

6日，老人和年轻人从早上6:30努力劳动到下午2:00。傍晚，老人和年轻人分享了两桶啤酒。妇女像往常一样下地劳作。

7日，观察者们击毙了一头野鹿。年轻人前去取肉。妇女们多磨了一些面粉，好配肉食用。人们还准备了两桶啤酒。下午2:00开始喝酒。下午4:00，年轻人在村边耀武扬威，寻衅滋事，最后闹了一通。晚上举办了舞会。老妇人们兴致很高，在村里的广场跳舞，却被女儿们批评跳得不好。她们头脑清醒，表示不同意别人的看法。除了老人之外，旁人都没有完成田间的工作。

8日，早上8:00，每个人都兴致勃勃地下地劳作。中午12:00收工。年轻人坐在屋子里喝剩余的啤酒，用了两个小时。……年青女孩们用少量毒药去捕鱼，却一无所获。

17日，天气极热。年轻人整天待在屋子里，互相帮忙梳头、剃须、除虱。找不到别的乐子。妇女困倦至极，无意做饭。

19日，九名男子去清理灌木。一位妇女去锄草。三位妇女去捆树枝。年轻妇女们用毒药去捕鱼，捉到了一条（重1.8斤）。

24日，四桶啤酒被全村人分掉。男人和女人的酒都够喝。人们断断续续地喝了两天啤酒。

30 日，准备了更多啤酒。四名男子去清理灌木。[55]

可以肯定，奉行平等主义的早期农村的社会组织和生活方式，与四处流浪的氏族部落一样，对生产活动起着内部约束作用。它们的社会成员都有权享受生活资源，从而没有多少动力去生产超出当下所需的东西。当村里的人口数量增加到这种闲散的工作状态无法供养时，他们的社会就会不可避免地进行重组。

朝贡社会的性质

人口压力曾经迫使狩猎采集者对本地资源进行更加充分的开发，继而发展出了农业。如今，人口压力同样迫使早期的农民对本地资源进行更为充分的开发，从而创建出朝贡性的社会组织。公元前的第 4 个千年，这一转变最先出现在中东，并在接下来的世纪里，在世界各地无数次地重演。各地的转变方式各有不同，具体取决于各地的气候条件、农作物的种类、氏族社会的基本结构在各地出现的变化等因素。

在中东，背负重压的农民把种植区域从雨量比较充沛的高地扩展到底格里斯河、幼发拉底河、尼罗河等大河流域。在那里，他们发现了土质肥沃的冲积平原，还有椰枣林、鸟兽群集的芦苇荡，以及富含蛋白质和脂肪的鱼类，可供日常食用。然而，与周围的山地相比，那里也有一个极为不利的情况，即炎热少雨。为了获取必要的水源，这些农民当中的先驱者开始挖掘一些小型运河，把河水引入自己的农田。结果，庄稼的产量与过去在山间耕种

---

[55] 理查兹（A. I. Richards）：《罗德西亚北方的土地、劳动和食谱》（*Land*，*Labour*，*and Diet in Northern Rhodesia*，Oxford University Press，1939，pp.162-164）。

时相比有了显著的增长。截至公元前 3000 年，大河流域大麦的收获量已比播种量多 86 倍，农民每年收获的粮食已是自家所需数量的 3 倍。

农业生产水平的提升，为新兴行业的出现提供了基础——以及灵感。制陶是最早的新兴行业之一，大约 1 万年前开始在中东出现，为储存食物和饮料提供了清洁耐用的容器。于是，新兴的制陶业就对建立和储存公共余粮起到了关键作用。冶金也是早期的新兴行业之一，它在大河流域的作用尤其突出，因为那里缺乏燧石，而燧石则是山区用于制造工具和武器的常用材料。公元前 3000 年，青铜时代已经开始，砷铜合金和锡铜合金（二者都被称作青铜）得到了广泛应用。与此同时，波斯湾和尼罗河上的船只也开始使用风帆助力航行。这是人类第一次成功利用人力和畜力之外的力量获取动力。陆路交通也因车轮的发明而出现剧变，尤其是在大约公元前 3000 年之后，车轴不再与车轮固定在一起，而是使车轮围绕固定在车身上的车轴自由运转。此时，轮子不仅被用于陆路交通，还被用于制陶，从而扩大了陶器的生产规模。

改进之后的农业与新兴行业的这种结合，产生了突破性的影响，使生产力得到极大提升，从而养活了不断增长的农村人口。1 万年前，世界人口还只有 500 万多一点，到基督生活的年代，估计已经猛增到 1.33 亿。移民如潮水般从农村涌入新的中心，即城市。城市与农村相比，不仅规模更大，社会结构也有不同。城市不像那些实行平等主义的单位，全体居民都有权使用村庄周围的土地，而是控制在一个由国王、官吏、教士、士兵和文士组成的统治集团手中。这个统治集团之所以能在此时出现，恰是因为农民和工匠生产的粮食和器具有了剩余。哲学家柏拉图（Plato）敏锐地注意到："每个城市其实都是两个城市，一个是多数穷人的城市，一个是少数富人的城市；而在这两个城市之间，总是处于战争状态。"

新兴统治集团借以维护自身存在的制度机构就是国家，国家有权通过专人向农民和工匠征收现金、产品或劳役形式的"贡品"（tribute），从而剥夺其剩余产品。于是我们也就有了"朝贡社会"一词。

　　农民如何及为何会将自己的平等主义自主权屈服于国家的外来权威和剥削？这一问题至今仍有许多争议。这一看似不可思议的转变，如果不被视为

53　非黑即白的单向过程，即剥削集团只顾搜刮农民和工匠而不提供任何回报的话，就更容易理解了。朝贡社会的国家，虽然常被称为"有产者"（haves）通过剥削"无产者"（have nots）来维护其借以谋利的等级社会的剥削机构，但作为一个全民机构，也对那些接受现状的忠顺臣民相应提供了安全和保护，为他们的争端提供仲裁，并对那些生活困难的人提供救济。

　　氏族社会向朝贡社会转变过程的模糊性，从教士方面可见一斑。教士是直接脱离体力劳动的第一个群体，他们继承了部落巫师的角色。过去，巫师曾为食物采集者的部落提供医疗、巫术和宗教服务，也曾主持过早期村庄的小型神社。当村庄成长为城市之后，神社就发展成为神庙，配备了各级神职人员，并建立起严密的神学理论。这种日益神秘的宗教上层建筑得到了国家的大力资助，以及信徒自愿或不自愿的各种捐献。

　　教士阶层相应地为社会提供了重要服务。他们负责发明书写文字，不仅用以记录大量的经济和宗教活动，还可用于推算每年的洪水泛滥时间，这对生活在大河流域的每一个农民来说都至关重要。他们还记录了遍布大河流域的堤坝和运河网络的情况，为其正常运转提供了必不可少的资料。在分配河水以及修建和维护灌溉设施方面，他们也负责作出重要决定。他们也是新兴行业的重要庇护者和推进者，因为从表面上看，那些行业为神庙生产的东西，与其为民间市场生产的东西一样多。

　　最后一点，朝贡社会的国家之所以能够主导美索不达米亚时代至近代早期资本主义兴起之间的 5000 年，是因为它很有成效——即以日益增长的生产力来满足日益增长的农村人口的生存需要。朝贡社会的生产力水平之所以高于氏族社会，正是由于它的剥削阶级征收了沉重的赋税、租金、什

54　一税和劳役。农民和工匠为了支付这些苛捐杂税，就得比以前奉行平等主

义的早期村民辛苦无数倍。在朝贡社会，他们的工作有多辛苦，生产了多少东西，生活得多么窘迫，从 14、15 世纪德国北部梅克伦堡一座 720 亩大小的农场的以下统计数据中可以得到说明。这座农场平均每年可以生产 9180 斤粮食，其中 3060 斤必须为来年种植留作种子，2520 斤用于饲养 4 匹马，2430 斤要给地主交租，只剩 1170 斤给农民及其家人，相当于每人每天只能分到热量为 1.6 千卡的食物，远远低于我们（或旧石器时代任何一个食物采集者）所认为的每日最低需要。这家人在长时间的农场劳动之外，还要另花时间在庭院种植蔬菜和果树，并且养殖家畜、家禽和家兔，仅仅是为了维持生活。[56]

形形色色的朝贡社会

那些一天到晚艰辛劳作的德国农民，与生活闲散的本巴族村民或昆族食物采集者相比，差异何其显著！正是这种差异，解释了朝贡社会为何能从公元前 4000 年开始占据主导地位并延续到了近代。在这个漫长的历史阶段，从中国北部到撒哈拉以南的非洲，从美索不达米亚到阿兹特克帝国（Aztec Empire）与印卡帝国（Inca Empire），各大洲出现了许多不同类型的朝贡社会。虽然法老时代尼罗河流域的农民与 15 世纪德国梅克伦堡的农民生活在不同的时间和地点，但他们对那种每天必须为养家糊口而奋斗的生活都应感同身受，因为他们在两个基本类似的朝贡社会中都扮演了贡品生产者的角色。这种内在的相似性，远远超过了两地在农作物或政治及文化上层建筑方面的差异，因为埃及和德国的农民既不能像旧石器时代的食物采集者那样自由享用大自然的恩赐，也不能像早期的农村居民那样自由使用部落的公共土

---

[56]　沃尔夫（Eric R. Wolf）：《论农民》（*Peasants*，Prentice-Hall，1966，pp.5-10）。

55 地。一旦失去这种自由使用生活资料的权利，奉行平等主义的旧石器时代和新石器时代就自动让位给了不平等的朝贡社会，而正是那种不平等，具有更高的生产率，从而占据了上风，直至近代资本主义的出现。

朝贡社会更高的生产力水平也令其社会组织变得更加复杂。本巴族的村庄和昆族人的部落都奉行平等主义，在文化上也具有同质性。所有的社会成员都分享共同的知识，遵循共同的习俗，采取共同的立场。而在朝贡社会，征集来的贡品则支撑起了一个包括君主、朝臣、文官、法官、军官、教士、商人和文士在内的统治阶级。

贡品同样支撑起了一种与农村传统的"俗"文化（"low" culture）相对立的新型"雅"文化（"high" culture）。这是熟谙神秘书写艺术的文人的文化，是知晓天国秘密的教士的文化，是懂绘画和雕刻技巧的艺术家的文化，是能设计精美的宫殿、神庙和别墅的建筑师的文化，也是那些创作出流传至今的作品的诗人、剧作家、历史学家、音乐家和哲学家的文化。这两种文化雅俗共存，却往往各自有别。"雅"文化常见于城市中的学校、神庙和宫殿，"俗"文化则常见于农村的日常生活。"雅"文化在识字的人当中世代相传，"俗"文化则在不识字的农民当中口口相传。人类学家关注的是世界各地诸多的"俗"文化，历史学家因为主要依赖于书面的记载，故而关注的是"雅"文化，并美其名曰"文明"（civilizations）。

第一个朝贡社会，或曰文明，人们通常认为约于公元前3500年出现于美索不达米亚。紧随其后的是其他一些文明：约于公元前3000年出现的埃及文明；约于公元前2500年出现在印度河流域的文明；约于公元前1500年在中国黄河流域出现的文明；约于公元前500年在中美洲和安第斯山脉出现的文明；以及约于公元700年在西非加纳出现的文明。上述日期只不过是一个粗略的估计，时值今日仍在不断被人们修正。

世界各地形成的"俗"文化和"雅"文化虽然在细节上有所区别，但在56 某些基本内容上却也保持着一致。以"俗"文化为例，各地的农民都在照看植物和动物方面积累了大量知识。这些知识与狩猎采集者掌握的大量有关其赖以为生的动植物知识相一致。各地的农民都把辛勤工作视为美德——这一特点使其与此前的食物采集者区别开来。索贡者的强制要求，以及家畜和庄稼的自然生长规律，使他们除了发扬辛勤工作的美德，几乎别无选择。农民们也都渴望拥有一小块土地和几头家畜，以实现某种程度上的经济独立，即便其可能性非常小。正因如此，他们过去对教俗两界的地主侵吞其土地的行为进行了坚决抵制，就像他们现在坚决抵制政府合营或农业集团那样。不过，这种重视家庭独立的情况由于农村生活的公有制性质而得到了平衡。必要时，农民可以彼此寻求同情和帮助，而且乐于参加建筑房屋、庆祝丰收、宗教仪式等集体活动。

与此相似，各大洲的"雅"文化或"文明"也有某些共同特征。这些文明都以征收现金、货物或劳役形式的贡品为基础；它们都有专门的官僚征收贡品，执行法律，治理地方，并有专门的神职人员负责宗教事务；它们的统治集团都住在城市的中心，那里也是制度化的政治权力中心；它们都保持着武装力量，以备官僚和司法机构无法维护国家权威时，能够抵抗外敌入侵或镇压内乱；它们都有纪念碑式的建筑：要么是宏伟的公共建筑，要么是统治者的私家豪宅；最后，大部分文明都有赖以奠基的"圣经"（sacred books），例如印度教的《吠陀经》（Vedas），佛经，伊斯兰教的《古兰经》（Koran），以及基督教的《旧约》（Old Testaments）和《新约》（New Testaments）。这些经书不仅支配着教育（青少年必须背诵大段的经文），还被用作控制社会的工具。任何挑战宗教教义或国家权威的行为都会被定罪，在现世和来世都会受到惩罚。在大部分经书上占据着显要位置的"地狱"（hells），其实都是 57 惩治世俗或宗教权威反抗者的永久性"集中营"（concentration camps），这一点绝非巧合。

各地的文明并不一定全都具备上述特征。以安第斯山脉的印卡文明（the Incas civilizations）为例，就从未发展出书写系统。埃及文明（the Egyptian civilizations）和玛雅文明（the Mayan civilizations）都缺乏城市，至少是通常意义上的城市。有些文明是以奴隶制和奴隶劳动为基础，有些则不然。有些经历过长期的封建阶段，有些则没有。但是，此类个别差异远不如那些共性重要，后者不但使所有的朝贡社会与前面的氏族社会区别开来，还使其与后面的资本主义社会区别开来。

在千百年间，所有这些文明都各自发展出了某种或可称其为独特"风格"（style）的东西。宽泛地讲，印度文明（Indian civilization）重视宗教（就像游客至今仍能在日常的街景上发现的那样），中华文明（Chinese civilization）注重礼节或人伦（就像孔子著作当中详细阐述的那样），希腊文明（Greek civilization）则强调以个人为中心［就像德尔斐的一座著名神庙里的铭文反映的那样，该铭文为"认识你自己"（KNOW THYSELF），而非"敬畏神灵"（FEAR THE GODS）〕。

在我们的世界历史书上，充斥着有关欧亚大陆文明的文字，相对而言却是极少注意非洲和南北美洲的文明。然而，当早期的欧洲探险家和强盗最初从实为世界文明的偏僻角落出发去海外进行探险时，对苏丹和墨西哥的文明成果震撼不已，就像他们曾对印度和中国的文明成果感到震撼一样。曾经参与征服阿兹特克帝国的贝尔纳尔·迪亚兹（Bernal Diaz），在其回忆录中栩栩如生地描绘了"［阿兹特克人］切割和打磨宝石的高超技艺……高超的绘画技巧……以及美妙的雕塑"。迪亚兹尤其赞叹阿兹特克人的首都，惊讶于那些宏伟的建筑，"可向全城提供甘泉的"引水系统，以及熙熙攘攘、货物充足的市场。"我们当中有些人曾经到过君士坦丁堡和罗马，曾经游历过意大利全境，但就连他们都说，自己从未见过一个市场像墨西哥这座市场一样，规模如此之大，管理如此之好，人员如此之多。"[57]

---

[57]　洛克哈特（J. I. Lockhart）译：《征服者贝尔纳尔·迪亚兹·德·卡斯蒂略回忆录》（中文版译名为《征服新西班牙信史》，商务印书馆，2011 年版）（*The Memoirs of the Conquistador Bernal Diaz de Castillo*，Vol.I，J. Hatchard，1844，pp.220-223、228-241）。

几乎就在迪亚兹与另外一些征服者摧毁美洲印第安文明（Amerindian *58* civilizations）的时候，西方探险家和阿拉伯商人从廷巴克图和西非海岸发回了报告，描述了那里兴盛的农业、发达的贸易、高效的帝制，以及"得到国王资助的大量医生、法官、教士和其他博学之士"[58]。一位英国学者总结道："穆斯林和基督徒虽然在思想氛围上存在着差异，但 14 世纪廷巴克图的居民若能置身 14 世纪的牛津，可能会感到同样自在。即便到了 16 世纪，他依然会在这两座大学城之间发现许多共同点。"[59]

欧亚大陆以外的文明虽然成就斐然，但不可否认的是，它们相对而言只给现代世界留下了微薄的遗产，因为现代世界的历史进程绝大部分都为欧亚大陆所主导。造成这种无可争议的事实的原因之一在于，欧洲征服者不仅佩戴着刀剑和十字架，而且通过本国的移民和非洲的奴隶无意间携带的更为致命的疾病——天花、麻疹以及疟疾，从而把美洲印第安文明扼杀在摇篮里。欧亚文明之所以能够起到支配性的作用，另一个原因在于，欧亚大陆是位于地球中心地带的面积最大的大陆，囊括了世界五分之二的陆地，以及十分之九的人口。

在整个人类历史上，欧亚大陆上的民族不仅占据着人数和资源优势，而且更为重要的是，还在开放性方面占据着决定性的优势。欧亚大陆的所有文明——不论东部的中华文明，南部的印度文明，西南部的阿拉伯文明，还是西部的欧洲文明——在千百年间都能相互往来，并相互借鉴。它们不仅交换各自培育的动植物，还交换各自的发明。1620 年，英国哲学家弗朗西斯·培根（Francis Bacon）写道，三大发明"印刷术、火药和指南针……彻底改变了世间万物的面貌和状态"。这三大发明全都源自中国，并被欧洲人悉数借

[58] 利奥·阿非利加努斯（Leo Africanus）：《非洲简史》（*A History and Description of Africa*, Hakluyt Society, 1896, p.825）。

[59] 霍奇金（T. Hodgkin）："伊斯兰教在西非"（Islam in West Africa），载《南部非洲》（*Africa South*）第 2 期，1958 年 4—6 月，第 98 页。

去用作基本的工具，为他们的全球扩张开辟了具有突破性的新篇章。相比之下，所有这三种发明，以及铁器和轮子，在哥伦布出现之前，仍不为与外界隔绝的美洲印第安人所知。

59　　其实，欧亚大陆的人民之间并不限于交换植物、动物和技术，他们还"交易"（traded）了能够传染病菌的微生物，从而使欧亚人逐渐产生了免疫力。霍乱、鼠疫，以及牛群瘟疫，曾经多次席卷欧亚大地，但最终却都在其发源地失去了杀伤力。一旦传给此前从未感染过这些病菌，从而毫无抵抗力的美洲印第安人和澳洲土著居民，这些疾病至少就像火器一样，有效地为西方的全球霸权扫清了道路。早期的欧洲移民曾经多次在报告中写道，他们来到印第安人的村庄之后，发现村民早已被野火一般先于他们蔓延到那里的疾病灭绝，以致附近农田里的庄稼都无人收割。这幅宏大而恐怖的种族灭绝场景，可在下面这份于 1586 年发自秘鲁的报告中得到说明："虽然流感不像钢刀那样闪耀，但却没有一个印第安人能避开它。破伤风和斑疹伤寒害死的人，比 1000 头目露凶光、垂涎三尺的猎犬杀的人还要多。……天花消灭的印第安人，比所有枪炮消灭的印第安人还要多。瘟疫随风扩散，正在毁灭这些地区。它们一旦攻击某人，就会将其摧毁：它们会吞噬人的躯体，吃掉人的眼珠，堵塞人的喉咙。到处都弥漫着腐尸的臭味。"[60]

　　最后所要说明的一点是，"雅"文化或"文明"非凡的自觉性和适应性，使其即便不能始终辉煌，也能存活至今。在这方面表现最为突出的要数中国人，他们经受过无数次的军事入侵和文化挑战，但却从未放弃他们的中国意识，即把自己视为"中央王国"（Central Kingdom），外部世界都以之为中心来运转。现在，中国人可以理直气壮地炫耀，他们的文明是延续至今的世上最古老的文明。以漫长的中国历史为例，足以证明这种区域性自豪与自觉意

---

[60] 转引自加利亚诺（E. Galeano）:《战火记忆三部曲：起源》（*Memory of Fire : Genesis*, part 1 of a trilogy, Pantheon, 1985, p.158）。

识的力量，并可进而证明文明具有顽强的生命力。

公元 7 世纪，中国的一位佛教徒玄奘访问了当时印度的医学、天文学、数学及巫术研究中心那烂陀寺（Nalanda monastery）。当他宣布自己回去的时机已到，寺中僧人劝他留在佛祖的故乡，不要回国，因为那里"无足轻重的野蛮人……心胸狭隘，粗俗不堪……佛祖之所以没有生在那里，原因即在于此"[61]。玄奘愤慨地答道：

> ……在我国，官员衣冠楚楚，人人遵守法律；皇帝贤德圣明，臣民诚挚效忠；父母关爱子女，子女孝敬父母；社会推崇仁义，敬重长者贤人；此外，国人学问精深，智慧超凡脱俗；通晓天文知识，知道星座运行轨迹；发明计时装置，懂得如何调节音律。……怎么能说，佛祖没有去过我国，是因其无足轻重呢？[62]

60

玄奘的回答，反映了中国人那种强烈的民族自豪感在历史上是多么悠久。它解释了为何 4 世纪到 8 世纪大量皈依佛教的中国人会将其变成具有中国特色的宗教——这种宗教在缅甸和锡兰的教友看来，很难称得上是佛教。

中古时期的中国人使佛教中国化的方式，与现代中国人使共产主义中国化的方式如出一辙。在 20 世纪，数以百万计的中国人信仰了共产主义，并在毛泽东的领导下于 1949 年夺取了政权。不过，他们实行的共产主义与俄国革命者早年发展起来的共产主义截然不同。毛泽东的成功在很大程度上源于他坚持把马克思主义与中国的国情和实际需要结合起来。在长期的革命实

---

[61]　《大唐大慈恩寺三藏法师传》的原文是"支那国者，蔑戾车地，轻人贱法，诸佛所以不生，志狭垢深，圣贤由兹弗往"。——译注

[62]　李约瑟（J. Needham）：《中国的科学与文明》（*Science and Civilization in China*，Vol. I，Cambridge University Press，1954，pp.209-210）。《大唐大慈恩寺三藏法师传》的原文是："彼国衣冠济济，法度可遵，君圣臣忠，父慈子孝，贵仁贵义，尚齿尚贤。加以识洞幽微，智与神契。体天作则，七耀无以隐其文；设器分时，六律不能韬其管。……岂得称佛不往，遂可轻哉！"——译注

践中，毛泽东曾经多次批评抽象化和教条化的马克思主义。"成为伟大中华民族的一部分，而和这个民族血肉相连的共产党员，离开中国特点来谈马克思主义，只是抽象的空洞的马克思主义。因此，使马克思主义在中国具体化……成为全党亟待了解并亟须解决的问题。"[63]

1976 年，毛泽东逝世之后，私营企业主获准营业，开饭馆，卖水果，兜售牛仔裤和鲜花的人都富了起来。有些人的盈利据说已远远超过政府高官的工资。不过，这些成功的企业主有时也会遭到社会的排斥。正如马克思主义在毛泽东的领导下被中国化那样，在邓小平的领导下，私营企业如今也要被中国化。上海一家报纸在 1986 年初报道称："企业主，即便是那些有钱的企业主，很难找到配偶。问题在于，人们通常鄙视企业主。……人们觉得他们有些钱赚的不诚实……人们仍然认为企业主属于社会下层。"[64] 这些流行的看法似乎反映不出共产主义者是多么鄙视资本主义者，而是更多地反映了传统的儒家伦理对商人和谋利者的鄙视。在儒家经典中，社会的基础据说包括四个等级：士、农、工、商，其中商人始终处于社会的底层。儒家圣贤孟子曾经写道，商人"卑鄙下流"，因其总是谋求"在市场上获利，人们都觉得他们很卑鄙"。[65]

朝贡社会的文明生命力很顽强，即便进入现代，它们仍能获得一些人的效忠。这种情况就人们对朝贡社会的一般印象而言，似乎有些矛盾。任何一个文明社会的诗人和思想家都会习惯性地追思怀古。他们以为那些史前时代的祖先是"高尚的野蛮人"（noble savages），没有被文明社会的腐败因素所污染。他们一厢情愿地认为，很久以前，在人类历史的"初始阶段"，地球

[63] 转引自塞尔登（M. Selden）：《中国革命的延安道路》（*The Yenan Way in Revolutionary China*，Harvard University Press，1971，pp.191-192）。原文参见《毛泽东选集》第二卷（人民出版社 1991 年版）第 534 页。——译注

[64] 《洛杉矶时报》，1986 年 4 月 19 日。

[65] 劳（D. C. Lau）译：《孟子》（*Mencius*，Penguin，1970，p.92）。《孟子》中的原文是："贱丈夫"，"市利，人皆以为贱"。——译注

上存在着人间天堂。在印度史诗中，起初并不存在种姓制度，人类过着自由安宁的生活。公元前 8 世纪，希腊诗人赫希俄德（Hesiod）写道，人类最初有一个"黄金时代"（Golden Age），只是随着人性的堕落，才先后被"白银时代"（Silver Age）和"黑铁时代"（Iron Age）所取代。赫希俄德认为，自己生活的悲惨时代不幸就是"黑铁时代"的终结阶段。

朝贡社会的文明之所以长期受人质疑，原因之一在于，它们确实是人类发展史上矛盾重重的一个阶段。它们凭借农业技术和以贡品为基础的社会组织，提供了更多的产品（经常是新产品），支撑起繁盛喧闹的城市中心，人们的生活有了新的利益，新的抱负，新的进步。然而，这种繁荣景象也伴随着许多矛盾，导致出现摩擦、对立和动荡。

文字的发明就是这种内在矛盾的一个重要案例。显然，人类出于记账的 62 实际需要才发明了文字，但却由此产生了始料未及的重大影响。文学、知识、宗教经典以及其他形式的文化相继诞生，并被后代传承和发扬。在这些文化活动中，出现了创造者，有自我意识的个体，这是人类文明独特而宝贵的产物。旧石器时代出生的人，那些具有亚里士多德（Aristotles）、米开朗基罗（Michelangelos）或爱因斯坦（Einsteins）潜能的人，显然无缘发现自己的天赋，更不用说发展它了。所以，朝贡社会的文明对于培养有创意的建筑师、雕刻家、画家和诗人来说十分必要。这些人创造的成果，例如帕特农神庙（Parthenon Temple）和沙特尔大教堂（Chartres Cathedral）这样的杰作，如今依然可以被人们观赏。

然而，文明的最高成就当中，也包含着最深刻的矛盾。文字促进了人类的创造力和智力发展，但在热衷于维护有利于自己的现状甚于推动自由探索的保守主义者手中，它却变成了工具。文字被他们改装成具有美化、神化和操纵作用的知识。所以，长期以来人们传承的"历史"是统治集团审读和阐释过的歪曲历史。在《康州美国佬奇遇记》（A Connecticut Yankee in King Arthur's Court）一书中，小说家马克·吐温（Mark Twain）直白地写道，传统史书是如何注重法国大革命时期的恐怖统治，但却忽略了整个法国历史上存在着一种更为严重的恐怖统治。

回想起来，存在着两种"恐怖统治"：一种是以火热的激情进行谋杀，另一种则是以冷血无情的方式进行；一种仅仅持续数月，另一种则持续了上千年；一种害死了上千人，另一种却害死了上亿人。其实，我们只对那种小型的恐怖即暂时的恐怖感到"恐怖"；但是，与挨饿、受冻、言语辱骂、酷刑加身、绝望心碎导致的慢性死亡相比，这种利斧砍头导致的快速死亡有什么恐怖呢？……一座城市的公墓就能埋葬所有死于短期恐怖的人，我们却一直被处心积虑地教导要惧怕和哀悼那种恐怖统治。即便整个法国也难以埋葬所有死于那种更加古老和真实的恐怖——那种难以言传的痛苦和糟糕的恐怖——的人，但我们却从未被教导要看到它的广泛性或表示应有的惋惜。

63　　关于这种文化上的曲解对当今时代的影响，美国历史学会前任主席小林恩·怀特曾经有过如下评论。

从一开始直到最近，成文的历史都是以上层阶级为题、由上层阶级书写、为上层阶级服务的历史。……我们直到现在才开始意识到，我们继承下来的文化尽管内容十分丰富，但在许多方面却并不足为当今时代所取，因为它原本就是早已逝去的贵族时代的产物。我们必须从头开始书写全人类的历史，它要涵盖向来保持沉默的大多数人，而不只是统治集团里的极少数人。[66]

---

[66] 小林恩·怀特（Lynn White, Jr.）："沉默的大多数人的生活"（The Life of the Silent Majority），载霍伊特（R. S. Hoyt）主编：《中世纪初期的生活和思想》（Life and Thought in the Early Middle Ages, University of Minnesota Press, 1967, pp.85、86）。

千百年来，朝贡社会的文明受到的质疑，只不过是当时社会制度内部矛盾的反映。正是那些制度，也只有那些制度，才能产生知识和技艺，并使其世代相传。与此同时，人类取得的这一伟大进步只使极少数人而非大多数人受益，即便后者最终承担了"雅"文化的各种成本。就历史和人类的谱系而论，人类在物质和文化方面已经取得并将继续取得进步，如今也像过去一样，既创造了新的机遇，也制造了新的问题。这一点十分重要。所以，当后世的赫希俄德们感伤世事时，也会以思慕之情怀念往昔的"黄金时代"。

让-雅克·卢梭（Jean-Jacques Rousseau）这位批评人类文明的旗手曾经愤怒地宣称：人生而自由，但却无往而不在枷锁之中。如果说卢梭那一代人是被 18 世纪法国波旁王朝的枷锁压倒了的话，那么史前时代的人类祖先也曾被其继承的社会模式的枷锁所压倒，而且在继承时不予怀疑。他们从来没有想过，自己之所以能够改变、进步和适应各种环境，正是由于文明的复杂性。这种"文明"（civilized）的复杂性不可避免地衍生出不稳定和不平等，并在 20 世纪后期激化到近乎令人无法容忍的程度。必须强调的一点是，自旧石器时代结束以来，与不稳定和不平等一直相伴随的，是人类对自身潜力的日益敏感——人们意识到曾经发生了什么，正在发生什么，以及人类能做些什么，应该做些什么。在整个旧石器时代，从未出现过革命运动或改革运 *64* 动，这既反映了社会的公平，也反映了当时人们视野的局限。

朝贡社会的谱系

生态

狩猎采集者只给自然环境留下了与他们低微的技术水平相称的轻微印记。然而，随着农业的产生，人类与地球家园之间长期以来的平衡状态遭到了永久性的破坏。人类生产力水平的迅速增长滋生了朝贡社会，继而被朝贡社会进一步加以提升，不仅养活了日益增长的农村人口，还养活了新兴城市的居民。用不了多久，美索不达米亚先前那些 5000 到 1 万人规模的城市就让位给了人口过百万的帝国首都。这种人口爆炸引起了一系列连锁反应，即人口压力促使农业进步，农业进步反过来又促使人口增长，如此反复，持续了数百年。

朝贡社会对生态系统产生的最直接和最显著的影响，就是对森林的破坏。每当快速增长的人口觉得需要更多的耕地和草场时，就会自然而然地开始焚毁或砍掉周边的森林。与此同时，他们畜养的动物与他们培育的植物一样，证明也会破坏森林。山羊造成的破坏极为惊人，它们会啃掉灌木、树枝和树苗，使某些地区的森林完全无望复原。家猪为了吃到根茎和种子，尤其是橡树林的橡子，会把土壤拱开。绵羊会把草叶和草根悉数啃食，它们尖利的蹄子也会破坏草皮。牛群虽然不会对森林造成直接破坏，但却需要大量的牧草，农民有时放火焚毁森林，就是为了扩大牧场。

最后，随着人类日益需要木材来建造房屋、家具、车辆和船只，森林遭受的破坏也日益严重。早在公元前 2700 年，埃及人就曾记载过使用著名的黎巴嫩雪松建造航船的事例。几个世纪之后，阿卡德国王萨尔贡一世（Sargon Ⅰ）也曾将同样的雪松从幼发拉底河上游运到下游，以供他的美索不达米亚帝国使用。再后来，腓尼基人（the Phoenicians）为了造船经商，大片砍伐雪松林，一度成为地中海一带最有名的商人。就这样，一个世纪接一个世纪，黎巴嫩高大的雪松被逐渐伐尽，最后只剩下十来处矮小的雪松林，被人用围墙护住，以免山羊和伐木者进行破坏。围墙内的雪松依然长势良好，从而有力地反驳了那种通常的看法，即地中海一带的森林之所以被毁灭，是由于气候变化，而非人为破坏。

当年曾经目睹这种毁林过程的人，十分清楚事情的真相。2500 年前，柏拉图就曾对阿提卡森林密布的青山如何以及为何会变成如今常见的褐色荒山，做过如下分析。

> 确切地说，当今的阿提卡只不过是古阿提卡的遗迹。高处的土壤不断流失，裸露的地表就像病人的躯体一样瘦骨嶙峋。肥沃的土壤皆已流失，只剩下贫瘠的土地。本来，阿提卡的山区生长着茂盛的森林。高大的树木可为大型建筑的屋顶提供良好的木材，这种木材制作的顶板至今依然存在。这里曾有无尽的草地，可供牛群食用。直到不久之前，一些山区还生长着树木，如今却只剩下星星点点的草皮。每年的降水并未减少，就像现在这样，从裸露的地表径直冲进海里。过去，雨水可以被地面吸收并储存起来……从高处流下来的雨水就是通过这种方式汇集起来，流入低处水量丰沛、分布很广的山泉和河流。如今已经干涸的水源旁边仍有过去的神社可以为此作证。[67]

宏大的灌溉系统虽然为朝贡社会的许多文明奠定了经济基础，但却也对环境产生了破坏，其破坏程度完全不亚于滥伐森林。就像最初的农民不可能预料到自己的农业活动会导致森林的消失和土壤的侵蚀那样，最初挖掘沟渠从河流引水浇灌旱田的农民，也不可能预料到自己的灌溉活动最终制造的是沙漠，而非肥沃的农田。

起初，灌溉设施似乎有利无害。在汉谟拉比（Hammurabi）统治时期（公元前 18 世纪）的巴比伦王国，灌溉渠发挥着泄洪的作用。这些灌溉渠由烧制的砖块砌成，各渠之间的接口用沥青加以密封。灌溉网络遍布平坦的河谷，并且稳步增加，最后至少使 3840 万亩的庄稼得到灌溉，出产的粮食足以养活 2000 万人。

---

[67]　柏拉图：《克利梯阿斯篇》（*Critias*），第三章。

　　然而，这种极有价值的经济结构十分脆弱。底格里斯河和幼发拉底河都发源于亚美尼亚的高山地带，由于那里的人们过度放牧，滥伐森林，结果松动了含有盐分和石膏的土层，每年都会流失数百万吨泥土，使波斯湾入海口的三角洲在过去的 5000 年里平均每年向南延伸 30 米。新增的可耕地虽然令人欣喜，却要付出更大的代价。洪水中的泥沙经常堵塞运河和堤坝，为了疏通庞大的灌溉网络，使其正常运作，就要付出大量的劳动。在外敌入侵或国内动乱时期，这些灌溉设施往往无人看管，使洪水非但不能通过人工运河顺利灌入农田，反而淹没了乡村地区。多余的水分最终会被烈日蒸发，剩下的只有盐分。随着时间的流逝，这些盐分把一度肥沃的冲积平原变成了含盐的沙漠。今天的伊拉克境内有相当一部分土地都是这种沙漠。

　　相比之下，尼罗河流域的灌溉农业就没有遭遇这种不幸。尼罗河的源头在埃塞俄比亚和中非，那里的土壤侵蚀程度不如亚美尼亚山区严重。尼罗河冲走的泥土只相当于底格里斯河和幼发拉底河冲走的五分之一，所以每年淤积的泥土只有 0.125 厘米。这些淤泥足以补充每一季庄稼损耗的矿物质，但却并不足以使灌溉渠发生堵塞。结果，在千百年的时间里，尼罗河流域不仅保持了土质的肥沃，如今养活的人口也比以往任何时期都要多。不幸的是，尼罗河只是一个特例，底格里斯河和幼发拉底河才是常例，在各大洲都能看到灌溉工程造成的灾难性后果。一位观察家总结道："文明人在地球上行进之后，留下的足迹就是沙漠。" [68]

67　　就这样，人类从食物采集者变为食物生产者之后，人类与地球家园之间的平衡发生了根本性的改变。这反过来也使人类对待自然的态度发生了相应的改变。人类开始觉得自己可以征服自然，使其为自己所用。以古希腊哲学家为例，他们抛弃了传统的有关自然界的神话和宗教解释，继而运用理性来

---

[68]　转引自戴尔和卡特（T. Dale and V. G. Carter）合著：《土壤与文明》（*Topsoil and Civilization*，University of Oklahoma Press，1955，p.6）。

理解世界。他们认为，外在环境不再是众神的舞台，而是需要进行逻辑思考和分析的对象。哲学家普罗泰格拉斯（Protagoras）曾将这种思想体系极佳地概括为"人是万物的尺度"（man is the measure of all things）。在圣经《创世纪》（1:28）的训喻中，这一概念得到了更为有力的表述，即人类"要管理海中的鱼、空中的鸟和地上各样行动的活物"。

　　基督教圣经中的训喻，以及其他朝贡社会中的类似言论，已经深入人心，直到今天仍被人们奉行。然而，进入 20 世纪，人类所取得的许多成就都面临着化为乌有的危险，迫使人们重新评价朝贡社会的伟大文明及其当今时代的继承者的生态实践和传统教诲。即便是在半个世纪之前，这种重新评价也是不可想象的。过去那些伟大的文明之所以能够走向辉煌，都要归功于技术的进步，从而能够更加有效地利用环境来满足人类的需要。但是，当利用变成滥用时，那些文明就会无一例外地走上自我毁灭的道路，最终的结局就是"衰亡"（decline and fall）。世界历史上有太多这样的例子。这种自我毁灭的无声证据包括沙漠中的城市、寺庙和竞技场遗迹，还有已被淤泥阻塞、不再能够服务或保护人类的大型运河和水库的遗迹。

　　如今，电锯取代了山羊，化学农药与核污染取代了泥沙和盐分。难怪土质保护专家瓦尔特·罗德米尔克（Walter C. Lowdermilk）在研究了滥用环境的全球影响之后，认为那种把人类看得比"各样行动的活物"（every living thing）都优秀的传统教诲必须被抛弃。他总结道，如果上帝能够预料到人类滥用地球资源的后果，就可能会为摩西再定一条戒律，即第十一戒：

> 你要像忠诚的管家一样继承神圣的地球（Holy Earth），世代维护好它的资源和活力。你要保护土地不被侵蚀，水源不会枯竭，森林不被破坏，山野不被牲畜过度啃食，使子孙后代永远保有丰富的资源。如果不能保管好这块土地，富饶的田野就会变成贫瘠的山丘和废弃的沟壑，你的子孙后代将会衰落，生活贫困，最终消失在地

球之上。[69]

两性关系

朝贡社会彻底改变了两性之间的关系，就像它彻底改变了人类与环境之间的关系一样。当妇女离开部落到农村和城市生活时，两性之间的从属和依赖关系就产生了。

原因之一是技术。耕种农业，大型的灌溉系统，以及诸如冶金之类的新兴行业，使男人能够将妇女排除在新式经济之外。那些繁重的劳动，如疏通沟渠，刨除树桩，驾驭耕畜，把持耕犁或其他笨重的工具，对于妇女来说太过艰难，因为她们体力有限，并且还要生儿育女。由此妇女失去了掌控田间产品的权力，那种权力曾是她们在氏族社会里享有平等地位的基础，从而只能是越来越多地待在家里照顾子女和丈夫，并且承担家务。她们不再能像男人一样为家人贡献粮食。相反，妇女的"室内"（inside）劳动和男人的"户外"（outside）劳动有了区别，而且人们认为后者更加重要，尽管前者对家庭和社会来说十分必要。一旦"妇女劳动"（women's work）的重要性被轻视，妇女本身的重要性就也被轻视，女性开始成为"第二性"（the "second" sex）。

随着妇女越来越多地从事家务劳动——至少也是越来越少地从事田间劳动——男人还取得了新型国家机构的控制权。他们垄断了议会、法庭和军队。他们掌握了经济、政治和军事实权，地位随之上升。与此同时，妇女成了依附性的从属角色，变得没有权力，从而被称为"弱势性别"（weaker sex）。这种女性处于从属地位的整体情况当然也有例外的个案。叶卡捷琳娜大帝（Catherina the Great）曾像历代沙皇一样残酷无情地成功统治俄罗斯帝

---

[69]　罗德米尔克：《巴勒斯坦：应许之地》（*Palestine：Land of Promise*，Victor Gollancz，1944，p.25）。

国，并在与同时代的哈布斯堡王朝、霍亨索伦王朝和奥斯曼帝国的统治者的外交和军事斗争中，至少不落下风。在中国，武则天废黜了儿子的皇位，成为中国历史上唯一一位毫无争议的最有能力而且最为开明的女性统治者。但是，这些昙花一现的人物对周围那些普通女性的日常生活并没有产生多少影响，正如当今的贝隆夫人（Evita Peron）、英迪拉·甘地（Indira Gandhi）和科拉松·阿基诺（Corazon Aquino）无法使阿根廷、印度和菲律宾的妇女生活水平得到显著改善一样。

妇女之所以会在朝贡社会失去地位，也是因为新社会强调私人财产可以继承，从而使男人竭力确保自己的私人财富会传给自己的孩子，并确保这些孩子是自己所生。为此，精英阶层在内部制定了严格的规矩，采取了精密的措施，以控制女性（而非男性）的性交活动。这些措施包括使用贞操带，将性交活动的确切日期记录在案，对担任统治者后宫卫士的男性进行阉割，以及广泛实施阴蒂手术（切除年青女孩的阴蒂）以减少或消除性交活动的乐趣，这种手术被视为防止妇女背着丈夫与其他男人发生"外遇"（straying）的一种有效方法。

性别的不平等现象在各个朝贡社会表现不一。在公元前17世纪的美索不达米亚，汉谟拉比国王的法典以明白无误的法律术语对丈夫的地位进行了表述，称其为家庭当中不容置疑的首领。他简直就是妻子和儿女的主人，为了还债，可以将其出售。他的妻子如果与人通奸，则会与奸夫一起遭受死刑的处罚。对丈夫而言，由于他有娶妻、纳妾、蓄奴"享乐"（for his desires），以及确保后继有人的合法权利，所以对妻子的不忠行为也就算不上问题。在公元5世纪的雅典，民主社会盛极一时，妇女却不能拥有财产，*70* 也享受不了包括投票权在内的政治权利。德摩西尼（Demosthenes）曾对古典时代希腊的性别不平等现象做过概括，他注意到妇女可以分为三类："供大家享乐的情妇（高级妓女），供个人享受的小妾或妓女，以及为我们生育合法后代的妻子。"[70]

在中国，性别的不平等现象被阴阳互动的概念在哲学上加以合理化。阴代表雌性，被视为阴暗、柔弱、消极；阳则代表雄性，被视为光明、强壮、积极。二者虽然都被视为必不可少而且互为补充，但一方天生消极，并且从属于另一方。

中国女性地位低下的意识形态基础就是如此，从出生时起，女婴被弃杀的几率通常比男婴要高。长大以后，女孩要接受包办婚姻，被送到丈夫家中的小王国，有可能成为公婆施行暴政的对象。中国社会性别不平等现象的最显著的例子，是以裹足的形式将 5 岁大的女孩致残，这种裹足布长达数米，把女孩的双脚紧紧缠住，直到足弓塌陷，脚趾下弯。这种裹足被称为"金莲"（golden lilies），长度不到常人脚掌的一半。作为艳情诗歌的主题，它们极为突出，根据变形之后的状态，至少可以分为 5 类 18 种。这种"金莲控"其实是心理上的性变态，男人们发现，妇女被强行裹足之后，那种羞答答的步态和娇滴滴的举止可以唤起他们亢奋的性欲。就两性关系而言，裹足行为简直使妇女成为男性的玩物。她们的活动能力被严重限制，在经济上毫无作为，彻底沦为那些养得起这种人形玩物的男人的附属物。

氏族社会转变到朝贡社会之后，妇女地位的恶化程度，可以从一位 17 世纪的耶稣会传教士与拉布拉多一位纳斯卡皮族印第安人的下述对话中反映出来。这位耶稣会士责备纳斯卡皮人表现得不像"主人"，告诉后者"法国妇女不会统治自己的丈夫"。他在报告中提到了自己与那位纳斯卡皮人接下来的对话："我对他说，一个女人喜爱丈夫之外的任何人，并不是什么光荣的事情。由于她们这种邪恶的行为［女人的性交自由］，他自己也无法确定他的儿子——当时也在现场——就是他亲生的。"那位纳斯卡皮人答道："此

---

[70]　转引自波默罗伊（S. Pomeroy）：《古典时代的妇女》（*Women in Classical Antiquity*，Schocken，1976，p.8）。

言差矣。你们法国人只爱自己的孩子，我们则爱全部落的孩子。"[71]

社会关系

氏族社会转变为朝贡社会之后，出现了一个悖论：在人类的生产力和财富水平不断提高的同时，人类的营养不良和饥荒问题却在加重。出现这种情况的原因之一是，狩猎采集者丰富多样的旧石器时代食谱，在人类过上定居生活之后，局限为少数几种人工栽培的粮食作物。一旦粮食减产，大多数村民就有食不果腹之虞；而一旦庄稼绝收，他们就要遭受饥荒。不过，食物和天气本身并不足以解释所有朝贡社会出现的周期性营养不良和饥荒问题，因为这些社会的生产力水平要比先前的氏族社会高得多。农村和城市居民之所以会遭受周期性的不幸，更大的原因是分配不公，以及相对于人口增长而言的产品不足。

在实行等级制的朝贡社会，分配不公是一个固有的问题，因为在一个由地主与无地之人或曰有产者与无产者构成的社会结构里，大多数人的生活资料都被剥夺了。这种阶级分化是各大洲各朝贡社会的一个特色，因为从定义上看，朝贡社会就是由贡品征集者和贡品生产者构成的。

从表面上看，朝贡社会的社会关系并不意味着无产者会遭到直接而彻底的剥削。新兴精英阶层中的专家确实在行政、国防、宗教和技艺方面为全社会提供了有益的服务，因此，以服务换取贡品的做法，虽然不一定公平，但也基本上称得上是互惠。然而，这种互惠的交换在各地迟早都会让位于一种更具剥削特征的关系，农人被强迫缴纳他们的剩余产品，却得不到相应的补偿。这种情况之所以会普遍出现（尽管各地出现的时间各有不同），是因为

---

[71]　转引自恩格斯：《家庭、私有制和国家的起源》(*The Origins of the Family, Private Property, and the State*, International Publishers, 1972, p.38)，利科克序 (E. Leacock's introduction)，第 38 页。

72 前现代的所有文明在农业和手工业方面初显成就之后，相对而言都会在技术方面陷入停滞。这就使得所有朝贡社会的文明在生产力水平方面不足以维持它们越来越精密而昂贵的上层建筑。生产力水平的不足，迫使朝贡社会采用奴隶制、农奴制、债务奴隶制、高利贷以及其他巧立名目的剥削形式，冷酷无情地榨取一切可能的剩余价值。

研究表明，朝贡社会不论是在古代，在古典时代，还是在中世纪，统治集团所占的人口比例虽然只有 1%—2%，却占有了全社会一半以上的收入。农村和城市的社会下层，通常在满足基本的生理需要以维持必要的劳动能力之外，几乎再无剩余。然而，各地的少数特权阶层却是生活奢靡，与大多数劳动者穷困潦倒的生活形成了鲜明对比。

上层社会的奢侈与底层社会的穷困之间所形成的强烈反差，在不同的历史时期有着不同的表现。所有的文明都会患上"盛极而衰"（rise and fall）的病症，在漫长的历史循环过程中，动乱、贫困和剥削的程度也会随着文明的衰落而加重。大量的历史证据表明，朝贡社会始终存在着阶级分化，只是在状况和规模上有所不同。下面这段文字出自公元 1 世纪汉代中国的一篇文章，反映了精英阶层对下层社会的一般看法，即后者比野兽好不了多少。

　　一位赌徒与一位正在锄草的农夫偶然相遇。农夫头上戴着草帽，手里拿着锄头。他脸色黝黑，手掌和脚掌长满了茧子。他的皮肤粗糙得像桑树皮，双脚肮脏得像熊掌。他弯腰锄地，汗水与泥土混在了一起。赌徒对他说："夏天热得要命，你还在地里干活。你背上都是汗碱，双腿像是烧黑的树桩，皮肤像是针扎不进的皮革。你双脚变形，两腿胀痛，步履蹒跚。若称你为草木，你却能走能动；若

称你为禽兽，你却有一张人脸。天生贱相，真是苦命！" [72]

相比之下，史书记载的同时代的中国精英阶层过的却是这样的生活。

　　富人住着高楼大厦，房梁和屋椽纵横交错，精雕细琢，装饰 　73
华丽。……室内床具皆由上等木材制成，窗帘都是上好的刺绣，为
保隐私，还设置了层层叠叠的屏风。富人家中充斥着数量惊人的
绸缎。……富人阶层穿的是上好的裘皮或狐皮大衣，或是鸭绒服
装。……富人的宴席中，烤肉、鱼片、羊羔肉、鹌鹑肉、甜橙、泡
菜等美味佳肴一道接着一道，十分常见。

　　当然，富人在长安 [汉朝国都] 大街来往时，也需要乘坐合适
的交通工具。你会发现他们的车辆蔚然成行，车上各种用具贴金镀
银，光彩夺目。拉车的马匹干净整洁，马蹄钉有铁掌，挽具饰有大
量珠宝。驾驭马匹的笼嘴要么镀金，要么上漆，缰绳要么金光闪闪，
要么镶满饰物。……除了这些奢华的器具，人们还应留意，畜养这
些马匹需要多么大的成本：一匹马消耗的粮食，相当于一个普通六
口之家的食粮。

　　富人也不乏娱乐，他们会以观赏珍禽异兽、饿虎相斗，以及异
国女子的表演自娱。他们欣赏的歌舞表演并不限于民俗节日里的特
定内容，在曲调和舞步方面比过去更加丰富。如今，富人还在家中
配备了五音齐全的钟鼓，以及私家伶人。……[73]

---

[72] 转引自赖特（A. F. Wright）：《中国历史上的佛教》（*Buddhism in Chinese History*，Stanford University Press，1959，pp.19-20）。原文应出自崔骃的《博徒论》："博徒见农夫戴笠持耜，以芸蓼荼，面色骊黑，手足骈胝，肤如桑朴，足如熊蹄，蒲望陇亩，汗出调泥，乃谓曰：'子触热耕芸，背上生盐，胫如烧椽，皮如领革，锥不能穿，行步狼跋，蹄戾胫酸。谓子草木，支体屈伸；谓子禽兽，形容似人，何受命之薄，禀性不纯？'"

[73] 鲁惟一（Michael Loewe）：《早期中华帝国的日常生活》（*Everyday Life in Early Imperial China*，Putnam，1968，pp.138-141）。

难怪中华帝国的民众所抱怨的最大的不公，就是统治者的大吃大喝，而被统治者却要忍饥挨饿。

[富贵人家]红色的大门里面，一些人把酒肉肆意挥霍；大门外面，一些人却倒毙在街头。

你们的厨房里储备着肥肉，马厩里养着肥马；人民看起来正在忍饥挨饿，城外已经有人饿死，却无人问津。[74]

中国人所谓的这种"人吃人"（man-eats-man）的社会，与 19 世纪一位人类学家笔下的美洲土著社会相比，形成了鲜明的反差："在一座印第安人的村庄，不可能出现这头存在着饥饿和贫困……另一头却过着富裕的生活这种景象。"[75]

　　朝贡社会中的不平等现象，即便是在人们死去之后，也依然存在。考古学家发现，陪葬品的数量在大多数朝贡社会的初期阶段差别不大，随着朝贡社会日益发展和分化，这一差别也就变得越来越大。绝大多数的坟墓中都只有少量陶器，或者没有任何陪葬品，说明墓主都是穷人。那些富人的坟墓当中，则可能伴有各种生活用具、家具、由贵金属制成的随身饰物，以及可以反映出墓主挥霍浪费的各种其他物件。王室的陵墓尤其出众，墓中可能不仅有华丽的装饰和兵器，还可能有为数众多的贴身奴仆：卫兵、侍妾、太监、乐师，以及普通奴仆——这些人全部都要殉葬，以继续侍奉死去的王室成员，延续主人在世时的富足和威仪。举一个如今已经举世闻名的例子，第一个完

---

[74]　张光直（K. C. Chang）主编：《中国文化中的食物》（*Food in Chinese Culture*，Yale University Press，1977，p.15）。中文原应是："朱门酒肉臭，路有冻死骨"，以及 "庖有肥肉，厩有肥马，民有饥色，野有饿莩"。

[75]　摩尔根（Lewis H. Morgan）：《美国土著居民的家庭和家庭生活》（*House and House-Life of the American Aborigines*，New York，1881，p.45）。

成中国统一大业的秦始皇，在自己的陵墓周围布置了 7500 个兵马俑，各自都是按照 2000 多年前秦始皇统治下的各族首领的模型制成。需要指出的是，在"文化大革命"期间，陕西省［秦始皇兵马俑的所在地］文物管理局的高级官员被打成了"反革命"，原因据说是他们关心皇陵甚于关心穷苦农民——从而反映出千百年来阶级分化的真实性和长期性。

　　朝贡社会严重的不平等现象，甚至可以在死者的遗骨上反映出来。一项关于公元 1 至 10 世纪危地马拉蒂卡尔（Tikal）地区的死者遗骨的研究表明，虽然普通的玛雅男性平均身高只有 1.53 米，但是那些极少数享有厚葬待遇的人，平均身高则有 1.68 米，其骨骼也更加坚硬，寿命也明显更长。考古学家由此推断，玛雅精英阶层"营养更佳"，所以长得更高，活得更长。[76] 也许可以加上一句，骨骼发育上的这种阶级差异看来至今仍在延续。1984 年 12 月，英国卫生部的一份报告显示，"几乎在每个年龄段，来自体力劳动者家庭的人，其平均身高都要低于来自非体力劳动者家庭的人"[77]。

　　朝贡社会的剥削情况既然如此严重，为什么无数代人还要容忍它并付出辛劳使其得以维系呢？答案在于制度性的压迫、心理上的操纵和直接的武力镇压等因素的复杂结合。即使这样，来自社会下层的支持无疑是任何朝贡社会存在的前提。朝贡社会的历史其实经常因为反复爆发的暴力反抗而中断，这些反抗既可以是零星的地方暴动，也可以是危及王国和帝国安全的大起义。

　　关于这些来自下层的反抗，人们很难知道它们的详情，正如一句祖鲁谚语所提醒的那样，"穷人的声音是听不到的"（The voice of the poor is not audible.）[78]。因为史书上记载的基本上都是由识文断字的精英人士写的，千百

---

[76]　哈维兰（W. A. Haviland）："危地马拉蒂卡尔人的身材"（Stature at Tikal, Guatemala），载《美国文物》（*American Antiquity*），1967 年 7 月，第 316—325 页。

[77]　《纽约时报》，1984 年 12 月 11 日。

[78]　转引自萨根（Eli Sagan）：《暴政之始》（*At the Dawn of Tyranny*, Knopf, 1985, p.281）。

年来，文盲大众的声音一直遭到压抑。即使这样，那些史书依然提供了起义曾经多次发生并且总是遭到残酷镇压的大量证据。

罗马帝国（Roman Empire）曾因公元前 419、198、196、185、139、132、104、73 年的奴隶暴动而饱经磨难。这些暴动中的最后一场造成的灾难最为严重，其领导者是色雷斯人斯巴达克斯（Spartacus），一位奴隶出身的角斗士。奴隶们在被击败之前，曾将 3 支罗马军队击溃。6000 名奴隶被钉在阿比亚大道沿途竖起的十字架上，绵延数英里，为的是让那些赶往乡间别墅的罗马富人观看他们临死前的惨状。几十年之后，在欧亚大陆另一端的中华帝国，也出现了一场类似的剧变。公元 18—25 年，以"赤眉军"（Red Eyebrows）而闻名的农民起义军席卷了黄河流域的中部盆地，并且攻占了中华帝国的首都。汉朝军队最终血腥地镇压了农民起义，恢复了往日的统治，但却遭受到重大的损失。

这种暴动一直延续到近代。沙皇俄国仅在 1801—1861 年间就曾发生过 1467 次农民暴动。这些暴动唤起的激情，可由 1773—1774 年顿河流域的哥萨克人叶米里扬·普加乔夫（Emelian Pugachev）领导的大起义来说明。普加乔夫发布宣言，要把俄国农奴从地主和政府的奴役下解放出来，让他们"免费"拥有"田地、森林、草场、渔场和盐场"。普加乔夫继而命令农奴逮捕和惩罚那些被他称作"搬弄是非、压榨农民的俄国人"的贵族，并且保证"在这些罪恶的贵族灭绝之后，每个人都将一劳永逸地过上安静祥和的生活"。[79]

俄国当时的统治者是叶卡捷琳娜大帝，她虽然公开宣称自己是一位"开明"君主，但最终还是发布了一份针锋相对的宣言。她明确表示：她不仅对普加乔夫的叛乱深恶痛绝，而且对胆敢挑战她本人、她后续的君主，以及土地贵族的神圣权力的任何思想和行动，同样深恶痛绝。"普加乔夫异想天开

---

[79] 转引自布鲁姆（Jerome Blum）:《俄国的地主和农民》(*Lord and Peasant in Russia*，Princeton University Press，1961，p.556）。

地以为，通过宣布解除农奴对君主的服从义务，他就能让那些头脑简单、偏听盲信的人上当，仿佛宇宙中的造物主在创建人类社会时，定下的规矩就是：统治者和人民之间即便没有一种中间权威，人类社会也能得以维系。谁若不对这些卑鄙无耻的谎言严加斥责，谁就不配被称作俄罗斯人。"[80]

叶卡捷琳娜占了上风。普加乔夫失败之后遭到处决，农奴制继续存在了一个世纪，支配着继续充当贵族财产中的动产的绝大多数俄罗斯人的生活。这种伤天害理而又经久不衰的社会灾难，对那些敏感的俄罗斯知识分子所产生的深远影响，可从贵族尼古拉·伊万诺维奇·屠格涅夫（Nicolai Ivanovich Turgeneve）的下面这段文字中反映出来。屠格涅夫是一个"十二月党人"（the Decembrist），曾参加过 1825 年的起义，失败之后，被官方缺席判处死刑。屠格涅夫写道："有些思想，在一个人生活的起步阶段就占据了他的头脑，从此寸步不离，最终以一种或另一种方式融入他的一生。……我从小就对农奴制有一种强烈的反感，并深切感受到它的所有不公。……进入青年时代，我的热情变成了信仰，我已能够明辨是非，能够评价农奴制所造成的深重灾祸。它首先给农奴带来了灾祸；接下来，最重要的一点，它也给农奴主带来了灾祸，使农奴主比农奴更加堕落；最后，它也给国家和人性带来了灾祸，使其蒙羞受辱。"[81]

在这些不可胜数的起义过程中，虽然伴随着流血和牺牲，但却最终都被镇压下去，从而使朝贡社会至少得以维系上千年，尽管有时在统治者中也会出现一些新的面孔。之所以会出现这种情况，最明显的原因在于，从长远来看，统治者比起义者能够更加有效地组织和利用国家的基础力量。从定义上讲，国家是一种通过诸如军队、民兵、警察、官吏和司法机关之类的国家机器来动员和实施权力的机构。凭借税务人员积累起来的税收支持，凭借武装

---

[80] 转引自沃尔什（Warren B. Walsh）主编：《俄国历史读本》（*Readings in Russian History*，Syracuse University Press，1950，pp.205-206）。

[81] 布鲁姆：《俄国的地主和农民》，第 566 页。

力量提供的有组织的保护，凭借行政和司法人员的各种服务，事实表明，朝贡社会的国家机构有能力镇压——在极少数情况下也会吸收——它所面临的任何反叛力量。

在朝贡社会的众多维系力量当中，与国家权力同等重要的是其庞大的教化机构，用以说服现有社会的成员，使其相信现状不仅合理而美好，而且天经地义，不可违抗。组织社会的其他任何方式非但不可理喻，而且必然渎神逆天。以埃及的法老为例，他们不仅被视为本国的统治者，还被视为"神灵在世"（living gods）。神权与世俗政权以这种方式结合起来，使人们在设想用新方法反抗现状时，基本上没有多少想象的余地，更不用说规划一种不同的未来了。印度教的业力轮回教义具有同样的威力，它宣称一个人的现世地位取决于此人的前世业绩。如果现在的地位取决于过去的行为，改善未来地位的唯一希望在于，不论多么艰难，都要躬行自己所属种姓规定的义务，那么个人还有什么机会去判定、谋划和改善自己的现世处境呢？

这种思想束缚经过世代传递，难免会留下一些不可磨灭的印迹。对此，亚里士多德在《政治学》（Politics）中直白地写道："有些人生来就是自由人，有些人生来就是奴隶，因而对后者而言，奴隶制既合适又合理。"统治阶层的这种意识形态已被绝大多数被统治者所接受。用陀思妥耶夫斯基（Dostoevsky）笔下的大审判长的话来说，几千年来，朝贡社会的文明"充满了奇迹、神话和威权"，其间，"人类普遍而永恒的追求，就是找到一个可以崇拜的人"。朝贡社会的文明以这种方式垄断了人们的政治想象，使那些组织社会的替代模式变得几乎无法想象，或者至少也是变得模糊不清，沦为空想（就像信奉千年幸福王国的农民运动那样），最终被证明与真实世界毫不相干。

在朝贡社会的真实世界，生活与工作混成了一体。人们甚至可以这样说，正是在这种朝贡社会，真正意义上的"工作"（work）概念首次以氏族社会的人们所无法想象的方式出现了。举例而言，占社会绝大多数的农民所要完成的工作量已急剧增加。这也说明了一个悖论，随着技术的每一次改进，人类的工作负担非但没有减轻，反而越来越重。

导致这种情况的一个原因在于，农业社会的新型组织迫使农民更加努力地工作，目的就是生产出足以供养统治阶层的剩余产品。它的第二个原因在于，农业技术在本质上要求比以往投入更多的劳动。如果农民停留在"刀耕火种"的农业技术水平上，那么只需直接把种子撒到用火清理过的野地上的灰土里，或用木棍掘地埋下农作物的块茎或根茎就足够了，根本无需付出额外的劳动。只要有足够的野地可供轮换以及收获几季庄稼的土地，他们就不必为庄稼施肥，或者修筑永久性的灌溉设施。这种耕作方式其实只需每人每年平均劳动 500—650 个小时，在某种程度上比食物采集者的劳动时间还要少。

然而，随着人口的增加，"刀耕火种式"的农业要么被犁耕农业所取代，要么被灌溉农业所取代。后两种农业的生产率要高得多，但也要求投入更多的劳动，需要人们平整土地，或者修筑灌溉设施，或者施肥，割草，饲养和照料耕地的牲畜。以本巴族人为代表的闲散的生活方式，已经被日复一日、从早到晚艰辛劳作的农村生活所取代。如今，时间成了一件重要乃至紧要的事情。家畜必须按时喂食，按时挤奶，庄稼必须根据季节或气候条件及时播种或收获。农民从未像眼下这样感到要"不失时机"（to make hay while the sun shines）地工作。

在朝贡社会，工作的性质和数量都发生了根本性变化。工作成了劳动，与其说它从生活的有机成分中分离了出来，倒不如说人们是为了谋生而不可避免地出去受苦。如果说本巴族人的生活方式是让村民自愿和自发地参加集体劳动，那么，相比之下，柏拉图所谓的"命定工作论"则清晰地表明，从质变的角度而言，劳动的性质已经发生了变化。正如柏拉图在《理想国》（Republic）中所写的那样，每一个人在其所属的阶级内部，都注定要承担"符合其天性"的工作。柏拉图补充道，公民要在自己的职业范围内"毕生工作，心无旁骛。……在我国，人性不具有两重性或多重性，因为一个人只能扮演一个角色。"柏拉图的话语反映出工作在性质上发生了双重变化：从自愿到强制，从作为成长过程中一部分的技能学习的多样化，到被迫毕生从事单一职业的专业化。

农民和工匠所处的从属和被剥削情况，在公元前第三个千年时的一位埃及人告诫自己即将上学的儿子的一段话中，被描绘得十分鲜明：

记住，学会写字，就能让你远离任何艰苦的劳动，并且成为一个受人尊敬的官吏。书吏不用从事任何体力劳动，他是一个可以发号施令的人。……你不正在手持书吏的书版吗？就是这件东西，使你有别于操桨划船的人。

我见过在火炉口上干活的冶炼工，手指就像鳄鱼的爪子，身上的气味比鱼卵还难闻。……石匠发现自己的工作就是跟各种坚硬的石头打交道，当他完成手中的活计时，胳膊的力气也已用尽。他缩成一团，睡到天亮也得不到舒展。他的膝盖和脊背都已坏掉。……理发匠一天到晚给人剃头，只有吃饭的时候才能坐上一会儿。他行色匆匆，挨家挨户地招揽生意。为了填饱肚子，他几乎把两条胳膊累折，就像蜜蜂那样，被迫吃自己的蜂蜜。……农民一年到头都穿着同样的衣服，他的声音像乌鸦聒噪那样粗鄙。他的双手总在忙碌，两条胳膊被风吹得皱皱巴巴。休息的时候——当他有空休息的时候——也只是在泥土上歇一会儿。他健康的时候，就要跟那些家畜一起干活；他生病的时候，病床就是家畜当中的一块空地。……

你可要用心去学习。说实话，没有什么能比得上它。如果你在学校里每天都能有所收益，就会使你终身受用。[82]

处在社会底层的那些人，只有在节日、庆典和举行宗教仪式时，才能暂时缓解一下平日的艰辛。人类就其本性而言，既有智慧（Homo Sapiens），又热衷于庆祝（Homo Festivus）。印度教徒在好利节（Holi）期间会尽情狂欢。穆斯林在过完斋月之后，也会大开斋戒。基督徒会庆祝圣诞节、复活节，也会参加一些诸如婚礼、洗礼、葬礼之类的圣礼。中世纪欧洲的农民估计平均每年要过 115 个节日（外加 52 个礼拜日）。[83] 即便如此，这些农民无疑仍会感到自己既在受穷，也在受害。14 世纪英国的一位农民犀利地表达了他对这种阶级上的不平等的感受："他们［指贵族］吃饱了，我们还饿着。他们欢声笑语，我们愁眉苦脸。他们耀武扬威，我们饱受蹂躏。"[84]

农民的这种典型心态引出了贫穷的实质和意义问题。就物质财富而论，氏族社会毕竟远远比不上朝贡社会。关于大城市中市场上充斥的商品种类之多、数量之大，古人有许多记载。13 世纪晚期，旅行家兼商人马可·波罗（Marco Polo）在游历杭州时，热情洋溢地汇报了这座"世上最壮观的城市"所拥有的"十座大广场或市场，以及街道两侧不可胜数的商铺。那些广场每个都有 1.6 里长。……用石材修建的大型货栈，可供来自印度和其他国家的商人使用。……市场上聚集的人多达四五万，带来了人们想要的各种商品。各种野味看上去数量极为丰富，有獐、鹿、麇、野兔、家兔，以及数量极多的松鸡、雉鸡、鹧鸪和鸡、鸭、鹅。……各种肉食，包括牛肉、小牛肉、

---

[82] 选自霍克斯与伍利（J. Hawkes and L. Wooley）合著的《史前时代与文明的起源》（*Prehistory and the Beginnings of Civilization*，UNESCO History of Mankind series，vol. I，Harper & Row，1963，p.467），以及柴尔德（V. Gordon Childe）《人类创造自我》（*Man Makes Himself*，New American Library，1951，p.149）。

[83] "前工业社会的工作与休闲"（Work and Leisure in Pre-Industrial Society），载《过去与现在》（*Past + Present*）第 29 期，1964 年 12 月；以及"工业社会的工作与休闲"（Work and Leisure in Industrial Society），载《过去与现在》第 31 期，1965 年 7 月。

[84] 科恩（N. Cohn）：《对千年盛世的追求》（*The Pursuit of Millennium*，Essential Books，1957，p.214）。

羊肉和羊羔肉。……蔬菜瓜果的种类也很丰富。……这里供应的海鱼，是从 80 里外的海里捕捞的。……这里也有外国进口的货物，例如香料、药品、小饰品，以及珍珠。"[85]

美洲征服者贝尔纳尔·迪亚兹对阿兹特克帝国首都特诺奇蒂特兰（Tenochtitlan）市场的描述，同样令人感到震撼。迪亚兹写道："湖面挤满了小船，为这座城市送来了食物、用具，以及其他商品。……在这座巨大的市场，我们完全被里面的人数和待售商品的种类惊呆了。……我真希望把这些商品全部清点一下。……商品的种类如此之多，若要把它们详细列举出来的话，就得需要更多的笔墨。"[86]

这种丰裕，甚至是过剩，可能会让以采集食物为生的人们远远无法理解。然而，我们能够仅凭他们拥有仅够满足其生理需要的少量物品，就把他们视为穷人吗？马歇尔·萨林斯曾经指出，贫困并不必然单指私人财产的匮乏。"世界上最原始的人几乎没有财产，但他们却并不是穷人。贫困并不意味着只有少量财物，也不单单意味着手段与目的之间的一种关联。它首先是人与人之间的一种关系。贫困是一种社会状态。正因如此，它是人类文明的产物。"[87]

在等级化的朝贡社会，贫困问题确实存在，而且具有两种形态。一种是绝对意义上的贫困，有些人确实一无所有，他们的家人经常缺衣少食，忍饥挨饿。另一种是相对意义上的贫困，就像 14 世纪那位英国的农民那样，因为有人比他们更有钱，更张扬，从而产生一种被剥削感和贫困感。在一个等级化的社会，无论其生产力水平和人均收入水平如何，仅仅由于存在诸如私有财产、私人积累、家庭继承，以及有别于需求的无限欲求之类的概念和实践，就会有人总是感觉自己一无所有。

---

[85]　《马可·波罗游记》（*The Travels of Marco Polo*，Oliver & Boyd，1844，pp.191-193）。

[86]　洛克哈特译：《征服者贝尔纳尔·迪亚兹·德·卡斯蒂略回忆录》，第一卷，第 228-241 页。

[87]　萨林斯：《石器时代经济学》，第 37 页。

旧石器时代的氏族社会并不存在贫困问题，从而对于生活在一个生产力水平空前高涨、人们的欲求也被永无止境的消费至上主义刺激得空前高涨的社会中的某些人来说，具有一种可以理解的吸引力。不过，昆族人在当今时代的命运说明，只有在尚未出现等级分化的世界里，家长们不用担心对手的竞争，才能教育自己的子女学会分享与合作，"不存在贫困问题"（poverty-free）的社会才会实现。

战争

正如朝贡社会改变了社会关系的基础那样，它也从根本上改变了战争的性质。氏族社会没有常备军，也没有军事专家。氏族部落的真正领袖凭借个人才干脱颖而出。他们的命令在本质上具有私人性和临时性，只有在特殊的紧急情况下才会被人们接受。他们所缺乏的，是除自己之外的任何权力机构 *82* 以及任何常设性的职业军事干部的支持。游牧部落也从未拥有过可供长期作战的资源。由于猎手要为部落源源不断地提供肉食，因此不能把他们找来参加旷日持久的战争。而且，仅凭一个小部落，既无法供养那些投身于谋划和作战的军事专家，也无法为哪怕是最小规模的常备军提供战士。

随着朝贡社会的出现，所有这些问题都发生了彻底的改变。由专门的武士阶层领导的规模庞大的常备军首次出现，这样一来，当然也就要从农民和工匠那里榨取贡品，才能供应长期作战所需的军事装备、交通工具、食物、工事及其他一些必需品。这种制度性转变的结果之一，就是使战争从一系列零散的单兵决斗、突袭、游击变成了大规模的集体行动，使整个社会都卷入其中，成为过去数千年中危及人类生存的大事。

朝贡社会不仅为新型战争提供了资源，还提供了必要的导火索，从而使战争常态化。对于大型中心城市的繁荣来说，新兴手工业的发展极为重要，这就需要经常从外地进口原料。例如，美索不达米亚的低地既无金属，又无良木，所以要从阿曼进口铜，从托罗斯山进口银和铅，从黎巴嫩的林区进口木材。为了购买这些进口货物，美索不达米亚的统治者要么必须确保各行各业扩大生产以换取外国产品，要么就得使用武力强行夺取盛产这些原料的地区。萨尔贡国王选择的是后面这种替代办法。他征服了一个"从近海到远海"即从波斯湾到地中海的大帝国。当时有一首名为"战争之王"（The King of Battle）的诗，讲述了萨尔贡如何率领军队穿越未知的沙口，以及如何在争夺商道控制权的战争中"无暇睡眠"。诗中写道："港口忙碌，船舰云集；四方安宁，百姓富裕；……水道通畅，直达京畿。"[88]

83　　　朝贡社会不仅会为追求财富而发动侵略，还会为了抵御周边游牧民族的不断袭击而作战，从而导致了大规模的制度化战争的出现。尼罗河、底格里斯河 - 幼发拉底河以及黄河流域的富裕文明，对于那些身处大河流域中间的草原和沙漠地带的游牧民族来说，有着难以抗拒的吸引力。高产的良田，丰裕的粮仓，华美的庙堂，以及市场上充斥的丰富多彩的商品和货物，无不吸引着那些相对饥贫的游牧民族。

　　这些游牧民族最先出现在开阔的草原地带，那里雨水稀少，不足以发展农业，当地居民只好以放牧动物而非栽培植物为生。在数千年的时间里，游牧民族在从撒哈拉到中国东北的广阔草原和沙漠地区一直以放牧牛、马、骆驼、绵羊和山羊为生。不过，直到公元前第二个千年以前，他们的军事实力还不足以对那些文明中心构成严重威胁。只有当这些"蛮族"（barbarians，朝贡社会那些过着定居生活的人们对他们的称呼）掌握了驯马和冶铁技术之后，那种有利于朝贡社会的实力格局才被打破。有了这两项技术，野蛮的游牧民族就变成了一支强大的军事力量，他们的机动性更佳，铁制兵器的质量和数量也与那些守卫中心城市的常备军旗鼓相当。

---

[88]　转引自贝尔基（N. Bailkey）："美索不达米亚的早期制度建设"（Early Mesopotamian Constitutional Development），载《美国历史评论》（*American Historical Review*）第 72 期，1967 年 7 月，第 1225 页。

　　凭借着马匹和铁制兵器，游牧民族对欧亚大陆东端的中国和西端的欧洲之间的所有文明中心发动了周期性的侵略。朝贡社会最早的文明国家曾经遭受游牧民族发起的两波冲击。第一波冲击发生在公元前 1700 年至公元前 1500 年，侵略者使用的是青铜兵器和马拉战车。第二波冲击发生在公元前 1200 年至公元前 1100 年，侵略者使用的是骑兵和铁制兵器。后来，古典时代的文明也曾遭受毁灭性的蛮族入侵，例如公元 4—5 世纪日耳曼人（the Germans）和匈奴人（the Huns）发动的侵略。进入中世纪，阿拉伯沙漠地区的穆斯林（the Moslems）开始兴起，征服了中东和地中海世界的许多定居点。最为恐怖的侵略者，要数 13 世纪在中亚草原地区异军突起的蒙古人 84（the Mongols），他们征服了一个大帝国，其疆域北至波罗的海，南至东南亚，西至亚得里亚海，东到朝鲜。

　　发动侵略并建立一个大洲规模的帝国，需要修建大量的军事设施。以中国为例，就曾奇迹般地修建了西起内蒙东至辽东绵延 4500 里的长城。为了完成这项宏大的防御工程，他们使用了 30 万军民，并对其委以双重任务，既要维护好长城及相关的防御工事，也要抵御来自北方游牧民族的侵袭。印度著名的阿育王（Emperor Ashoka，前 273—前 232 年在位）建立了一支 70 万人规模的常备军，配有 9000 头大象和 1 万辆战车。罗马帝国在公元 3 世纪的鼎盛时期曾以 40 万军队驻守边疆，还修筑了诸如苏格兰边界的哈德良长城（Hadrian's Wall）那样的大型防御工事，并以良好的公路网络将后勤补给站连接起来，同时也强化了部队的机动性。

　　罗马帝国的武力和人力动员规模如此巨大，以致先前缔造了美索不达米亚帝国的萨尔贡国王发动的那些战争显得黯然失色，更不用说食物采集者部落之间那些微不足道的争斗了。在萨尔贡帝国早期统治过的同一区域，大约 16 个世纪之后，亚述国王辛那赫里布（Sennacherib）[89] 征服了巴比伦。他记述了自己对它的处置办法："我把这座城市和它的房屋从上到下全部推倒，全部打烂，全部烧毁。我把它的外城和内城，还有砖砌的神庙和高塔全部拆毁，然后把破砖碎瓦全部倒进阿拉图运河。在摧毁巴比伦的建筑、打碎它的神像、屠杀它的居民之后，我把城里的土壤全部挖出，倒进幼发拉底河，让河水把它们冲进大海。"[90]

从公元前第二个千年到公元第二个千年，游牧民族——无论是征服过罗马的匈奴人，征服过印度的莫卧儿人（the Moguls），还是几乎征服过整个欧亚大陆的蒙古人——给所有的文明世界都带来了灾难。这些蛮族的武器只要与守卫朝贡社会的文明国家的常备军相当，凭借骑兵的机动优势，他们就能突破任何一个因内部腐败和动乱而实力削弱的文明国家的防线，继而大肆抢掠。所有的文明迟早都要不可抗拒地经历这种由"盛"转"衰"的过程。新兴的强国可能会把游牧民族驱赶到草原的边缘地区，但在一两个世纪之后，当它陷入经济、政治和军事动荡的时候，就会发现自己又被同一个或后续的游牧民族所征服。在数千年里，游牧民族和农耕民族"排斥—吸引"（push-pull）的矛盾关系成了人类历史的核心机制。

这些游牧民族的侵略者给当时的人们留下的印象是如此强烈，如此恐怖，以致远在伦敦附近的圣阿尔班斯的一位修士马修·帕里斯（Matthew Paris），在他的编年史中以下面这些惊悚的词汇对传说中的蒙古人进行了这样的描述：

> 他们像蝗虫一样蜂拥而至，席卷大地，对欧洲东部地区造成了
> 可怕的破坏。他们到处烧杀，所过之处，皆成废墟。进入萨拉森人

---

[89] 又译辛纳克里布、西拿基立等，亚述政治家、军事家，新亚述帝国皇帝，前 704—前 681 年在位。发起多起征服战争，不断扩大帝国版图。——编注

[90] 转引自戴尔（G. Dyer）：《论战争》（War，Crown，1985，p.4）。

的领地之后，他们夷平了城市，砍倒了森林，拆除了城堡，把葡萄连根拔起，摧毁园林，杀掉了城市和乡村的居民。如果他们偶然放过一些求饶者，也会强迫这些人像奴隶一样接受底层的待遇，并在攻打其邻邦时使其充当前锋。那些敷衍作战，或是借机藏匿逃跑的人，会被鞑靼人追杀。即使有人［为他们］奋勇杀敌并且赢得胜利的话，也得不到任何酬谢。他们像对待牲口一样虐待那些俘虏。他们惨无人道，充满兽性，与其说他们是人类，倒不如说是怪兽。他们嗜血成性，饮用鲜血，撕扯和吞食狗肉和人肉。他们身穿牛皮，手持铁制盾牌。他们身材矮壮，皮糙肉厚，强健有力，势不可挡，坚忍不拔。他们的后背没有护具，胸前覆有铠甲。他们喜欢饮用牲畜的鲜血，喜欢骑高头大马，这些马匹会啃食树枝，甚至啃食树干。他们因为腿短的缘故，要借助三级台阶才能骑上马背。他们没有人间的法律，不知道何谓安抚，比雄狮和黑熊还要凶残。他们有牛皮制成的筏子，通常 10—12 个人共用一只。他们会游泳，也会划船，从而能够毫不困难地穿越水量最大、水流最急的河流。如果没有鲜血［可饮］，他们也会喝污浊不堪的泥水。他们配有单刃刀和短刀，是极佳的射手，作战时不分男女老幼，一概斩尽杀绝。除了自己的母语，他们不懂别国的语言。外人也不懂他们的语言，因为至今还没有人去过他们那里，他们也没有离开过自己的国家，因此无法通过正常的人际交往来了解他们的风俗或性格。他们带着妻子随同羊群四处游荡，他们的妻子也被教育得像男人一样英勇善战。因而，他们就像闪电一样进入了基督教王国的地界，肆意劫掠杀戮，使每一个人都心惊胆战，恐惧莫名。[91]

86

---

[91] 吉尔斯（J. A. Giles）译：《马修·帕里斯英国史》（*Matthew Paris' English History*, vol. I, London, 1852, pp.312-13）。

游牧民族与农耕文明之间的"排斥—吸引"关系，直到近代早期才被终结，此时西方的科技革命打破了双方在军事技术方面长期存在的均势。人类历史上的这一转变所具有的决定性影响，可以通过俄罗斯人（the Russians）的例子加以说明。俄罗斯人曾在蒙古人的统治下生活了几个世纪，然而，到了 16 世纪，借助西方的火枪和大炮，沙皇伊凡雷帝（Ivan The Terrible）的军队推翻了蒙古大汗的统治，继而征服了南至黑海、东至乌拉尔山的广阔草原。他的继承者利用西方的铁路和武器技术，不仅穿越西伯利亚，把疆域推进到太平洋，还穿越中亚沙漠，推进到了阿富汗和印度。

常备军的形象已不再是阿提拉（Attila）和成吉思汗那样的骑兵，而是那些掌握先进技术的指挥官，例如恩图曼的霍雷肖·基钦纳（Horatio Kitchener）[92]，以及在东京湾"密苏里号"（*Missouri*）军舰上坐镇的道格拉斯·麦克阿瑟（Douglas MacArthur）将军。当游牧民族的战马和弓箭被铁路和机枪超越之后，他们就从自己曾经主导了数千年的历史舞台上消失了，从此再也无法发挥往日的历史性作用。这是历史的必然，而且不可逆转。

---

[92] 基钦纳（1850—1916），英国陆军元帅，绰号"王中王"，以残酷无情、傲慢自负、镇压苏丹起义、结束布尔战争和一战前组建 300 万大军而闻名；1898 年在恩图曼镇压马赫迪苏丹军，成为该国总督，阻止了法国在苏丹的扩张。——编注

若只为三个郡制造机器，我认为很不值得；但若为全世界制造机器，我就会觉得非常值得。

——英国工程师马修·博尔顿（Mattew Boulton，1769）

我们常想，就到此为止吧，别再扩张了。然而，我们发现：一旦停止扩张，就会落后于人。如今，发明创新层出不穷，其进步之快，我们只有一如既往地付出努力，才能迎头赶上。钢铁企业也是不进则退，因此，我们必须继续扩张。

——美国钢铁大王安德鲁·卡内基（Andrew Carnegie，1896）

想要高效地参与当今的行业竞争，你必须具有全球视野。

——固特异集团总裁罗伯特·梅瑟（Robert E. Mercer，1988）

第三章　资本主义社会

从朝贡社会到资本主义社会

约瑟夫·熊彼特（Joseph Schumpeter）[93] 曾把资本主义活力的特性精辟地称为"颠覆性创新"（creative destruction）。这是对资本主义本质的极佳概括。资本主义强调竞争，迫使人们对技术和制度不断创新，继而推动生产力水平不断发展。基于这种强制的创新力量，资本主义扩张并占领全球，不仅改变了各大洲人民的生活，也颠覆了他们的传统文化和经济模式。与此同时，也产生了熊彼特所谓的颠覆性后果。颠覆是创新的必然产物。内源型技术的强劲动力和资本主义经济的不断扩张，使任何制度都受到冲击，也使资本主义"盈利至上"（profit or perish）的原则蔓延到人类生活的方方面面。资本主义创新竞赛的受害者，既包括世界各地以采集食物为生的氏族部落，也包括中国、印度以及中东地区的古老文明，还包括第三世界的欠发达国家；受害的范围既包括 18 世纪的威尔士低地，也包括亚马逊河流域的广袤大陆，还包括 20 世纪后期的全球生态体系。资本主义这种兼具创新和颠覆功能的综合实力，不仅在最近几百年中产生了惊人的成果和恶果，也为当今时代的空前机遇和危机奠定了基础。

资本主义的颠覆性创新力量所取得的成果，可以通过被它超越的朝贡文明的疲弱处境反映出来。所有的朝贡文明都遇到了技术停滞的通病。它们的基础是农业和手工业，从几千年的发展记录来看，其生产力水平没有出现多

---

[93]　熊彼特（1883—1950），奥地利政治经济学家，创新经济学之父，主要学术贡献有创新理论、商业周期理论、资本主义的创造性破坏理论等，代表作《经济发展理论》《商业周期》《资本主义、社会主义与民主》《经济分析史》等。——编注

大的进步。英国经济学家约翰·梅纳德·凯恩斯指出，在"人类历史的黎明"即"史前时代"与"世界相对进入近代"之间，有一段时期几乎没有什么重大的发明创造，这种现象"值得注意"。[94] 显然，他已觉察到了朝贡文明的技术停滞问题。

凯恩斯的观点十分有道理。新石器时代是出现农业和朝贡社会兴起的中间期，在技术方面比较早熟。最初的农村居民发明了带有轮子的车和犁，发现了冶炼金属和烧制陶器的程序，算出了精准的太阳历。朝贡社会兴起之后，这种势头骤然停了下来。除了冶铁、铸币、字母表之外，这一时期的大部分发明都被用于战争。以古希腊人为例，他们发明了带有齿轮装置的机弩，还有"希腊火"（Greek fire）这种以原油为燃料向敌船和攻城装备喷射火焰的武器，此类发明显然不会创造财富，也无法解决朝贡社会的基本经济问题。

事实证明，朝贡社会基本上不能容忍那些可能引起重大进步的技术创新。它们拥有充足的人力：自由民、农奴或奴隶，相对于研制新型机器来说，使用人力劳动更加廉价。公元 1 世纪的时候，亚历山大里亚的希罗（Hero of Alexandria）利用自己的蒸汽动力学知识制作了一种可以开启庙门的装置——与詹姆斯·瓦特（James Watt）在 18 世纪英国迥然不同的情况下制造的震撼世界的机器相比，可谓是微不足道。

朝贡社会不仅缺乏技术创新的刺激因素，也缺乏进行此类创新的必不可少的意愿。在那些存在着等级分化的朝贡社会，精英人士把从事此类活动视为有失身份。他们研究天文学，预测日食和月食，但在几个世纪当中，却连独轮小车和马套那样简单的装置都发明不出来，而正是这些简单的装置，使人力和畜力的劳动效率迅速实现成倍增长。

人们经常提到，朝贡社会的所有文明都具有周期性，这种特性可以追溯

---

[94]　凯恩斯：《劝说集》（*Essays in Persuasion*，Harcourt，1932，pp.360-61）。

91　到技术的停滞问题。单是供养 1 个城市居民，就得需要 10 个农民。剩余农产品的很大一部分都被统治集团在战争、修建王宫和陵墓，以及养尊处优上面挥霍掉了。朝贡社会之所以经常处在破产的边缘，原因即在于此。这种情形只有少数例外。以中国为例，宋朝时期（960—1279）兴起了一股新的商业力量，促成一种发达的城市文化和城市经济，令欧洲直到 19 世纪都望尘莫及。然而，随着军事和官僚机构的日益臃肿，朝贡社会长期以来过度紧张的生产能力也变得日益岌岌可危，随后发生了一系列恶性循环性的事件，如税负加重，贫富分化，民众造反，最终导致内乱或外敌入侵，或是内外交困同时出现。

历史学家根据帝国盛衰模式的普遍性提出了历史循环论，认为这种循环具有必然性，甚至把文明的诞生、成长、衰败和灭亡比作人类的生命周期。但是，致使朝贡社会接连陷入停滞和衰落的真正的决定性因素，既不是人类的内在属性，也不是人类的生理属性。朝贡社会出现的那些限制技术进步的因素，才是造成长达千年的发展瓶颈的原因。直到资本主义出现之后，有利于技术进步的新的社会环境才开始形成，继而释放出了"颠覆性创新"的力量，彻底打碎了朝贡社会的世界。

世界近代史的主体事件就是资本主义率先在西欧的兴起，这也解释了该地区从默默无闻崛起为世界霸权的原因。如今，西欧的先驱者角色已被人们视为是理所当然。但是，鉴于西欧在罗马帝国灭亡之后的所谓"黑暗时代"（Dark Ages）里曾是欧亚大陆最落后的地区，这一角色着实令人惊讶。直到现在，我们才看出来，这种落后状况如何使欧洲有可能在后来引领了社会和技术的革新。

罗马帝国的灭亡并非世界编年史上独一无二的事件。类似的"灭亡"曾
92　在世界各地反复上演。西欧的情形之所以显得与众不同，是因为旧帝国"灭亡"（fall）之后，新帝国并未"兴起"（rise）。中国的汉朝此时也出现了崩溃，但在相对较短的时间里就被别的王朝所取代，就这样，直到当今时代，

中国的文明几乎从未中断，一直长盛不衰，与西欧形成了鲜明的对照。在欧洲，半是由于当地特定的内在弱点，半是由于游牧民族的不断入侵造成的动荡和破坏，使重建帝国的多次尝试均告失败。例如，6 世纪时，阿瓦尔人（the Avars）和斯拉夫人（the Slavs）摧毁了新兴的墨洛温帝国（Merovingian Empire）；9 世纪时，马扎尔人（the Magyars）、维京人（the Vikings）和穆斯林也对新兴的加洛林帝国（Carolingian Empire）起到了同样的作用。

这些新兴的西方帝国还在摇篮阶段就被反复扼杀，从而为新生事物的出现扫清了道路。一种新型的西方文明逐渐形成，它的几种极具竞争潜力的制度：政治领域的封建制度，政教关系领域的教皇制度，经济领域的采邑制度，取代了那种对技术进步极为不利的单一帝制结构。封建制度意味着一群征战不休的封建国王和贵族取代了先前的帝国权威，教皇制度意味着一个独立的教会取代了皇帝的独裁，采邑制度则意味着自治性的地方经济单位取代了帝国经济大框架内的奴隶制种植园。这些相互竞争的制度创造出了许多空间，使新兴的商人阶层得以缓慢形成，并逐渐取得充足的经济和政治实力，继而先是向封建贵族，最终则甚至是向国王本人发起了挑战。

这种"多元主义"（pluralism）使西方社会具有了独特的开放性和活力，继而使其技术领域非同寻常地率先成熟起来。边疆的处境和稀缺的人口不仅推动了节省劳力的工具的发明，也使体力劳动者享受到其在过去帝制社会中所不曾有的地位和尊敬。手工业者和哲学家之间的传统分野开始弥合。修道院的僧侣非但不再高居神坛，反而开始宣讲"努力工作就是在礼拜上帝"（*laborare est orare*, to work is to pray）。这些僧侣是最早躬行实干的知识分子，并以此方式为欧洲物质文明的进步作出了贡献。他们得到的大片土地通常都 *93* 是穷乡僻壤的蛮荒之地，为了改善这些土地的状况，就得亲自付出劳动。他们清除了草莽，排干了沼泽，修建了道路，架设了桥梁，修筑了堤坝。在修道院里，僧侣也施展出了精湛的手艺，能够加工皮革，纺线织布，冶炼金属。这些经济活动与教会机构提供的安全保障一起吸引着人们前来定居就业，从而使这些宗教中心成为推动经济与技术进步的重要场所。结果，中世纪的西方在技术方面取得的进步，比古希腊罗马在整个古典时代取得的技术进步还要大。

随着"三田"（three-field）轮作种植技术，轮式重犁，以及可将马匹的拉力至少提高四倍的新型挽具的发明和应用，农业的生产率得到了显著提高。虽然早在古希腊罗马时期，水车和风车就已为人所知，但却极少得到应用（因为有大量的廉价劳动力，而且地中海盆地缺少终年水量丰沛的河流），如今，它们成了气锤、风箱、链锯、织布机、造纸机、采矿机的动力来源。1086 年，英国的《末日审判书》（Doomsday Book）[95] 上面列举了 5000 家磨坊，说明英国的动力资源和商品产量都有了实实在在的增长，这无疑也提高了人们的生活水平。

技术进步推动了人口增长，从 10 到 14 世纪，西欧的人口数量增长了50%。这一比率虽然在今天看来不太显著，但在当时却是无与伦比。农民像潮水般涌入那些地广人稀的东欧地区——这场中世纪欧洲人向东部的大迁徙堪与几个世纪之后欧洲人向美洲的大迁徙相比。在中欧和北欧，新的采矿方法提高了盐矿、银矿、铅矿、铜矿、锡矿和铁矿的产量，与此同时，北欧的林业和渔业资源也开始得到更为有效的开发。随着农业、采矿业、渔业和林业生产率的普遍提高，也相应地推动了商业的发展。在中世纪早期，做生意的商人已经出现，但主要从事一些小规模的奢侈品交易，如珠宝、丝绸、香料和高级宗教饰品之类。进入 14 世纪，在生活用品方面，如英国东部的粗羊毛，佛兰德斯的羊毛衣料，德国的铁器、木材和黑麦，西班牙的皮革和钢材，以及波罗的海地区的海鱼，也出现了大规模的贸易。

正是这种普遍存在的经商热情，为商业资本主义孕育了新的经济秩序。

---

[95] 即《财产登记清册》，又叫《土地赋税调查书》。英王威廉一世下令进行的全国土地调查情况的汇编。目的在于了解王田及国王的直接封臣的地产情况，以便收取租税，加强财政管理，确定封臣的封建义务。之所以得此名，是因为记录情况不容否认，就像末日审判一样。——编注

从本质上来看，这种新秩序涉及货币的新用途，即以货币为资本来盈利，并为无限的扩张提供投资。资本主义社会以前的社会都不曾以这种增长观念为基础。它们的目标总是恢复和维持过去的物质水平，而不是追求更高。进入资本主义社会，人们开始追求截然相反的目标。利润的"资本化"（capitalizing），或把利润重新投入到新一轮的生产当中，从而为扩大再生产提供更多的资本，是"资本主义"（capitalism）这一词语背后的基本逻辑。新兴的"资本家"（capitalist）不会满足于以资本来谋生，而是会在竞争威胁的驱使下，追求在永无止境的螺旋式内源性增长当中使自己的利润和投资最大化。

在农业领域，企业家以资本换取了佃农手中的小块土地，继而把这些土地"圈起来"（enclosures），用于畜养绵羊或经营更加高产的大型农业，以赚取丰厚的利润，从而实现类似的增长。在手工业领域，新式资本主义意味着被中世纪传统行会奉若神明的"公平价格"（just price）和"公平利润"（just profit）概念将被"投入—产出"机制（"putting-out" system）所取代。几个世纪以来，行会成员一直在牺牲邻居的基础上赚取利润，这既不符合伦理，也不符合基督教的教义。但在此时，企业家的形象获得了改观，他是以自己的资本购买原料，然后分发［或"外包"（put out）］给农村那些准备将其加工为成品的工人，继而以最低的价格将这些成品购回，再以最高的价格出售，从而实现利润的最大化。在金融界，教会以"高利盘剥"（usury）和罪孽之名严禁以放贷盈利的古老禁令，已被银行家彻底忽略，他们务实地注意到，"放贷牟利者将入地狱，不牟利者将入济贫院"。

通过这种方式，人们日常生活中的方方面面都以"利润至上"（profit or perish）为基本原则实现了货币化。企业家的盈利方式，要么是削减（农村或车间）工人的工资，要么是改进技术来提高生产率。第一种策略尽管广为采用，但却具有明显的局限性，因为削减之后的工资最低也要满足工人的基本生活需要。相比之下，技术的改进空间却是无限的，从而为取得更高的生产率和更大的利润提供了无限可能。这种情况引发了史无前例的技术突破，

95

并伴随资本主义的兴起一直延续至今。

由于资本会源源不断地自动注入经济活动，熊彼特总结道："资本主义不但不会静止，而且永远也不能静止。"[96] 其实，历史早已证明，资本主义从地方到全国再到国际，再到今天的全球，已经不可抗拒地扩张了它的活动范围。如今，有些公司甚至尝试将其业务扩展到太空。

资本家的活力不仅表现在地理扩张方面，也表现在制度方面，这可以从资本主义经历的持续转型体现出来。从历史上看，它可以分为三个发展阶段：（1）商业资本主义阶段（Commercial Capitalism），1500—1770 年；（2）工业资本主义阶段（Industrial Capitalism），1770—1940 年；（3）1940 年以来的高科技资本主义阶段（High-Tech Capitalism）。在其发展的每一个阶段，资本主义的创造力和破坏力都得到了增强。

商业资本主义（1500—1770）

创造力

在 15 世纪，西欧人开始了伟大的海上探险，第一次使各大洲的人民直接发生接触，由此开启了人类历史的全球化阶段。为什么率先开展这种关乎人类命运冒险的会是西欧人呢？鉴于中世纪的中国在技术方面，尤其是在航海技术方面遥遥领先于欧洲，为什么中国人没有"发现"（discover）欧洲？这个问题并非无关紧要。如果中国的某位哥伦布或达伽马率先启程，继而在美洲、澳大利亚以及大洋洲的其他地方进行殖民，如今的全球人口可能至少有三分之一，而非五分之一，都将是中国人。

---

[96]　熊彼特：《资本主义、社会主义与民主》，第 82 页。

哥伦布和达伽马之所以不是来自中国，从当时欧洲和中国的作品当中可以找到一个原因。"如果遭遇到蛮族，"中国历史学家、地理学家和航海专家 96 张燮在 1618 年写道，"你应该像碰到蜗牛的左侧触角一样，根本不用担惊受怕。一个人真正应该担心的是如何驾驭海浪——其实，最危险的是贪财好利之心。"[97] 相比之下，当哥伦布在巴哈马登陆时，他在报告中写道，当地的阿拉瓦克人（the Arawak）既温柔又可爱，"许多人都成了我们的朋友，这简直是个奇迹"。不过，就是这位哥伦布，在不久之后给西班牙的回信中写道："我以万福的圣父、圣子、圣灵的名义发誓，我们可以从这里输出所有可供出售的奴隶。……因为这些人根本不擅长使用武器。"哥伦布继而承诺，他能为国君提供"他们所需的黄金，还能另外提供香料、棉花、乳香和陈香"。几十年之后，以一小股武装征服了阿兹特克帝国的埃尔南·科尔特斯（Hernán Cortés）以直白的语言写下了他来到新大陆的动机："我们西班牙人患上了一种心病，只有黄金才能医治。……我是来寻找黄金的，不会像劳力那样下地干活。"[98]

驱使欧洲人的动机与驱使中国人的动机竟是如此不同。当"利润至上"的精神促使欧洲人远渡重洋，穿越大陆时，中国人却发出警告，称"最危险"的就是贪财好利。实行资本主义的欧洲与世界其他地区之间的这种根本差异，不仅在很大程度上解释了欧洲人为何能够到达美洲和东印度群岛，还解释了他们的后裔为何能够坚持这种扩张主义，直至统治整个世界，包括那些在人口和财富方面多于欧洲国家的古老的亚洲帝国。正因如此，一些历史学家现在依然坚称，在欧洲的海外扩张过程中，最重要的人物不是哥伦布和达伽马那样的著名探险家，而是那些拥有资本来源的企业家。虽然他们从未到

---

[97] 引自李约瑟：《中国的科学与文明》（Science and Civilization of China，Vol.4，pt. III：Civil Engineering and Nautics，Cambridge University Press，1971，p.584）。这段话出自张燮的《东西洋考》，原文是："问蜗左角，亦何有于触蛮。所可虑者，莫平于海波，而争利之心为险耳。"——译注

[98] 《南方历史活页文选·第二辑》第 33 篇（Old South Pamphlets 2，no.33，Directors of the Old South Work，1897）。

过故乡港口之外的地方去探险，但却恰恰是他们"承担了建立众多殖民地的责任……保障了殖民地的供给……开辟了新的市场，发现了新的领地，使欧洲的一切都变得更加丰富"[99]。

这就是商业资本主义的创造力。商业资本主义之所以得名，是因为从16世纪到18世纪，大部分资本都被用于投资商业。正是在这几个世纪，西欧摆脱了它在中世纪那种默默无闻的落后状态，并在人类奋斗的一个又一个领域建立起了自己的优势地位。

新思想

18世纪晚期，一位曾在奥斯曼帝国居住过的英国领事和商人以鄙视的语气提到，迷信和无知麻痹了奥斯曼帝国的艺术和科学。他在报告中写道："从法官到农民"都以为地球"悬挂在一条巨大的锁链上"；太阳是一团火球，有奥斯曼帝国的一个省那么大；之所以会出现月食，是因为"一条巨龙企图把这个亮点吞掉"。人们虽然不难理解这位领事的蔑视心理，但是，如果他能来到几个世纪之前的巴黎大学，就会发现那里的教授会为一匹马的牙齿数量争执不下。这些人会一致同意马齿数不能是3的倍数，因为那将违反三一律；也不能是7的倍数，因为上帝创造世界用了6天时间，第7天要用来休息。不论是亚里士多德的记录，还是圣托马斯·阿奎那的论点，都无助于这些巴黎学究解决这一问题。

这位英国商人之所以鄙视18世纪奥斯曼帝国所充斥的愚昧和迷信，是因为在几个世纪之前，科学革命（Scientific Revolution）使西方人的思维方式发生了剧变。这种剧变只能在西方出现。那里的"哲学家"（Philosophers）

---

[99] 拉布（T. K. Rabb）："扩张主义与资本主义精神"（The Expansion and the Spirit of Capitalism），载《历史杂志》（Historical Journal），第17期，1974年，第676页。

已经意识到，自己应该掀开马嘴数一下里面到底有多少颗牙齿（他们起码已经开始与那些经常与马匹打交道的出身不高的人合作了）。这种思维方式剧变的实质，可从 1662 年英王查理二世（King Charles Ⅱ）为伦敦"皇家自然科学促进会"（The Royal Society of London for Promoting Natural Knowledge）颁发特许状得到印证。该学会的宗旨是追求新知，其源泉"不仅包括博览群书的哲学专业人士，也包括车间里的技师、从事海外贸易的商人，以及耕田种地的农夫"[100]。

西方之所以能够在知识领域取得诸多伟大的成就，其背后秘诀就在于这种将"哲学家"与"技师"（Mechanicks）有意识地结合到一起的新思想。朝贡社会在几千年内使"雅"文化和"俗"文化之间出现了巨大的鸿沟，从而成功地把工匠与学者区分开来，继而使那种只需去马厩数数马嘴里的牙齿就能解决的问题，也变得神秘莫测起来。上流社会中的那些知识分子，即所谓的"哲学家"，把任何从事与体力劳动相关的行为都视为有失身份。在他们看来，自己的使命是用头脑思考，而不是亲手去干那些脏活。

随着商业资本主义的经济需要，思想与实践之间的这种区分便失去了动力和目标。远洋航行需要更大、更结实、更易操作的船，为了满足这些要求，人们综合了原创于中东、地中海和北欧的造船技术。欧洲船只的平均吨位在 1200—1500 年间实现了 1 倍至 2 倍的增长，从而能够经受得住中世纪船只无法抗拒的海上风暴。由于配备了世界上最先进的新型舰载火炮，欧洲的商船和战舰很快就取得了海上霸权，控制了全球商业。

在此期间，航海技术也取得了无与伦比的进步。如果航船的活动范围仍然在地中海之内，或者仅仅沿着欧洲和非洲海岸进行南北向的航行，借助古老的天文学方法和 16 世纪广为流行的既简易又廉价的象限仪，就能够测定

---

[100]　斯普拉特（T. Sprat）:《伦敦皇家学会史》(*The History of the Royal Society of London*，London，1734，p.72）。

航船所在的纬度。然而，当航海家开始由东向西穿越大洋时，就需要更加精确地计算航船所在的经度了。通过计时的沙漏可以计算大致的方位，但若要进行更加精确的计算，就要等到 17 世纪伽利略（Galileo）发现钟摆的等时性原理之后了。测绘技术的进步，以及最新的航海信息汇编，也令航海家受益匪浅。新编的航海资料比较客观务实，令人耳目一新。相比之下，过去的资料都是些夸夸其谈的空话，讨论的是人类能否在致命的暴晒下存活，以及海水会否在赤道被晒得沸腾起来。

与此同时，随着陆上采矿规模的扩大，也推动了泵水和动力输送技术的进步，增进了机械和水力方面的知识。在采矿过程中，人们也发现了新的矿藏和金属，例如铋、锌、钴，等等。只有经过长期的试验和试错，人们才能掌握这些矿藏的分离和加工工艺。在这一过程中，化学的基本理论开始形成，内容涉及氧化与还原、提纯与化合，等等。

99　　这些领域以及另外一些领域所取得的知识，通过印刷出版得到了广泛的传播，后者也使书籍以越来越低廉的价格出售给越来越多的读者。那些雄心勃勃的工匠能够从书本上学到别人积累起来的经验，并将它们用于解决自己遇到的问题。

这种普遍的知识互动和经验互补所具有的意义，在当时得到了以英国著名的科学倡导者弗朗西斯·培根为代表的广泛认可。培根在 1620 年出版了《新工具》（*Novum Organum*）一书，呼吁读者"丢掉幻想，去接触新事物"，向技师学习新知识，通过试验去检验各种理论，对人们已经习以为常的那些传统，尤其是古希腊人流传下来的知识，他主张加以重新评估，因为他们的理论从未指导过哪怕是一次试验，故而饱受培根诟病。培根把自己想象成为发现了知识新大陆的哥伦布，他穿越直布罗陀海峡（旧知识的一种象征），驶入大西洋，去寻找更加有用的新知识。这一点尤其具有启发性。其实，培根曾经表达得十分清楚："在我们生活的这个时代，通过已经十分频繁的远洋航行和陆路旅行，已经揭示和发现了许多事物的本质，从而有可能为哲学的发展提供新的启示。"[101]

正如培根悟到了商业活动与"哲学"（Philosophy）之间的互动关系一样，另一位英国作家在分析了自己经历的 19 世纪初期的工业革命之后，感觉到了科学与技术之间存在着互动关系，认为两者会相互促进："工厂、实验室和哲学家的书房之间，其实有着紧密的关联。如果没有科学的辅助，技术可能会流于平庸；如果没有被实际应用，科学也只能是一些空洞的理论，不会引起人们丝毫的兴趣。"[102]

可以推断，始于 16 世纪并延续至今的科学革命当中所蕴含的新型思维方式，使西方与世界上其他地区在知识格局中的均势发生了根本性的改变。这样说毫不夸张。过去，西方人曾被中国人不屑地称作"长鼻蛮夷"，也曾被穆斯林视为愚昧无知的异教徒。自从发生科学革命以来，世界各地的统治集团在受到围困和攻击时，纷纷开始探寻西方先进技术的"秘密"，来对付以各种闻所未闻的机器为依托的西方经济侵略和军事侵略。这种态度上的强烈反差，*100* 可从乌兹别克一位穆斯林领袖的谈话中反映出来。这位领袖感到有必要告诉那些信徒，科学"是一个民族进步的动力"，它"使那些野蛮的美国人取得了现在的高位"，从而印证了"《古兰经》的秘密教义"，即它能够"将我们的国家从异教徒的枷锁中解放出来，使伊斯兰世界重现当初的辉煌"。[103]

新政治

商业资本主义所蕴含的新思想，与欧洲君主建立的那种具有凝聚力和侵

---

[101]　引自鲍默（F. L. Baumer）主编：《西方主流思潮》（*Main Currents of Western Thought*，Knopf, 1954, p.251）。

[102]　贝恩斯（Edward Baines）：《英国纺织业史》（*History of the Cotton Manufacture in Great Britain*，London，1835，pp.5-6）。

[103]　第聂斯坦（H. S. Dinerstein）："乌兹别克的苏维埃化"（The Sovietization of Uzbekistan），载《俄国思想与政治》（*Russian Thought and Politics*，Harvard Slavic Studies IV，1957，p.503）。

略性的国家结构所体现的新政治不谋而合。这些君主得到了日益壮大的商人阶级的帮助，后者不但给国家官僚机构提供了财政支持，还提供了称职的官员。作为回报，地位得到巩固的国王在结束了令欧洲饱受磨难的封建君主之间的连年征战之后，通过强化本国的标准法律、度量衡和货币，为商人营造了一种有利于商业扩张的氛围。"三十年战争"（Thirty Years' War，1618—1648）结束之后，独立的主权国家已被视为欧洲政治的基本单位。

正如全球的知识格局因科学革命而发生改变一样，全球的政治格局也因欧洲国家的侵略而发生改变。这些国家大多是西欧那些疆域有限的国家，从而为了争夺欧洲和海外的领土展开了激烈的竞赛和战争。欧洲的扩张与中国撤销海外行动相比，形成了强烈的反差，发人深思。1405—1433 年，明朝政府发动了一系列声势浩大的远洋航行，船队绕过东南亚之后，航程远至非洲和红海。这些行动的组织者和领导者是一位宦官，他返航时，船上载满了斑马、鸵鸟、长颈鹿等珍禽异兽，令帝国宫廷大开眼界。当朝廷对海外行动失去兴趣之后，便下令结束远征。这样的禁令在欧洲绝对使人感到费解，当时，那些敌对的各国君主和商业公司在各自的海外事业上展开了激烈的竞争。例如，当西班牙国王和葡萄牙国王宣称他们有权划分和占领所有的海外领地时，*101* 法王弗朗西斯一世（Francis Ⅰ，1515—1547 年在位）反驳道："我倒是想瞧瞧亚当的遗嘱，看看他会怎样在西班牙和葡萄牙之间分割地球。"

欧洲国家的侵略能力因其卓越的内聚力而变得更加强大，这是令朝贡社会望尘莫及的一种决定性优势。虽然欧洲国家内部都不太和谐，但亚洲帝国和美洲印第安帝国那种极具灾难性的弱点，即上层社会与底层社会之间、统治者与被统治者之间的致命矛盾，在这里并不明显。区区几百个西班牙探险家之所以能够如此轻易地征服阿兹特克帝国和印卡帝国，原因之一就在于，与他们并肩作战的，还有成千上万曾受那些帝国统治和压迫的印第安人。一小股英国商人之所以能够在印度取得一个规模和人口数倍于本国的次大陆的统治权，主要的原因在于印度不是一个统一的国家，而是一个大杂烩，包含着各种各样的种族、宗教和社会成分，可以用来彼此制衡。当印度土兵（Indian Mutiny）于1857年发动旨在推翻英国统治的大起义时，前去镇压他们的既有英国军队，也有印度军队。正如英国在印度的统治应在很大程度上归功于当地的雇佣兵一样，法国在北非的统治也非常依赖当地的雇佣军（Zouaves），这些部队是法国外籍军团的前身。1831年，法国正式组建外籍军团，开始从全球范围招募士兵。英国人和法国人不仅利用当地的矛盾冲突来招募雇佣兵，还有意助长和挑唆那些矛盾，以成功推行"分而治之"（divide-and-rule）的战略。在印度，英国人曾经挑动印度教徒来反对穆斯林；在北非，法国人也曾唆使阿拉伯人（Arabs）反对柏柏尔人（Berbers）；在撒哈拉以南非洲地区，欧洲各国的殖民者都曾对个别地区和个别族群予以优待，赋予特权，同时却对其他地区和其他族群弃之不顾。

新经济

伴随着政治上的新局面，欧洲出现了一种新经济，二者既相互扶持，也相互影响。在创新与扩张空前高涨的形势下，这种新经济不仅在欧洲内部，而且在海外各地都打破并重塑了原有的社会制度和生活方式。

如今，农业实现了货币化，土地开始被视为具有盈利空间的商业投资对象，而不仅仅是一种养活本地人口的手段。传统上由农民持有的小块土地变成"圈地"之后，不但提高了粮食的产量，也解放了一部分人力，而这正是那些日益发展的城市所需要的。手工业行会被新兴的企业家夺走了活路，因为后者利用家庭手工业极大地提高了生产力，指导家庭手工业的原则是"利润最大化"（maximum profit），而非"公平价格"。在商业领域，古老的商业行会也被新兴的合股公司夺去了风头。

这些公司之所以能够为国内和国际事业有效地调动较大规模的资本，是因为它们能够使每个人在投机的同时，只承担有限的责任——即便有可能失败，也只会根据各自的股份来分担责任。公司的具体管理事务被委托给挑选出来的富有经验的董事，再由这些董事进一步挑选出可靠的人来分管公司的各项海外事业。这种合股制度，使欧洲的资本有可能通过荷兰、英国、法国的东印度公司（East India companies）、黎凡特公司（Levant company）、非洲公司（Africa company）、莫斯科公司（Muscovy company），以及至今仍然存在的哈德逊海湾公司（Hudson's Bay Company）渗透到全球。东方的商人，则由于自己或合伙人的资源有限，并让自己的家人或熟人担任经理，是无望与这种强大且不讲情面的组织进行竞争的。

伴随着欧洲在全球商业中的异军突起，出现了一套被称为重商主义的经济理论和实践。重商主义的目标是通过积聚金银——尚未被铸成钱币的以条状或块状存在的黄金或白银——来加强欧洲君主的地位，其途径是利用贸易逆差，占领或开发殖民地，先是掠夺殖民地的财富以扩充国王的金库，继而令殖民地生产宗主国所需的原料。正因如此，欧洲的君主一个接一个地为合股公司颁发皇家特许状（royal charters），授权它们从事贸易或在特定的海外领地殖民。这种情况继而引发了欧洲各国在全球范围设立贸易和殖民据点的竞争。公司官员的首要目标是为股东最大限度地创造利润，所以，他们先是掠夺当地最为显著的财富来源——不论是抢劫美洲印第安人（Amerindian）的金银，还是向孟加拉人（Bengali）征税，继而谋求迅速开发殖民地，以获取大量的原料，如西印度群岛的蔗糖，美国南部的烟草和棉花，印度的茶叶和黄麻，以及东南亚的咖啡和橡胶。为了生产这些商品，需要投入大量的劳动力——这些劳动力先是当地的居民，后来是从欧洲招募的契约工人，最后则是从非洲贩来的奴隶。

如果中国人想要按照西欧人的方式对东南亚进行官方殖民的话，凭借他们的大量人口，所能建立的定居点，必定远远超过北美13个英属殖民地200万人口的规模。然而，中国社会的非资本主义属性，意味着它的领导者绝不可能想到要为海外的领地开战，或是鼓励和资助自己的臣民向境外移民。如果中国的官员得知英国和西班牙曾为詹金斯的一只耳朵而于 1739 年大动干戈，将会感到多么不可思议。这场战争（War of Jenkins' Ear）的缘起，是英国商人决定与加勒比海的西班牙殖民地开展自由贸易。这些商人当中有一位名叫罗伯特·詹金斯（Robert Jenkins）的船长在牙买加附近遇到袭击，他的船遭到扣押，他也在接下来的混战中被人割掉一只耳朵。同样会令中国人感到难以置信的是，詹金斯用棉布把这只耳朵包起来，在英国到处展示，并将其呈送到英国议会下院，从而成功地说服其向西班牙宣战，迫使西班牙统治下的西印度群岛向英国商人开放。当英王乔治二世（King George II）于 1739 年正式宣布向西班牙开战时，英国各地都敲响了庆祝的钟声。

这位国王也曾为扩大中英两国的贸易而向乾隆皇帝的宫廷派出贸易使团，反映出了同样的商业热忱。中国皇帝给英国国王的盛气凌人的答复，则反映出了两国之间根本的社会差异。"正如你们使团的负责人和随员所见，我们这里什么都不缺。我们从不需要为那些奇巧的物品设置太多的商栈，也不需要你们国家的产品。……［贸易使团的］这些活动其实毫无用处。"[104]

虽然一时受挫，欧洲国家依旧争先恐后地在美洲新大陆、非洲和亚洲沿海地区，成功地设立了密密麻麻的殖民定居点和贸易中转站。由于这一全球范围的殖民化进程如今已被人们视为理所当然，以致我们想象不出世界历史还会有其他什么进程。我们总是忘了商业资本主义的需求驱动的这个进程是 *104* 多么特殊。然而，就在欧洲人在从纽芬兰到巴塔哥尼亚海角的地方进行殖民开拓的那几个世纪，中国的南方人也开始大规模地向东南亚移民，但结果却极为不同。中国的帝制政府非但不鼓励人们向海外移民，反而对他们极力阻挠。移民被禁止出国，那些在国外的新家受到迫害乃至遭到屠杀的人向祖国

---

[104]　坦柏利（H. W. Temperley）："詹金斯割耳之战的起源"（Causes of the War of Jenkins' Ear），载《皇家历史学会公报》（*Royal History Society Transactions*）第三辑第 3 期，1909 年，第 197—206 页。怀特（F. Whyte）：《中国与列强》（*China and Foreign Powers*，Oxford University Press，1927，p.38）。——原注。乾隆皇帝给乔治二世答复的原文是："我国种种贵重之物，梯航毕集，无所不有。尔之正使等所亲见。然从不贵奇巧，并无更需尔国制办物件。……实为无益之事。"——译注

求助时，却被帝制政府有意忽略。相比之下，美洲新大陆的情况则是多么的不同。在北美独立战争（American Revolution）期间，英属殖民地的人口数量已达 200 万，相当于英语世界总人口的大约五分之一。

商业资本主义的新经济导致了一种生产力水平更高的一体化的全球经济（global economy）的出现。1500 年之前，阿拉伯和意大利的商人维持了一种横跨欧亚大陆的远途贸易，但在规模上相对较小，货物主要是香料、丝绸、香水、宝石之类的奢侈品。到了 18 世纪后期，这种有限的欧亚通商活动被一种范围更广的跨大西洋三角贸易夺去了风头。通过三角贸易，欧洲的朗姆酒、枪炮、布匹和其他工业产品被带到非洲，用以购买美洲新大陆的种植园所需的奴隶，以生产欧洲所需的蔗糖、烟草和其他农产品。

几乎与全球贸易具有同等重要性的是，东欧的粮食、矿产、畜类和木材从海上运到了西欧，西欧的纺织品和其他工业产品也以相反的方向流动。在世界的另一端，西班牙从美洲开采的白银通过帆船穿越太平洋直接运到马尼拉，进而运到中国，以购买丝绸和瓷器。美洲出产的金银据信有三分之一到二分之一最终运到了远东。在 17 世纪，马尼拉每年停泊的中国船只多达 41 艘，它们运来了精致的中国工艺品，用来换取美洲的白银。就这样，人类历史上首次出现了一种真正意义上的全球经济。[105]

这些世界范围的新型贸易方式也相应地导致了植物和动物的全球扩散。欧亚大陆的粮食作物（小麦、裸麦、燕麦和大麦）和动物（马、牛、绵羊），*105* 被运到各个大洲，美洲印第安人栽培的大量植物（马铃薯、玉米、花生，以及几种豆类，南瓜，西葫芦），也被运到世界各地。这些植物和动物的全球传播意味着世界食品的供应有了实实在在的增加，继而导致世界人口数量出现了相应的增长。以中国为例，其人口似乎曾在几个世纪之内十分稳定，却

---

[105] 魏斐德（Frederic Evans Wakeman Jr.）：《洪业：清朝开国史》（*The Great Enterprise：The Manchu Reconstruction of Imperial Order in Seventeenth-Century China*，vol.1，University of California Press，1985，pp.2-4）。

在 1540—1640 年间从 0.6 亿猛增到 1.5 亿，这在很大程度上得益于玉米、花生和甘薯的传入。世界人口估计也从 1500 年的 4.27 亿增长到 1700 年的 6.41亿，继而增长到 1800 年的 8.9 亿。

新兴的全球贸易方式不但有助于增加生活必需品的供应，也使人们有更多机会享受那些新产品。这种情况在西欧显得格外真实，因为它在新兴的全球经济的发起、引领和获利方面表现得最为突出。咖啡、茶、可可都成了西欧人的普通饮料，它们与烟草一道成为社交生活当中常用的润滑剂。

破坏力

商业资本主义在知识、政治和经济领域的创造力同时也伴随着一种破坏力，这在欧洲以外的地区表现得尤为显著。在资本主义浪潮的席卷下，当地人民时常发现自己相对来说毫无招架之力。其脆弱程度和破坏程度既取决于本地区和本地域的技术发展水平和社会团结程度，这些因素决定了当地人抗击欧洲武装力量的效果；也取决于它们在地理上的与世隔绝程度，这一因素决定了当地人在生理上抵抗欧洲疾病的效果。结果，在地理上最为隔绝、技术水平最低的澳大利亚土著居民成了最脆弱的人。此后依次是美洲新大陆的印第安人，非洲人，最后是亚洲人，因为他们不但技术先进，而且在地理上最接近中央，所以最能抵御欧洲武装力量和疾病的侵袭。

澳大利亚由于地处南太平洋，与外界极为隔绝，直到 18 世纪晚期，欧洲人才首次登上澳洲大陆。相比之下，自从哥伦布要命地登上西印度群岛之后，美洲印第安人就充分感受到了资本主义的破坏性威力。在哥伦布抵达美洲的大约 500 年前，维京人曾用一个世纪尝试在那里建立定居点，结果均告失败。人们若是记得这一点，就会更加清楚地认识到资本主义因素的重要性。在哥伦布之后，欧洲各国的殖民者对北美洲和南美洲进行了大规模的压倒性渗透。从这两个时期欧洲对美洲影响力上的差异，可以看出它在 500 年内取得的经济进步，以及新兴的扩张精神和进取意识。哥伦布观察道：“拥有黄金的人可以在世上为所欲为，甚至可以把灵魂送进天堂。”[106]

　　不管哥伦布有没有进入天堂，他和后来的那些欧洲人却是多多少少在美洲新大陆做到了“为所欲为”（did as they willed）。无论阿兹特克帝国和印卡帝国的幅员是何等的广大，财富是何等的惊人，成就是何等的瞩目，最终却被几百个西班牙探险家轻易颠覆。之所以会出现这种情况，最根本的原因在于，美洲印第安人自 4 万多年前越过白令海峡以来，一直与美洲之外的世界隔绝。这种隔绝令其失去了对欧洲新式武器的抵抗力，也对欧洲人携带的天花、麻疹、伤寒病毒，以及非洲奴隶携带的疟疾和黄热病完全没有抵抗力。结果，西班牙统治下的美洲印第安人数量从刚被征服时的大约 5000 万，锐减到 17 世纪的 400 万。

　　烈酒，以及矿山、庄园和种植园里的残酷剥削，使那些从病菌的浩劫中幸存下来的印第安人进一步走向灭亡。欧洲人的入侵所产生的破坏力是如此巨大，以致今天美洲新大陆的主要人口变成了白人，少数族裔依次是黑人（blacks）、印第安人（Indians）、梅斯蒂索人（mestizos，欧洲人和印第安人的混血后裔）、穆拉托人（mulattoes，欧洲人和黑人的混血后裔）。在这种族裔对比发生逆转之外，北美洲和南美洲的土地也被欧洲国家彻底瓜分掉了。西班牙获得了中美洲和葡属巴西之外的南美洲。英国在格兰德河以北建立了 13 个殖民地，最后变成了美国。五大湖以北地区曾是新法兰西的殖民地，如今成了加拿大的一部分。就美洲印第安原住民而言，他们的历史命运就是承受商业资本主义扩张过程中必然产生的“破坏力”（destruction）——那种破坏曾被英国经济学家亚当·斯密（Adam Smith）以当时的术语概括为“可怕的灾难”（dreadful misfortunes）。

107

---

[106]　《克里斯托弗·哥伦布第一次航海日志》（*The Log of Christopher Columbus' First Voyage*），载加利亚诺（Eduardo Galeano）：《拉丁美洲的开放性》（*Open Veins of Latin America*，Monthly Review Press，1973，p.24）。

非洲人的命运在某种程度上没有像美洲印第安人那样发生直接的剧变。首要的一个原因在于，在先前的数千年里，他们并没有与欧亚大陆彻底隔绝，所以对那些导致美洲印第安人大量灭亡的疾病具有免疫力。实际上，直到 19 世纪，热带药物在预防某些疾病方面都处于领先地位，反倒是那些抵达非洲西海岸的欧洲人被非洲疾病夺去了大批生命，就像美洲印第安人被欧洲疾病夺去了大批生命一样。非洲人也在过去与欧洲人的接触中掌握了火枪的知识，而美洲印第安人则在第一次接触它们时却表现得极为惊惧。

非洲人也没有那么脆弱，这在欧洲人获取他们想从非洲得到的主要商品——奴隶——的过程中表现得十分清楚。欧洲人对奴隶的渴望，在商业上可与他们对北美皮货的渴望相比较。然而，印第安人既无力阻挡欧洲人在自己的大陆上扩张，也无力阻挡他们垄断皮货贸易（fur trade）的各个环节。相比之下，非洲人却能坚持把奴隶贸易（slave trade）控制在自己手里。因而，通过收集奴隶并将其出售给沿海港口的欧洲奴隶贩子，他们能够赚取中间商的丰厚利润，来换取朗姆酒，以及包括枪支在内的工业产品。

虽然有这一丁点自主权，非洲大陆总体上依然饱受奴隶贸易之害，至于危害的具体程度，则是各地有所不同。沿海地区的达荷美人（Dahomey）和阿散蒂人（Ashanti）经常到内地掠取或购买奴隶，为了获利，他们不惜牺牲自己的邻邦。相比之下，刚果和安哥拉地区则饱受葡萄牙人的劫掠，这些葡萄牙人绕过非洲中间商，强行闯入进来。阿拉伯奴隶贩子在东非也是如此，他们把奴隶聚集起来，贩卖到当年所谓的"太平洋西印度群岛"（West Indies of the Pacific）：马达加斯加、留尼翁、毛里求斯、塞舌尔和桑给巴尔群岛，为那里的甘蔗、水稻和香料种植园充当劳力。总的来说，这是一种经济解体 *108* 和社会崩溃局势，欧洲商人武装起来的彼此对立的集团，为了各自的发展，纷纷参加到抢掠和绑架活动之中。

非洲的一些酋长竭力阻止这种把非洲同胞卖给欧洲人的恶行，然而，这些特立独行的人若不购买欧洲火枪的话，就会发现自己实在是无法抵御那些

购买了火枪的敌人，从而只会让自己陷入一种绝望的危险境地。从非洲普通
人的角度而言，一位荷兰观察家在 1816 年报道称，鉴于"每天都有被捉走
卖到贩奴船上的危险，非洲人无心再从事那些和平的工作，他们武装起来，
四处抢劫，设下圈套，抓捕同胞，然后卖掉，以免自己遭受同样的命运。……
甚至有传闻说，已经出现谋财害命和入户抢劫的事件……邻里之间出现了
不断的争吵。"[107] 混乱不仅进一步滋生混乱，而且奴隶贸易简单易得的丰厚
利润也让非洲人无心从事普通的经济活动。1817 年时一位英国观察家报道
称："这种［奴隶］贸易真是绝无仅有，它如此省事，如此盈利，以致人们
即便在感情上能被唤醒，也丝毫不会影响他们参与这种永无止境的获利行
为。相对而言，任何其他贸易都需要人们付出大量的行动和努力，获得的利
润却少得多。所以，希望人们站在土著人一边而不去帮助奴隶贩子，是不合
情理的。"[108]

据估计，总共有 4000 万非洲人在自己的大陆腹地遭到逮捕，其中约有
1000 万人最终沦为美洲新大陆种植园的劳工，另外 3000 万人则在从内陆到
沿海的疲乏行进过程中，或在穿越大西洋的恐怖航程中，成了牺牲品。商业
资本主义在非洲造成的破坏虽然骇人听闻，却不像在美洲那样破坏得那么彻
底，这半是由于非洲人口原本就有很多，半是由于奴隶贸易发生在 1450 年
至 1870 年的较长时期。因此，非洲大陆人在种族上仍是非洲人，相比之下，
美洲人已不再是纯粹的蒙古人种。不过，必须注意到这一事实的反面：如今，
非洲各民族的后裔约有三分之一生活在非洲以外的地区，他们的祖先当初并
非自愿移民海外，这与后来汇聚到纽约埃利斯岛上的那些移民是有区别的。

与非洲和南北美洲相比，亚洲要经过更长的时间才能感受到欧洲的破坏
109 性影响。其实，这种影响之所以在商业资本主义阶段微乎其微，只不过是由

---

[107] 引自雷诺兹（E. Reynolds）：《黄金海岸的贸易与经济变革，1807—1974》（*Trade and Economic Change on the Gold Coast, 1807—1974*, Longman, 1974, p.42）。

[108] 雷诺兹：《黄金海岸的贸易与经济变革，1807—1974》，第 43 页。

于欧洲的军事和经济实力还不足以对依旧十分强大的中华帝国、印度帝国和奥斯曼帝国发起挑战。不过，欧洲毕竟在海军方面要更胜一筹，从而能使英国东印度公司、法国东印度公司与荷兰东印度公司垄断那些有利可图的亚欧贸易。然而，这种贸易的总量远远少于那些跨大西洋的大宗贸易。结果，在这几个世纪，亚洲大陆相对来说并未受到欧洲资本主义的影响。除荷兰人占据了东印度群岛的香料群岛之外，欧洲人被亚洲国家轻而易举地拒之门外。他们在亚洲大陆的任何地方都不能像在美洲那样攻城略地，也不能像在非洲那样贩运人口。

在同一阶段，商业资本主义的破坏力在其发源地国家则要表现得更加明显。当那些企业家把新近取得的资本投资到圈地和家庭手工业上时，欧洲农民和手工业者的生活来源就被剥离开来，他们的日常生活当中，也开始出现亚当·斯密所称的那种发生在海外的"可怕的灾难"。当农民被迫离开他们祖先留传下来的小块土地，当手工业者被迫离开保护他们的行会，其"创造性"结果就是乡村和城市工厂生产力水平的提高。然而，由此也产生了一个具有破坏性的副产品：农民和手工业者失去了依靠，其生活来源又被切断，从而变得身无分文，只好流离失所。

这就是资本主义在欧洲呈现的阴暗面。在欧洲各地，出现了一种日益增多的现象：身体健全的人四处流浪，他们为了谋生，会采取任何手段。在过去，任何时代和任何社会都很熟悉那种因家中主要劳力的衰老、生病或死亡而导致的贫困。在朝贡社会，农民由于不得不向统治集团缴纳他们生产的大部分产品，也会遭受贫困，结果在人类历史上始终存在着绝望的反抗和无情的镇压。然而，西欧国家在向资本主义过渡时却遇到了一个新问题，即农民被剥夺的不是其小块土地生产品的剩余部分，而是他们在这块土地上的工作机会。那种已经存在数千年的强征贡品的负担，此时被一种更具破坏力的新情况所取代，农民被彻底从土地上逐走。这些无家可归的流浪者形成的新阶级所处的困境，在下面这首童谣中可见一斑：

110

听！听！狗在叫，

叫花子们进城了。

有人拿出白面包，

有人拿出黑面包。

有人拿出马鞭子，

把他们都赶跑了。

那些被马鞭子赶跑的人当中，有些人试图通过到美洲新大陆的殖民地充当契约劳工来摆脱困境。为了支付前往某个特定殖民地的费用，契约劳工需要承诺为主人固定工作一段时间，之后才能自由从事他们想做的事情。这种安排的苛刻程度，在现实中表现得十分清楚。1607 年至 1776 年之间，英属北美殖民地的契约劳工（indentured servants）当中，只有两成的人在完成契约劳役之后变成独立的农民或工匠。大多数人在契约到期之前就去世了，余下的人像在旧欧洲一样，靠打零工或乞讨在美洲新大陆谋生。命运同样悲惨的，是那些被诱骗到大西洋贩奴船上充当水手的人。由于这些水手对热带疾病缺乏免疫力，在每次跨洋航行期间，5 个人中通常都会有 1 个人死亡，比甲板下奴隶的死亡率还要高。

失地农民的困境激起了人们对少数从事"金钱交易"（money business）者的阶级仇恨。"上帝会对你们的压榨行为加以处罚的，"17 世纪中叶英国革命（English Revolution）中的一个激进派别"平等派"（the Levellers）的宣传册上这样警告道，"你们靠他人的劳动为生，却让他们吃糠咽菜；你们从自己的兄弟身上榨取了大量的租金和赋税。但是以后你们要怎么做呢？因为人民将不再屈从于你们的奴役，就像上帝的教义启发他们的那样。"[109]

---

[109]　引自博德（Michel Beaud）：《资本主义史，1500—1980》（*A History of Capitalism*，*1500-1980*，Monthly Review Press，1983，p.32）。

"平等派"的威胁绝非空穴来风。自 13 世纪以来，西欧各地都爆发了城市骚乱和农民起义，反映出农民失地和城市失业问题的广泛性。正是在这一 *111* 时期，佛兰德斯的农民举行了起义，并得到伊普雷斯和布鲁日工人的支持；纺织工人夺取了佛罗伦萨的政权；瓦特·泰勒（Wat Tyler）率领英国农民占领了伦敦；在加泰罗尼亚、波希米亚、瑞典、挪威、丹麦和芬兰，也爆发了起义。

欧亚大陆的其他地区没有出现类似的情况。当时的旅行者汇报称，奥斯曼帝国的农民处境好于边界那边信奉基督教的欧洲农民，他们对生活也更加满意。这种情况说明，奥斯曼帝国境内尚未经历资本主义的阵痛。不过，这种情况很快就会被扭转。法国、英国和荷兰的黎凡特公司早已通过中东商人控制了当地的贸易，并开始对奥斯曼帝国进行无情的剥削。事实上，到了1788 年，法国驻君士坦丁堡大使就已经可以底气十足地宣称："奥斯曼帝国是法国最富裕的殖民地之一。"[110] 通过这种方式，商业资本主义在各大洲都显示了它的创造力和破坏力，只是程度有所不同而已。

工业资本主义（1770—1940）

资本主义从商业领域向工业领域的转变，印证了约瑟夫·熊彼特的另一句名言，即资本主义永远不可能"静止"。在商业资本主义主导的几个世纪中，全球生产力水平和贸易规模都出现了迅猛增长。英国的出口和进口规模在1698 年至 1775 年间各自都增长了 5—6 倍。这种情况既反映了全球市场对英国产品的需求日益增长，也进一步刺激了英国某些工业产品的生产，如纺织品、枪械、五金用具、船只和包括绳索、帆布、皮带在内的船上用品，以及

---

[110] 引自《伊斯兰教百科全书》(*The Encyclopedia of Islam*，vol.III，new ed.，Brill，1971，p.1187)。

各种航海仪器。这种不断增长的需求，反过来也迫使英国工业界在一种需求、发明和生产的螺旋上升态势下不断去改进组织和技术。

商业资本主义不仅为技术创新提供了动力，也为它的实现提供了必要的资本。西伯利亚和北美洲的皮货贸易，墨西哥和秘鲁的银矿，非洲的奴隶贸易，美洲新大陆的种植园，东印度公司，西印度公司，黎凡特公司，非洲公司，为欧洲带来了源源不断的利润。这种创新动力与丰厚资本的结合，进一步加快了机器的发明及其在工业领域的应用步伐，引发了所谓的工业革命（Industrial Revolution）。这场革命最初于 1770 年前后出现在英国，随后迅速传遍欧洲大陆，为商业资本主义向工业资本主义的过渡铺平了道路，这就意味着主要资本开始投向工业领域而非商业领域。过去工业曾是商业的附属，如今，这种关系已被颠倒过来。不过，工业资本主义与商业资本主义有着根本的相似性，它们都有影响极大的巨大创造力和破坏力。但是，工业资本主义的创造力和破坏力在全球的影响范围和影响力要大得多，反映出不断进化的资本主义日益增长的威力和活力，这种力量，给延续至今的任何社会都带来了天翻地覆的变化。

创造力

新思想

商业资本主义时期的新思想曾以科学革命的形式出现，这在很大程度上要归功于技师与哲学家之间、技术与科学之间建立起来的前所未有的伙伴关系。起初，科学处于次要地位，它对工厂和矿山的付出远多于后者对它的回报。在工业革命的初期阶段，同样存在这种情况，当时的先驱发明家几乎无一例外都是些技艺高超的技师。不过，到了 19 世纪中叶，科学开始在老工业改造方面起到领先作用，甚至完全包办了新工业的创设过程。

科学的这种领先作用在化学领域及后来的生物学领域表现得尤为突出。

化学的起源可以追溯到史前时代的烹饪技术，最初是为了识别药用植物，以便从中提炼药物。在欧洲，化学的最初目标是发现一种将廉价金属炼成黄金的方法，或是发现一种可以治愈人类各种疾病的"灵丹妙药"（elixir vitae）。安托万·拉瓦锡（Antoine Lavoisier，1743—1794）这位在法国大革命期间命 *113* 丧断头台的化学家，提出了物质守恒定律（law of conservation of matter），将此前杂乱无章的化学现象理出了顺序："尽管物质可能会在一系列化学作用下改变形态，但其数量不会发生改变；在每一次作用的始终，物质的质量是恒定的，而且可以通过它的重量进行推算。"

通过这种公式化的表述，拉瓦锡像牛顿（Newton）当初为物理学提出万有引力定律（law of gravitation）那样，为化学奠定了我们如今也会视为可靠的科学基础。拉瓦锡的后继者取得了一个又一个新发现，其中许多都在工业领域得到了重要应用，例如尤斯图斯·冯·李比希（Justus von Liebig）发明的化肥，威廉·帕金（William Perkin）发明的合成染料；路易·巴斯德（Louis Pasteur）提出了病菌理论，使人们接受了卫生防病观念，继而使那些诸如伤寒、霍乱、疟疾之类的古代传染病得到控制。这些医学上的进步影响深远，使欧洲，继而使全世界的人口出现了快速的增长。

在生物学领域，查尔斯·达尔文（Charles Darwin）发挥了一种超越科学和工业的影响。他的进化论提出，各种动物和植物的现有形态并非自创世以来就固定不变，而是在"反反复复的生存斗争中"，通过"自然选择"（natural selection）从同一个源头进化的结果。尽管达尔文学说中的细节后来被新的研究加以修正，但从实质上讲，这一学说的精髓如今已被所有的科学家所接受。即便如此，达尔文也受到了广泛的攻击。这种情况很自然，正如哥白尼（Copernicus）的天文学体系否定了地球的宇宙中心地位一样，达尔文的学说看来也要否定人类在地球历史上的中心地位。

达尔文主义（Darwinism）尽管受到了批评，但其经过大力精简的版本却对西方社会产生了深远的影响，因为"适者生存"（the survival of the fittest）这一观念看来不折不扣地肯定了当时的社会风气（及国家间关系）。在政治方面，这是俾斯麦（Bismarck）凭借"铁血政策"（blood and iron）统一德国的时代。在经济方面，这是崇尚企业自由经营和放任个人主义的时代。在国际关系方面，这是殖民扩张、世界帝国和"劣等"（inferiority）民族被征服的时代。在上述各个领域，达尔文的学说——或至少是其流行版本——看来给那些早已大行其道的物质主义（materialism）、强权政治（realpolitik）、*114* 种族主义（racism）提供了令人信服的理论依据。这种后来被称为"社会达尔文主义"（Social Darwinism）的学说，其实与达尔文本人或他的科学著作几乎没有什么联系。然而，由于它为正在全球兴起的新经济和新政治提供了意识形态基础，故而能被人们普遍接受。社会达尔文主义是小说家吉卜林（Rudyard Kipling，1865—1936）下面这句名言的意识形态写照：

> 强者自当索取，
> 能者自当守成。

新经济

工业革命一旦启动，就触发了一连串的技术创新，因为一个行业的创新必然引起其他行业的创新。棉纺织业的先驱性发明，如约翰·凯伊（John Kay）发明的飞梭、理查德·阿克赖特（Richard Arkwright）发明的水力织布机、詹姆斯·哈格里夫斯（James Hargreaves）发明的"珍妮"纺纱机、塞缪尔·克隆普顿（Samuel Crompton）发明的"骡子"纺纱机、埃德蒙·卡特赖特（Edmund Cartwright）发明的动力织布机，需要强劲而稳定的动力，詹姆斯·瓦特发明的蒸汽机就满足了这种需求。制造新式织布机和蒸汽机需要大量钢铁，继而引起新的发明，如亚伯拉罕·达比（Abraham Darby）在冶炼铁矿石时用廉价的焦炭取代昂贵的木炭，亨利·柯尔特（Henry Colt）以搅炼法剔除了容易断裂的铸铁或"生铁"中的杂质，从而得到了更适合制造机器的易于锻造的熟铁。为了运输大量的矿石、焦炭和铁，交通工具的改进也在所难免，继而引起了修建跨越大洲的运河、硬质公路和铁路，以及以蒸汽为动力的远洋轮船的热潮。

经济学家把工业资本主义的演变过程分为三个"长波"（long waves）。第一波浪潮出现在 18 世纪末和 19 世纪初，集中在纺织业、冶铁业、煤矿业和蒸汽机制造业；第二波浪潮出现在 19 世纪中叶，基础是铁路、轮船和大规模的钢铁生产；第三波浪潮出现在 19 世纪末和 20 世纪初，核心是汽车制造业、电气行业、通信行业和石油行业。

这些相继出现的爆发性经济增长产生了深远的影响。首要的一点在于，工业资本主义为了完成具体的产业目标，把科学研究系统地利用起来，从而实现了一种内源性的经济增长。配有昂贵的精密仪器和训练有素的科学家队伍的综合实验室，成为所有大型产业不可或缺的组成部分。以前的发明曾是个人把握机遇的结果，如今则已变得更有计划，基本上是按需完成。"在当今时代，"瓦尔特·李普曼（Walter Lippmann）评论道，"人们发明了一种发明术，他们发现了一种关于发现的方法。……我们明白自己需要制造越来越完美的机器，而旁人此前从来不懂这些。"[111]

现代欧洲的经济活力并非只是技术领域一系列连锁反应的结果。"军工联合体"（military-industrial complex，艾森豪威尔总统曾于 1961 年对之发出著名的警告）最初出现于 19 世纪晚期。这是军事技术突飞猛进的时代，它的一个突出例证是 1906 年在英国下水的一艘新型超级战舰，即"无畏号"（Dreadnought）战舰。每一项新式武器生产项目都进一步推动了技术的创新，令较早时候出现的武器遭到淘汰，使各国必须为新一轮的"军备竞赛"（arms competition）投入更多的财政资金。

最终的结果是出现了一种前所未有的事物——威廉·麦克尼尔（William

---

[111]　李普曼：《道德规范导言》（*Preface to Morals*，Macmillan，1929，p.235）。

McNeill）称其为"指令型技术"（command technology）[112]。如今，在新式枪炮、发动机和军舰发明之前，政府官员就要详细规定其理想的性能要求，而不是坐等某位技师或某家公司偶然呈来的发明成果。在此其间，技术领先的私营公司不断涌现，从而加速了这一进程。这种新兴的"军工联合体"在第二次世界大战期间及以后全面开花，指令型技术的目标也呈几何级增长，从超级战舰到彻底摧毁广岛的原子弹，从而开创了当今的原子时代（atomic age）。

内源性的经济连续增长，从根本上改变了新兴工业化国家与世界上其他地区的经济平衡。印度纺织品的质量和数量曾在几个世纪内处于全球领先地位。然而，到了 18 世纪，印度的手摇式织布机平均仍需 5 万个小时以上才能纺完 100 磅棉花。1825 年，在克隆普顿和阿克赖特发明的机器操作下，英国工人只需 135 个小时就能纺完 100 磅棉花，而且纺出的面纱与印度面纱相比，质量更胜一筹。与此同时，伊莱·惠特尼（Eli Whitney）发明的轧棉机在美国南方取得了同样重大的进步，它使工人在将紧粘在棉籽上的棉絮分离出来时，只需过去分离 1 磅棉花的时间即可分离 50 磅——这就为英国棉纺厂所需的大量廉价皮棉提供了保障。而实际上，这种重要的机器早在惠特尼出生之前就已被墨西哥的一位传教士发明出来了，但却在当地遭到忽略和遗忘，正如许多个世纪之前蒸汽机曾在亚历山大时期的埃及发明出来却被最终遗忘一样，因为它的应用和普及条件尚未出现。指出这一点，的确十分有趣。

工业资本主义既加快了通向全球经济一体化的趋势，也加快了商业资本主义开启的生产率突飞猛进的势头。截至 1914 年，海底铺设的电缆已经超过 51.6 万公里，世界各港口之间往返的货船超过 3 万艘，美国、加拿大、西伯利亚横跨大陆的商用铁路都已投入使用。随着全球性基础设施的日益改

[112] 麦克尼尔：《竞逐富强：公元 1000 年以来的技术、军事与社会》（*The Pursuit of Power*，*Technology*，*Armed Forces*，*and Society Since A. D. 1000*，University of Chicago Press，1982，chap. 8）。

善，新西兰的羊毛，加拿大的小麦，阿根廷的肉类，美国的玉米，缅甸的大米，马来亚的橡胶，埃及的棉花，孟加拉的黄麻，以及西欧和美国日夜轰鸣的工厂，都在一种充满活力的全球经济中融会贯通起来。

在这种一体化的经济体系（integrating economic system）中，当某种情况影响到其中的一个因素时，其衍生影响可能会惊人地广泛和复杂。例如，1879 年到 1902 年间，随着海运状况的改善，从芝加哥运往利物浦的小麦运费由每 8 蒲式耳平均 11 先令降到 3 先令，结果使美洲新大陆的小麦如潮水般涌入欧洲，压低了欧洲农产品的价格，促使欧洲农民如潮水般向美洲移民。

随着工业资本主义的得势，那些曾在商业资本主义时代引领国际商业的合股公司开始让位于一种新型组织：卡特尔（cartel）或联合企业（combine）。美国钢铁大王安德鲁·卡内基曾经指出，任何一家企业的格言必须是"不扩张就关张"（expand or perish）。关于自己所在的行业，卡内基认为："钢铁制造商止步之时，就是其衰落之日，所以，我们必须继续扩张。"这种内在动力导致家庭手工业被合股公司及后来控制了各个行业的卡特尔所取代。卡特尔把自己的业务扩展到了全球，以降低制造业的成本，控制原料 *117* 来源和产品市场，调节价格，从而确保盈利。在 19 世纪晚期，这些典型的国际卡特尔包括瑞典火柴公司（Swedish Match Company）、诺贝尔火药信托公司（Nobel Dynamite Trust Company）、邓禄普橡胶公司（Dunlop Rubber Company）、荷兰皇家石油公司（Royal Dutch Petroleum）和（生产肥皂与人造奶油的）利华兄弟公司（Lever Brothers）。

全球经济的卡特尔化提高了全球经济领域的生产率。1860—1913 年间，世界贸易总额增加了 12 倍以上，世界工业总产值也增加了 7 倍。由于欧洲是新兴的全球经济的发起者和协调者，它自然也就成为全球经济的主要受益者。进入 19 世纪晚期，这些收入红利中的一部分也逐渐渗入到欧洲社会的底层。对于工业革命初期工人的实际工资到底是增加还是减少了这个问题，人们一直存有争议。但在 19 世纪下半叶工人的实际工资得到了稳步增长，则是一个无可争议的事实。1850—1913 年间，英国和法国工人的实际工资基本上翻了一番。与此同时，西方各国政府也通过了社会改革法，开始向工人提供诸如医疗保险、意外事故保险、失业保险、缩短工作日、改善工作条件之类的福利。

生活水平的这种普遍提升，也可从 1750—1914 年间欧洲人口猛增 3 倍反映出来（这还不包括此间有数百万欧洲人移民到了海外）。随着营养水平的提高，人们对疾病的抵抗力也随之提高，死亡率也开始下降。与此同时，工业革命也改善了污水处理系统和饮水安全状况，使死亡率进一步降低。公共卫生方面的进步要归功于医学领域的科学发现。细菌学成了一门成熟的学科，细菌学专家查出了特定疾病的特定致病微生物，继而研发出特定的疫苗和抗生素来进行应对。一些著名科学家，如巴黎的路易·巴斯德，伦敦的约瑟夫·李斯特（Joseph Lister），柏林的罗伯特·科赫（Robert Koch）和鲁道夫·菲尔绍（Rudolf Virchow），都为这些卓越的发现作出了贡献，他们破解了许多恶性疾病的奥秘，并为所有人提供了某些疾病的免疫方法。

118 到了 19 世纪末，诸如霍乱、鼠疫、伤寒之类的传染病开始从欧洲消失，控制白喉和梅毒的手段也取得了进展，李斯特的无菌化工作也极大地降低了因分娩和普通外科手术造成的死亡率。

这些医学发现的应用，以及对感染者的常规隔离，使欧洲的死亡率从 1800 年的 30‰进一步下降到 1914 年的 15‰。与此同时，欧洲的人口也从 1800 年的 1.88 亿增长到 1914 年的 4.63 亿。在此期间，大量欧洲移民在澳大利亚、西伯利亚和美洲定居，使世界总人口中欧裔人口的比例由大约五分之一增加到三分之一。通过这种方式，工业资本主义缔造的新兴全球经济不仅从根本上改变了世界经济的分布格局，也从根本上改变了世界人口的分布格局。

新政治

在商业资本主义占据主导地位的那些世纪中，事实证明，欧洲君主组织的那种相对统一的国家要比阿兹特克帝国、奥斯曼帝国或莫卧儿帝国（Mogul Empire）更加高效，也更具侵略性。随着工业资本主义的到来，这种政治实力上的差异才变得更加显著，并最终导致那些把地球瓜分为殖民地和半殖民地的欧洲帝国的建立。

造成这种实力差距不断扩大的原因之一，在于加速发展的欧洲军事技术，其范围涵盖了可像火枪一样快速射击的既轻便又廉价的野战炮，以及配有重型火炮的蒸汽动力军舰。由于欧洲军队率先按照战争机器的标准以工业生产线方式组织起来，西方与非西方之间的军事实力差距日益悬殊，程度远远超过几个世纪之前美洲印第安帝国（Amerindian Empires）在征服者面前崩溃时的情形。早在 1839 年 11 月，当鸦片战争（Opium War）开始之时，这种差距就已十分明显，因为英国的军舰可以随意轰击中国的海岸，都不会遇上任何有威胁的反击。面对英国皇家海军的显著优势，中国的军事统帅想不出更好的办法，只好设计出这样一个方案：将鞭炮系在猴子背上，然后把它们甩到英国军舰上，希望那些身上冒火四处乱窜的猴子能够冲入战舰的火药库，从而将其炸毁。确实有 19 只猴子被送到司令部，但却无人能够想出足够接近英国战舰以便把猴子甩上去的办法。因而，当英国军队逐个占领那些港口之后，发现那些不幸的猴子在英军发起攻击时被匆忙遗弃，结果全部饿死在笼子里。

西方与非西方之间日益扩大的实力差距，也反映了工业资本主义更为强劲的经济活力。西欧日益提高的生活水平推动了民众对肥皂、人造奶油、巧克力、茶叶、可可及自行车橡胶轮胎的需求。为了从热带地区大量进口货物，就要在当地兴建港口、铁路、公路、仓库以及电报和邮政系统等基础设施。这些基础设施要求当地政权维持秩序和安宁，以确保股东的充足股息能够回流到欧洲的祖国。所以，如果当地的冲突干扰了贸易［就像 1882 年在埃及发生的那样，艾哈麦德·阿拉比（Ahmed Arabi）上校领导的民族主义者暴动招致英国入侵，以保护英国人在埃及金融和商业领域的广泛利益]，或附近殖民地的某种力量扩张到具有危及欧洲人在当地的经济和政治特权的隐患时（以利比亚为例，它在 1911 年遭到意大利入侵，以预防邻国埃及的英国人和突尼斯的法国人），欧洲内部就会出现兼并远方领地的叫嚣。

当工业革命传播到德国和美国时，这两个国家凭借更新更高效的工厂，发出了取代英国成为经济强国的威胁，这种可能来自其他强国的侵袭就成了一种挥之不去的担忧。虽然世界工业总产值在 1860—1913 年间增长了 7 倍，英国的产值却只增长了 3 倍，法国的产值也只增长了 4 倍——这些统计数据本身已经令人印象深刻，但若与同一时期德国的 7 倍增速和美国的 22 倍增速相比，就算不了什么了。这种经济上的竞争也对殖民地产生了深远的影响。正如英国作家约翰·凯尔蒂爵士（Sir John Keltie）在 1895 年指出的那样，"直到德国在 10 年前进入这一领域时"，英国那些骄傲自大的资本主义才开始"环顾四周，然后把目光投向前方"。当时只有非洲"尚且适于"殖民，于是也就"出现了一股史无前例的争夺非洲的风潮"。[113]

英国企业家乔治·戈尔迪爵士（Sir George Goldie）的例子堪称典型，他在 1879 年组建了联合非洲公司（United African Company），以便与尼日尔河流域的法国人展开竞争。"随着传统市场的大门日益向我们的工业产品关闭，随着印度制造的棉纺织品不仅可供本国使用而且还向外国出口，如果再把仅存的对英国商品开放的欠发达地区丢给敌对国家，那就无异于自取灭亡。"[114] 为了避免出现这种"自取灭亡"的情况，戈尔迪在尼日尔河流域设立了 100 多个贸易站，并通过代理人与非洲当地酋长签订了 237 份条约予

---

[113]　考克斯（O. C. Cox）：《资本主义的制度之维》（*Capitalism as a System*，Monthly Review Press，1964，p.173）。

[114]　戴克（K. O. Dike）：《尼日尔河三角洲的贸易与政治，1830—1885》（*Trade and Politics in the Niger Delta 1830-1885*，Clarendon Press，1956，p.211）。

以巩固，这些条约中都无一例外地规定，"签约者的全部领土"都已出让给联合非洲公司，公司拥有上述领地内排他性的贸易垄断权。就这样，早在1884—1885年的柏林会议正式承认英国对尼日尔河流域领地的统治权以前，该公司已经在事实上成为当地的统治机构。

欧洲其他强国也参与到了瓜分非洲大陆的活动中来。1879年，非洲的殖民地只有法属阿尔及利亚和塞内加尔，英属黄金海岸和好望角，葡属安哥拉和莫桑比克。而到了1914年，非洲只剩下埃塞俄比亚和利比里亚未被殖民。

欧洲帝国在创建过程中凭借的不仅仅是压倒性的军事和经济实力，还有强大的精神动力。社会达尔文主义以其适者生存理论为全球性的政治扩张主义（global political expansionism）提供了具有说服力的意识形态依据。吉卜林曾经写道，"白人的负担"就是把文明的福音传播给"弱小的种族"；塞西尔·罗兹这位在南非雄心勃勃地创建大英帝国的人，则大言不惭地宣称："我们是世界第一种族，我们在这个世界上占据的地方越多，就对人类越发有利。"[115]

按照罗兹的标准，这个世界直到1914年以前都运转良好。整个非洲和印度及东南亚大部分地区，都是欧洲人的殖民地；中华帝国、波斯帝国（Persian Empire）、奥斯曼帝国已经沦为半殖民地；拉丁美洲在19世纪是英国的经济附庸，在20世纪则是美国广袤的半殖民地。难怪罗兹的终极梦想 *121*是征服其他星球。"这个世界基本上已被瓜分完毕，剩余的部分也正在被分割、征服和殖民。想想夜晚那些抬头可见的星星吧，那是我们永远无法到达的世界。如果我能到达那些星球，就会兼并它们：那是我朝思暮想的事情。看到它们是如此清晰，却又如此遥远，不免令我感到遗憾。"[116]

---

[115]　引自休伯曼（Leo Huberman）：《我们人民》（*We，The People*，rev. ed.，Harper，1947，p.263）。

[116]　斯特德（William T. Stead）：《塞西尔·约翰·罗兹的遗嘱和誓言》（*The Last Will and Testament of Cecil John Rhodes*，London，1902，p.190）。

破坏力

阿历克西·德·托克维尔（Alexis de Tocqueville）这位美国早期民主的著名诠释者，在1835年访问曼彻斯特时，为我们留下了关于工业资本主义内部基本矛盾的经典论述。曼彻斯特是英国第一个大型纺织品制造中心，拥有数百家纺织厂，生产的衣物甚至穿到了非洲部落居民身上，穿到了安第列斯群岛种植园劳工身上，穿到了东方的农民身上。关于工业革命给这座城市留下的最古老的遗产，托克维尔写道："从这条肮脏的下水道里，流出了人类工业的最大河流，肥沃了整个世界。从这条污秽的臭水沟里，也流出了纯粹的黄金。在这里，人性得到了最全面的发展，也变得最为残忍；在这里，文明创造出了奇迹，文明人几乎重新变成了野蛮人。"[117]

与商业资本主义一样，工业资本主义的破坏性影响在远离欧洲的弱小殖民地和附属国那里表现得最为清晰和彻底。不过，它的蹂躏对象如今已经不再局限于美洲和零星的非洲地区，而是遍及世界各地。实际上，资本主义在这一时期发挥影响的经典案例是印度，那里的英国人与此前征服过这块次大陆的其他外来者不同，他们不但要得到战利品和贡品，更重要的是，他们还想开辟一个自由投资的领域，要把印度的传统经济和社会，从内到外、从上到下加以改造。

首先，英国希望得到诸如黄麻、油菜籽、小麦、棉花之类的原料。为了运输这些货物，截至1880年，他们在印度修建了全长1.1万公里的铁路，还挖掘了苏伊士运河(Suez Canal)，将英国至印度的航运距离缩短了40%以上。那些铁路在运走印度农产品的同时，也向印度乡村运来了英国机器生产的廉价的工业产品。

---

[117]　引自马库斯（Steven Marcus）:《恩格斯、曼彻斯特与工人阶级》(*Engels, Manchester, and the Working Class*，Random House，1977，p.66)。

这些并不昂贵的进口产品削弱了印度的手工业，尤其是曾经生产出世界 *122*
上最流行的布料的纺织行业，因为英国在印度的次要目标就是把它变成销售
英国工业产品，尤其是纺织产品的巨大市场。为了倾销这些纺织产品，英国
人采取了以守为攻的方法，对从印度进口的棉纺织品征收 70%—80% 的关
税。这种做法始于 1814 年，当时英国人仍在完善自己的新式纺纱机。

获取全球市场的前景刺激了机器发明领域的快速更替，在几十年的时间
里，英国纺织产品的质量和价格迅速变得比印度同类产品更具竞争力。出现
这种情况之后，英国人随即就用本国廉价的机器生产的纺织产品席卷印度，
并禁止印度征收那种旨在保护本国工业的进口税，就像英国在该世纪早些时
候曾经做过的那样。

从 1814 年到 1844 年，印度出口英国的棉纺织品数量从 125 万匹下降到
6.3 万匹，进口的英国棉纺织品数量则从 100 万码增加到 5300 多万码。这对
印度古老的纺织行业造成了毁灭性的影响。在此期间，曼彻斯特则崛起为一
座世界名城，该市人口也从 1773 年的 2.4 万增加到 1851 年的 25 万。而 1840
年，查尔斯·屈威廉爵士（Sir Charles Trevelyan）在英国议会的一个委员会
上作证时则宣称："达卡，相当于印度的曼彻斯特……已从 15 万人跌至 3 万
人，杂草和疟疾正在迅速侵蚀该市。"[118]

与此同时，西方的医药科学、卫生措施和救济制度也促进了印度人口的
总体增长，使其从 1872 年的大约 2.55 亿增加到 1921 年的 3.05 亿。欧洲当然
也出现了类似的人口增长，但它那日益完善的工厂体系随时都在准备招收新
的工人，而且移民美洲和澳大利亚也为它额外提供了一道安全阀。相比之下，
印度（与另外一些人口过剩的殖民地）就没有这样的出路，因为英国对印度
的本土工业极力打压，而且那些"无主"（empty）的海外土地也已被欧洲殖

---

[118] 克莱尔蒙特（Frederick Clairmonte）：《经济自由主义与欠发达》（*Economic Liberalism and Underdevelopment*，Asia Publishing House，1960，p.86）。

民者捷足先登，并为后来的移民设立屏障，以防"劣等民族"（lesser races）进入。印度新增的数百万人别无选择，只有继续留在自己的村子里，从而对

123 有限的乡村资源而言，造成了严重的农业人口过剩危机。时至今日，这种情况仍是印度、其实也是第三世界大部分国家经济领域最尖锐的问题之一。在其他地方，西方工业资本主义对当地传统社会产生了潜在的破坏性影响，只是程度上各有不同——它对爪哇岛的破坏程度比对印度次大陆的破坏还要严重；它对印度的殖民化程度则要高于中国，中国的沿海港口虽然处于西方的控制之下，却在广阔的内陆地区维持了相当程度的自治。

工业资本主义与美洲新大陆的帝国主义列强不仅破坏了传统的经济，也破坏了传统的文化，从而彻底拆穿并削弱了当地精英的自信。在欧洲外围那些新近被殖民或即将被殖民的地区，有一小批受过教育的上层精英，起初通常倾向于把欧洲人轻蔑地视作粗俗的野蛮人。即便到了 1890 年代，一位中国学者在给兄弟的信中依旧如此描述他对西方人的印象："他们的眼神看起来比较独特，两眼位于同一条线上，眼珠呈绿色，蓝色，或是褐色。他们的脸颊很白，凹凸不平，偶尔也呈紫色。他们的鼻子像鸟嘴一样突出，在我们看来，这不是什么好面相。有些人的头发很浓密，呈红色或黄色，一直长到脸上，使他们看起来如同猿猴一般。他们的胳膊和耳朵并未长得垂到地上，这与我们的描述有所出入。他们虽然很懒，但我认为他们并不笨。"[119]

不管怎样，欧洲帝国主义势力背后无可置疑的军事实力和科技成就，以及欧洲国家惊人的富裕状况，很快就令许多非欧洲国家的精英不仅开始学习西方某国的语言，阅读西方的报纸和书籍，而且还在探索西方通向惊人的"实力与财富"（power and wealth）的关键途径时，变得不加批判地崇拜西方

---

[119] 惠允（Hwuy-ung）著，梅克皮斯（J. A. Makepeace）译：《一个中国人对我们和他的国家的看法》（*A Chinaman's Opinion of Us and His Own Country*，Chatto & Windus，1927.）。惠允的原文是："彼等眼神怪异；双目平直，或蓝或绿，亦有褐色者。其面颊白而凹，然偶见紫红者；其鼻似鸟之尖喙，为不祥之状。亦有头发浓密丛生者，或赤或黄，拔于面上，看似与猿猴无二。虽则懒散，而吾以为智力尚好。"——译注

的所有事物。从不假思索的轻蔑到同样不假思索的崇拜，人类的这种善变现象，引起了印度民族主义运动的著名领袖苏伦德拉纳特·班纳吉（Surendranath Banerjea，1848—1925）的注意：

> 我们的父辈是受过英国教育的第一批人才，他们对英国的仰慕之情非常强烈。他们看不到西方文明或文化中的瑕疵。他们对它的新颖独特之处心醉神迷。个人享有的公民权，取代了传统权威的私人决断权利，将责任置于习惯之上，这些东西都威风凛凛地骤然出现在东方民族面前。而东方人对强制性义务的了解，还仅限于那些古老的习惯和神圣的传统所规定的内容。……英国的一切都是好的——甚至饮用白兰地酒也成了一种美德；英国之外的一切事物，则要带着疑虑加以审视。[120]

124

那些不识字的农民大众对西方入侵的反应则十分不同。他们倾向于把自己传统的农村社会理想化，尽管它们此时正在瓦解，却在过去为村里的每一位成员提供了土地，维持了人际关系的连续性，也肯定了个人在社会中的身份意识。当然，在战争、饥荒、疫病及各种专制暴政面前，它们也极为脆弱。马克思在 1853 年为《纽约每日论坛报》（*New York Daily Tribune*）撰写的一篇新闻报道中抨击了英国在印度的胡作非为，但却跟着又补充道："我不赞成那些相信印度斯坦有过'黄金时代'的人们的意见。……我们不应忘记，这些小小的公社身上曾经带着种姓划分和奴隶制度的标记。"

马克思的批评十分有道理，就在这篇报道中，他也强调了朝贡关系中的剥削与资本主义制度下的剥削之间的区别。马克思写道，后者"破坏了印度

---

[120] 欧麦利（Lewis Sydney Stewart O'Malley）:《现代印度与西方》（*Modern India and the West*，Oxford University Press，1941，p.766）。

社会的整个结构，而且至今还没有任何重新改建印度社会的意思。印度失掉了它的旧世界而没有获得一个新世界，这就使得它的居民现在所遭受的灾难具有了一种特殊的悲惨的色彩，并且使不列颠统治下的印度斯坦同自己的全部古代传统，同自己的全部历史，断绝了联系。"[121] 马克思特别指出，这种"悲惨色彩"（melancholy）源于英国强加给印度农村社会的立法、行政和安保新制度，其目的在于强化和控制他们新创建的货币化社会的需求。在英国统治下的新印度，"土地"（land）变成了能够产生利润的财产；"食物"（food）变成了仅供交换的商品；"邻居"（neighbor）变成了公共财产的所有者；"劳动"（labor）变成了一种谋生手段。这就是资本家给殖民地世界造成的"破坏"的本质。

这种"破坏"还有另外一个经常被人忽视的方面，就是那些如同早先被商业资本主义戴上枷锁运到美洲新大陆殖民地做工的非洲奴隶一样，被工业资本主义戴上枷锁运到全球各地种植园做工的亚洲契约苦力。随着远洋运输条件的改善，以及 1869 年苏伊士运河的开通，突然之间使得亚洲运送殖民地产品到西欧的航行具备了商业可行性。诸如橡胶、茶叶、咖啡、菠萝、可可之类的商品，在南非和东非、南亚和东南亚、加勒比海、印度洋和太平洋岛屿的欧洲人拥有的种植园中，如今也能生产出来供应欧洲市场。

由于奴隶制在 19 世纪中期已被西方国家明令禁止，新开辟的殖民地必须以新的方式来解决劳动力供应问题。这种方式就是使用"苦力"（coolies）。苦力是对亚洲那些非技术劳工的通称，大部分来自中国和印度。他们接受了为雇主长期服务的"契约"（contracts），如果违约的话，就会受到刑罚判处。这种契约往往无法保护那些远离本土的文盲苦力，因为雇主要么会违约，要

---

[121] 阿维内利（Shlomo Avineri）主编：《卡尔·马克思论殖民主义与现代化》（*Karl Marx on Colonialism and Modernization*，Anchor Books，1969，pp.89、94）。马克思的这篇报道最初刊登在 1853 年 6 月 25 日的《纽约每日论坛报》，中译本全文参见《马克思恩格斯全集》（人民出版社 1961 年版）第 9 卷第 143—150 页。——译注

么会作出一些契约之外的口头承诺。通过这种方式，亚洲的农民被当作劳工运到全球各地的新殖民地，他们的人数比前几个世纪沦为美洲奴隶的非洲人还要多。尽管这些出境务工的苦力人数极多，但却并未缓解亚洲农村地区的人口过剩压力。由于中国和印度的人口基数过于庞大，即便有大量人口外移，也不会构成一个真正意义上的安全阀。

工业资本主义的破坏趋势虽然在欧洲之外的农村社会表现得最为突出，但是欧洲内部也终究无法幸免。那里的农民和工匠即便没有被困在过度拥挤的村庄，却也被逐出家园，只得忍痛迁入新兴的工业城镇，寻找新的工作，适应新的环境，接受新的生活方式。在失去土地、农舍和生产工具后，他们除了劳动力之外，没有其他任何东西可以出售。他们完全依赖于雇主，成了纯粹靠工资谋生的人。英国社会的货币化对本国的穷人来说是一种不幸，就像印度社会的货币化对当地农民来说是一种不幸一样。

人们从一开始就对英国新式工业社会褒贬不一。褒扬者认为，他们在工业化城镇的工资与过去在农村的收入相比有了实际的提高。这种观点解释了城市为何能从英格兰和爱尔兰的农村获得稳定的劳动力来源。贬抑者则强调 *126* 指出，工作环境是多么危险，住宿条件是多么有害健康，对童工和女工的剥削是多么严重，如影相随的监工所执行的纪律是多么苛刻，长期与机器保持同步，并根据汽笛声而不是日出日落来决定作息时间，是多么的单调乏味。

不管这些争论有没有意义，工人们的强烈不满却是毋庸置疑的。他们焚毁了兰开夏郡的阿克赖特工厂，砸烂了布莱克本的哈格里夫斯"珍妮"纺纱机。历史学家阿萨·布里格斯（Asa Briggs）[122] 认为，在 1814 年战胜拿破仑的军队之后，英国社会比历史上任何时候都更接近于发生革命。当局把捣毁机器的行为视为重大罪行，并将数千名具有战斗精神的工人流放到澳大

---

[122] 布里格斯（1921— ），英国历史学家，一直在牛津大学伍斯特学院任教，1976—1991 年间出任院长，1976 年被封为终身贵族，1978—1994 年间出任英国开放大学校长；著有维多利亚时代三部曲《维多利亚时代的城市》《维多利亚时代的人民》《维多利亚时代的物品》和《英国社会史》等。——编注

利亚。一个世纪之后，英国工党领袖安奈林·贝文（Aneurin Bevan，1897—1960）指出："即便人们享有普选权，工业革命的成就能否被认可，也非常可疑。它之所以非常可疑，是因为我们今天所享受的大量资本，正是我们的父辈那些不知所终的工资积聚的结果。"[123]

深重的苦难和强烈的愤慨，激起了工人阶级层出不穷的自助行动，例如互助会、技工协会、合作社、读书会等。在读书会上，识字的工人向不识字的工友高声朗读报纸和宣传册，甚至教他们中的一些人学习阅读和写作。工业革命在中产阶级和上层阶级当中引发了两种批评。保守主义者如英国的埃德蒙·伯克（Edmund Burke，1729—1797）和法国的约瑟夫·德·迈斯特（Joseph de Maistre，1753—1821，当时被讽刺为"过去的先知"的一位才子）所持的论调，是以感伤的心情怀念过去的农村社会，在那里，人们彼此都很熟悉，从未出现过城市里的人情冷漠现象。他们理想中的社会是贵族政治而非富豪政治，这种政治对社会负责，而不是为富不仁，上层阶级实行的是家长式统治，而非置社会于不顾的自由放任。

保守主义者认为，人类会堕落到不受传统宗教和社会秩序控制的野兽状态；激进主义者则放眼未来，认为人性首先是社会环境的产物。所以，他们*127* 倡导一种能够增加集体福利和促进团结协作的新社会。他们与保守主义者一样痛恨工业化进程中的社会动乱，但却寻求通过全面的社会改革来予以补救，而不是复辟旧秩序。针对工业社会的各种疾病，他们提出了具体的解决方案，构成了我们这个世纪多种多样的"主义"（isms）：无政府主义（anarchism）、基督教社会主义（Christian socialism）、功利主义（utilitarianism）、工团主义（syndicalism）、空想社会主义（utopian socialism），以及马克思派社会主义（Marxian socialism）。

---

[123]　参见"民主的价值"（Democratic Values），载《费边社论文集》（*Fabian Tract no. 282*, London, 1950），转引自缪达尔（Gunnar Myrdal）:《富裕国家与贫穷国家》（*Rich Lands and Poor*, Harper, 1957, p.46）。

马克思主义（Marxism）最终成为这些主义当中最具影响力的主义，这可能是因为它的阶级斗争理论提倡由工人自己实现社会主义的目标，并认为工人会取得最终胜利，因为资本主义本身具有"自我毁灭的种子"（the seeds of its own destruction）。欧洲中心地带的资本主义国家反复出现的经济危机，不断升高的失业率和不断下降的生活水平，将会迫使遭受剥削的无产阶级武装起来颠覆资本主义，并最终建立他们自己的社会主义新秩序。

然而历史发展的结果表明，事情发生了截然不同的变化。人们的生活水平非但没有下降，反而上升了，工人也逐渐获得了选举权。在西欧和美国，投票制度使那种诉诸子弹的行为（这起码也是一种内部反抗的手段）受到了质疑。这种始料不及的结果使马克思主义者分裂为互相对立的派别。正统的社会主义者坚持最初的阶级斗争纲领，但到第一次世界大战前夕，西欧工人中的大多数都已转而支持以"少为更好的将来，多为更好的现在而工作"（Work Less for the Better Future and More for the Better Present）为口号的"修正派"（revisionist）社会主义者。

危机年代（1914—1940）

"更好的现在"并没有出现，相反，历史证明，20世纪上半叶是世界资本主义的危机年代，令它经历了三个重大挫折：（1）第一次世界大战（World War I）的重创，（2）苏联从资本主义体系分离出去并得到巩固，（3）大萧条（Great Depression）带来的冲击。

关于第一次世界大战的起源，有大量的研究成果。它涉及到许多因素，例如社会达尔文主义的"生存竞争论"（struggle for survival）带来的心理影响，以及欧洲诸多受压迫的少数民族的民族主义抱负，这种抱负在萨拉热窝 *128* ［一位塞尔维亚民族主义者在该市刺杀了哈布斯堡大公弗朗西斯·费迪南德（Francis Ferdinand）］引发了战争，继而使中欧和东欧的多民族帝国变得分崩离析。工业资本主义也为战争的爆发提供了切实的条件，因为新兴的工业化国家凭借更现代、更高效的工厂超过了先前那些老牌工业国，于是，为了取得正在形成中的全球经济霸权，它们展开了激烈的争夺。1870 年，英国的工业总产值占世界工业总产值的 31.8%，德国占 13.2%；到了 1914 年，英国的这一比例下降到 14%，德国则微升至 14.3%。

列强之间的经济竞争也引发了海上军备竞赛——这是当今"核军备竞赛"（nuclear arms race）的先导——因为人们当时认为，强大的海军是保护帝国贸易通道的必要条件。经济竞争还引发了列强对殖民地的争夺，以占据原料产地，并为本国的剩余资本和工业产品开辟潜在的市场。在此期间，始终存在一种追求帝国威望的心理，即便这种心理有时隐藏于幕后。列强全都决定划分并占领它们认为理应取得的"阳光下的地盘"（place in the sun）。于是，在 19 世纪晚期，出现了帝国扩张浪潮，各大帝国在世界各地不断发生摩擦：英国与德国在东非和西南非洲互相抗衡；英国同法国在暹罗和尼罗河流域展开争夺；英国还同俄国在波斯和阿富汗进行对抗；德国与法国则在摩洛哥和西非发生冲突。

当第一次世界大战于 1914 年爆发时，英国外交大臣爱德华·格雷爵士（Sir Edward Grey）评论道："全欧洲的灯光都要熄灭了。"事实证明，他的评论极富预见性。仅仅过了四年，存在了数百年之久的哈布斯堡王朝（Hapsburg Empire）、霍亨索伦王朝（Hohenzollern Empire）、罗曼诺夫王朝（Romanov Empire）以及奥斯曼帝国就消失了，取而代之的是爱德华爵士这样的贵族所无法预见、更无法理解的新制度、新领袖和新的意识形态。

第一次世界大战与此前的所有战争相比，在群众动员的程度方面大有不同，它不仅动员了战斗人员，也动员了平民；不仅进行了物质动员，也进行了精神动员。集结起来的大量军队，总数多达数千万，需要动员平民予以配合。由于男子被普遍征召入伍，也就相当于把妇女动员起来接替他们在工厂和田间的工作。各种战争物资的长期短缺，迫使各国政府对工业生产进行动

129

员，导致出现了所谓"战时社会主义"（war socialism）。人们的头脑也被"动员"（mobilized）起来，因为各国政府都发起了"宣传战"（war of propaganda），把这场冲突描绘成绝对的善恶之争，交战各国都把上帝当成了本国战斗队伍中的一员。在武器的杀伤力，军队的持续伤亡率，以及物质破坏的长期性和广泛性方面，第一次世界大战都堪称史无前例。战争从一开始就证明了机枪的效率，它们就像割草一样把前进中的步兵击倒在地。随着战争的继续，新式武器接连被引入战场：例如毒气，坦克，喷火器，可在敌军水域用鱼雷炸毁所有船只的潜艇，以及在开阔的城市上空投掷炸弹的飞机。在战争即将结束时，850 万作战人员和 1000 万非作战人员失去了生命，欧洲大片区域都已沦为废墟。

第一次世界大战所产生的史无前例的破坏，使美国一跃超过欧洲列强，成为全球首屈一指的金融和工业强国。在殖民地世界，帝国主义列强的浩劫削弱了"白人"作为天生统治者的观念。协约国集团［尤其是伍德罗·威尔逊（Woodrow Wilson）总统］的战时承诺，在各地被压迫民族中间燃起了希望，导致中国、印度、越南、埃及等国年轻的民族主义者要求将深孚众望的"民族自决"（self-determination）原则同样适用于非洲人和亚洲人，就像它适用于波兰人和塞尔维亚人那样。这些希望虽然很快就被帝国主义内部随即达成的和约扑灭了，却也使殖民地世界新兴民族主义的抗争种子开始发芽，并将在下一次世界大战之后开花结果。

最后，由于第一次世界大战对俄国及其旧军队的破坏如此严重，以致它为 1917 年的布尔什维克革命扫清了道路，继而导致资本主义国家内部首次出现重大分裂。列宁（Lenin）在战争期间的口号是号召各国的工人和农民把"帝国主义战争变成一场阶级斗争"[124]。在经历了史无前例的杀戮和破

---

[124]　列宁在《社会主义与战争》一文中的原话是"变帝国主义战争为国内战争"，参见《列宁选集》，北京：人民出版社，1972 年，第二卷，第 681 页。——译注

坏之后，俄国那些原本支持对可恨的德国人作战的农民和工人响应了列宁的战斗号召，在 1917 年 10 月成功推翻了取代沙皇统治的短命的临时政府。列宁随后宣布建立一个致力于在俄国创建社会主义并在国外推进社会主义事业的苏维埃国家。

温斯顿·丘吉尔（Winston Churchill，1874—1965）曾经宣称："未能将布尔什维主义扼杀在摇篮里……使我们直到今天仍深受其害。"[125] 然而，年幼的布尔什维克政权之所以逃过了被扼杀的命运，并不是因为西方资本主义国家（以及日本）不够努力。在丘吉尔的领导下，协约国集团（the Allies）在德国于 1918 年 11 月投降之后，派出干涉部队向处于包围状态的布尔什维克——南边是乌克兰、西边是波兰和波罗的海地区、北边是摩尔曼斯克、东边是符拉迪沃斯托克——发起了进攻。他们的总体战略是通过援助俄国内部沙皇时期的将军和地主所领导的反苏维埃力量来颠覆布尔什维克政权。后者之所以能够勉强幸存下来，很大程度上是因为俄国农民大多数都相信，在布尔什维克统治下，他们有更多机会保住自己在革命期间从贵族和教会那里夺取的土地。1922 年，随着日本军队撤出西伯利亚，杀戮和破坏的年代终于宣告结束，苏维埃社会主义共和国联盟的未来得到了保证。

就西方资本主义国家的观点而论，布尔什维克后来成功建立起计划经济，与未能把初生的布尔什维主义"扼杀"（strangle）一样具有威胁。许多人都曾设想，由于违背"人性"（human nature），苏联的试验注定会失败。列宁本人也承认布尔什维克在建设社会主义的过程中并没有具体的蓝图，用他的话说就是"我们必须摸索着前进"[126]。除此之外，新政权也面临着几乎无法想象的问题。用历史学家摩西·莱文（Moshe Lewin，1921—2010）的话讲，世界大战、革命及随之而来的国内战争，使俄国变得"复古"（archaicized）

---

[125] 《纽约时报》，1949 年 4 月 2 日。

[126] 参见韦伯夫妇（Sidney & Beatrice Webb）合著：《苏联共产主义：一种新型的文明》（Soviet Communism：A New Civilization，Vol. II，Victor Gollancz，1937，p.605）。

起来。沙皇俄国在 1914 年以前进行的资本主义试验基本上被后来的事件"剥
除干净"（peeled away）。农民接管了地主的大片地产之后，采取了一种更为
原始的家庭农业。如此一来，几乎生产不出多少可供国家购买或是征收的剩
余农产品。进入 1920 年代初期，俄国的城市人口在全国总人口中的比例才
恢复到战前的水平。简言之，用列宁的话来讲，革命后的俄国"甚至更加乡
村化了，如果不是更为落后的话，也是同样落后"[127]。

　　列宁逝世于 1924 年，所以，承担此项试验的工作便落到了那些继承了　131
列宁遗志的革命者身上。工作的条件很不理想，在当时的背景下，民众和
官僚机构也已被刚刚经历过的重大事变震撼得不知所措。还有最重要的一
点，就是他们缺乏哪怕是最基本的技术、教育或文化成就。因而，国家与革
命试验本身在各个层面都接受了独裁统治，在当时并不足为奇。第二次世界
大战之后，这种悲剧在第三世界奋起反抗的那些国家反复上演，在当时更是
不足为奇。从大多数情况来看，第三世界国家开展独立运动时，其国内的经
济状况甚至比沙皇俄国时期的情况还要差。与此同时，它们还被资本主义世
界施加了强大的军事、政治和经济压力。所以，这些国家在争取经济独立和
政治独立的过程中［它们中的大部分国家还实施了各种形式的"革命"专政
（"revolutionary" despotisms）］遭到失败，也是情理之中的事情。

　　1927 年，在经过多次布尔什维克党内斗争之后，约瑟夫·斯大林（Joseph
Stalin）崭露头角，成为大权独揽的独裁者，并决定以中央部署的一系列"五
年计划"（Five-Year Plans）为基础实施计划经济。这一决定是否明智，如今
已在苏联内外引起了广泛的质疑。然而，通过集中劳动力和物资用于生产资
料而非消费资料的生产，"五年计划"迅速取得了巨大的成果。1932 年，当第
一个"五年计划"结束时，苏联的工业产值已从世界第 5 位上升到第 2 位，

---

[127]　莱文（Moshe Lewin）：《戈尔巴乔夫现象：一种历史阐释》（*The Gorbachev Phenomenon：A Historical Interpretation*，University of California Press，1988，pp.15-18）。

也就是说，它在全球工业总产值中所占的比例，已由 1921 年的 1.5% 上升到 1939 年的 10%。

　　这种非凡的跃进不仅是苏联生产力水平提升的结果，也与大萧条引起的全球资本主义衰退有关。美国股市在 1929 年 10 月崩盘，在一个月的时间里，股市的价值就降低了 40%，这种下跌趋势接下来又持续了几年。在此期间，美国有 5000 家银行倒闭，1300 万工人失去了工作，美国钢铁企业的开工率仅占其生产能力的 12%。1929—1932 年间，在不包括苏联的情况下，世界工业生产总值下降了 36.2%（相比之下，此前的萧条时期，世界工业生产总值平均下降的比率是 7%），国际贸易总额大约下降了 65%（相比之下，在过去的经济危机期间，国际贸易总额的最大降幅也只有 7%）。

132　　　苏联的经济繁荣与全球资本主义的经济衰退之间的反差，既给工业化国家也给殖民地世界的许多人留下了深刻的印象。以后来成为印度领袖的贾瓦哈拉尔·尼赫鲁（Jawāharlāl Nehrū）为例，就曾在关押自己的英国监狱牢房中写道："当世界上的其他地区深陷大萧条，并在某些方面出现倒退的时候，在苏联的国土上，一个伟大的新世界在我们眼前冉冉升起。……世界性的大危机和大衰退，看来证明了马克思主义者的论断。"[128] 英国历史学家汤因比也以一种类似的笔调写道："1931 年，世界各地的男男女女都在严肃地思考和坦诚地讨论西方的社会体系是否会崩溃并停止运转的问题。……在这个伟大而悠久而且迄今为止依然成功的社会里，每一位成员都在扪心自问，是否可以认为，西方的长期生存和发展历程在他们这一代走到了尽头。……"[129]

　　资本主义的危机年代贯穿了 1930 年代的始终。除了几次短暂的局部复苏以外，失业率继续维持在前所未有的高位，工厂持续关闭，庄稼在地里

---

[128]　《奔向自由：贾瓦哈拉尔·尼赫鲁自传》（*Toward Freedom：The Autobiography of Jawaharlal Nehru*，Day，1951，pp.229-30）。

[129]　汤因比：《1931 年国际事务概览》（*Survey of International Affairs*，1931，Oxford University Press，1932，p.1）。

腐烂，数量惊人的市民却缺衣少食，无家可归。尼赫鲁和汤因比提出的有关资本主义前景的问题，直到 1930 年代后期出现外交政策危机之前，一直都是人们极为关注的问题之一。此后，为了备战，工厂重新开工，农民也回到田中耕作。具有讽刺意味同时也具有重要意义的是，资本主义的危机时代只是由于准备发动第二次世界大战才告结束。第二次世界大战不但克服了 1930 年代持续不断的资本主义危机，而且很快就摧毁了工业化世界的许多国家（包括苏联和日本）。在此期间，技术飞跃的基础也得到确立，预示着全球资本主义即将进入第三个发展阶段：高科技资本主义。

高科技资本主义（1940 年以来）

1966 年，英国科学家查尔斯·斯诺（Charles Snow）说："当前的发明构成了人们所知的最大规模的技术革命，与新石器时代的农业革命或早期的工业革命相比，它与我们日常生活的基调更加密切，当然也更加便捷。"[130] 斯诺的这段评论抓住了当前高科技革命的实质：它具有史无前例的速度和潜力。伴随资本主义发展的这一新阶段所产生的问题，同样也是史无前例。这些问题不仅涉及"西方社会体系"（Western system of society），也不仅涉及人类文明，还涉及到人类自身的生死存亡，如今已经引起人们的深切关注。资本主义固有的"颠覆性创新"力量如今已经得到极大增强，迫使我们每一个人都要重新估计那些延续至今的极其神圣的制度和价值。可以明显地看到，在世界各地广泛试行的那些虽然不太成熟，有时甚至互相矛盾的社会改革和社会试验当中，这种重新估计已经开始。然而，这种社会风潮在很大程

133

---

[130] 查尔斯·斯诺："政府、科学与公共政策"（Government, Science, and Public Policy），Committee on Science and Astronautics，U.S. House of Representatives，89th cong., 2nd sess., 1987, p.240。

度上收效不佳。在工业化国家的中心地带，那些相互对立的社会体系被各自的基本缺陷束缚了手脚，它们的突出表现是从对手的意识形态缺陷之中，而非从自身的成就之中寻求合法性。在第三世界，一些心灰意冷的公民如今也开始谈论殖民统治时期那些"美好的回忆"。

创造力

今天的高科技由于它的军事背景，在历史上显得十分独特。综观整个历史，战争需要总能刺激技术进步，不论是古希腊的火焰喷射器，西欧近代早期的火炮和火枪，还是第一次世界大战期间出现的飞机、坦克和毒气，莫不如此。然而，在第二次世界大战爆发之前和交战期间，军事、科技与社会之间的关系发生了质变。科技创新的中心开始决定性地转移到军事部门——在美国和苏联，这些部门后来被称为"军工联合体"。此后，科技进步的首要特征是其军事用途，后来才作为军方研发的副产品具有了"民间用途"（civilianized）。

1945 年 7 月 16 日，美国新墨西哥州阿拉莫戈多沙漠里的一次爆炸，标志着人类利用原子能的时代已经到来。这种起初被用于军事目的，并在广岛和长崎显示出惊人威力的能量，如今已经开发出广泛的民间用途，包括生物医药研究，医学诊断和治疗，以及发电。与此类似，德国当初为轰炸伦敦而研制的 V-2 型导弹，在最近几十年中则被用于发射气象卫星、通讯卫星，以及火星登陆计划。这种太空探索活动意义如何，无人能够作出精确的预测，正如哥伦布的同辈无法预测他当初发现新大陆有何意义一样。即便如此，人们已经开始利用太空条件来生产晶体，培育疫苗，提纯物质，因为这里处于失重状态，拥有无限的真空，而且具有超高温和超低温，可以帮助人们制造一些新奇的产品。人们也在酝酿一些未来计划，例如对外层空间进行工业开发，建造沿特定轨道运行的太空平台或"太空岛"（orbiting "islands"），以便人类在上面殖民，就像欧洲人在几个世纪之前在海外做过的那样。

作为战争活动的一部分，军事部门最早组织进行了计算机研究，并在战争结束之前，使第一批较为原始的计算机得到了各种各样的应用。战争结束之后，随着微型导体或硅质芯片的研制，计算机的运算速度越来越快，体积越来越小，其应用领域也迅速扩大。如今，计算机已经成为现代经济的基石，在发电厂、办公室、超市收银台、电话交换系统和工厂生产线等方面得到了广泛应用。

基因工程十分独特，它起源于民用经济部门，在未来的高科技资本主义发展进程中，极有可能成为一个关键因素。1953 年，詹姆斯·沃森（James Watson）和弗朗西斯·克里克（Francis Crick）发现了 DNA（脱氧核糖核酸，一种带有一切生物基因编码的化学物质）的结构，极大地促进了基因工程的发展。有了这种知识，科学家开始学会首先"解读"（read）基因编码，继而对之加以重组，最近还在创建新的基因编码方面取得了初步进展。如今，科学家们已经无需再像农民和牧人在过去几千年所做的那样，通过多少代的精心杂交来培育符合人类需要的植物和动物，而是可以在特定的基因中加以挑选和处理，甚至可以通过克隆来改良生命形式。人们已经通过这种基因工程在实验室制造出胰岛素和生长素，以及若干新型疫苗，其中包括那种可以预防畜群当中高致病性口蹄疫的疫苗。

就像在医学领域一样，基因工程（genetic engineering）也在改变农业的性质。在第二次世界大战期间，由于人们对农产品的需求激增，农产品的价格出现了猛涨，继而引发"绿色革命"（green revolution）。它包括一些重要谷物的各种杂交新品种，如果配合灌溉、施肥和除虫的话，就会极大地提高产量。在 1980 年代，基因工程开始引发一场新的绿色革命，通过拼接不同基因物质的"切片"（splicing），人们可以合成自己所需的新的生命形式。科学家如今预测，基因工程可以加速动物和植物的生长速度，提高其抗病能力。他们还希望推出一些新型植物，能在寒冷的气候条件或干旱的盐碱地生长，而且自身能够合成氢肥，并抵御病毒、细菌、真菌和昆虫引发的各种疾病。

第二次世界大战滋生的高科技为全球资本主义在战后四分之一个世纪里的蓬勃发展提供了动力，使其进入了一个黄金时代。除此之外，这种繁荣也因廉价的石油而更加巩固，这些石油为第一世界的工业经济提供了重要燃料，但其花费却微乎其微。在石油输出国组织（Organization of Petroleum Exporting Countries，OPEC）于 1960 年成立之前，西方控制的国际石油公司可以随意设置油价，使其低至每桶 1.2 美元。这种相当于白送的价格说明它是推动经济发展的一个关键因素。最后需要指出的是，修复战争期间遭到损毁的大量设施的需要，以及战时遭到忽视的抑制消费的解禁，还有从朝鲜战争到越南战争期间军方购买的大量物资，都促进了全球经济的繁荣。最后的发展结果是，在 1955—1980 年间，世界总产值（各国国民生产总值的总和）以美元固定价格来计，实际增加了 2 倍。在相同的四分之一个世纪，尽管世界人口从 28 亿增加到 44 亿，全球人均的国民生产总值依旧实现了成倍增长。

在这次全球经济扩张过程中，"跨国公司"（multinational corporations）在高科技资本主义时期所起的主导作用，与"合股公司"（joint-stock companies）在商业资本主义时期所起的作用，以及"卡特尔"（cartels）在工业资本主义时期所起的作用相当。这些跨国公司能够以前所未有的程度把全球经济整合起来，而且经常无视国家主权，因为它们可以借助新型的科技手段。它包括集装箱化的海上运输技术，可以削减成本，从而既能出口工业产品，也能出口机器本身，甚至将整个工厂输出海外。它也包括一些改进了的工程技术，能将劳动力、生产和装配的一系列环节拆解开来，即便是相隔万里，也能照常运行，因此能够充分利用世界各地最廉价的非熟练、半熟练和熟练工人。它还包括对计算机技术和卫星通讯技术的结合运用，从而能够随时协调全球范围的生产活动。

如果把 19 世纪晚期的钢铁大王卡内基的经营方式与 20 世纪晚期跨国公司的运营方式进行比较，我们就能准确地理解这其中的含义。卡内基理直气壮地炫耀称，他的钢铁公司在苏必利尔湖畔开采铁矿，然后运到他在 2880 里之外的匹兹堡工厂，在那里，这些铁矿石与美国其他地区的焦炭、石灰和锰一起进行冶炼，最后生产的钢材每磅仅售 2 美分。如今，跨国公司的经营规模更大，与卡内基的钢铁公司相比，就像卡内基钢铁公司与英属 13 个北美殖民地的铁匠之间的差别那么大。跨国公司通过技术手段将电子、基因工程、卫星通讯以及自动化工厂和自动化办公系统结合起来，这些技术中的任何一项在卡内基生活的那个时代都难以理解和难以想象。跨国公司在财务方面也使用了更先进的操作系统。它们使用计算机化和集中化的现金管理系统，把握着世界货币市场的脉搏，可以安排在货币贬值的时候付账，在货币升值的时候收账。与此同时，跨国公司由于在世界各地都有工厂，从而能够率先实行真正的"全球分工"（worldwide dispersal），使其能够舍弃本国那些"工会化"（unionized）的高价劳动力，转而雇佣第三世界那些既廉价又好管的劳动力。跨国公司不仅在生产领域，也在市场领域开辟了新边疆。数十亿美 *137* 元的广告战，广播、电视网络、电影、录音带、期刊杂志和漫画作品塑造的价值观和文化品味，合在一起，创造了一个卡内基根本无法想象的全球市场。

这些可以同时行动的具有历史意义的力量构成的独特组合，解释了今天的中型跨国公司何以能在 11 个不同的国家生产 22 种成品或半成品。在第二次世界大战之后长达四分之一世纪的经济繁荣期，仅美国的跨国公司年均增长率就达到了 10%，美国的纯国内公司年均增长率则只有 4%。截至 1980 年，世界工业总产值的四分之一到三分之一都是由跨国公司完成的，世界贸易当中约有一半都是跨国公司之间的贸易。

正如工业资本主义时期曾经出现过的那样，在当今由跨国公司引领的高科技资本主义经济繁荣阶段，一些财富也渗透到了社会的蓝领阶层——至少在那些所谓的第一世界国家，情况确实如此。第二次世界大战之后所取得的进步之大，令前一个世纪的成就望尘莫及。那些从事采矿、炼钢、汽车制造等重工业的工人的工资水平，使其有能力购买那些符合"中产阶级"生活方式（"middle-class" life-style）的商品。他们在满足基本的需求之后，还有足够的金钱用于周末出游和年假旅行。即使手头没有现金，仍可以赊购私人住宅、汽车和其他耐用产品。许多经济学家都对这四分之一个世纪里的经济繁荣产生了极为深刻的印象，以致他们说服自己接受了新凯恩斯主义（neo-Keynesian），认为当下的购买能力足以避免过去那种繁荣与萧条交替出现的商业循环。这种乐观态度在美国表现得尤为突出。美国出版家亨利·鲁斯（Henry Luce）预言他所称的"美国世纪"（American Century）即将到来，社会学家也宣称"后工业社会"（postindustrial society）即将来临，人类最大的问题将会围绕如何满足个人需求来展开。

进入 1980 年代，关于"美国世纪"、永不萧条的经济学以及"后工业社会"的观念，看上去几乎与塞西尔·罗兹设想的基本上全被打上英国红色印记的世界地图一样，显得有些古怪和不切实际。那种关于经济能够不断加速增长的设想开始受到质疑，因为出现了一些恶性发展的势头，例如环境恶化、资源枯竭、司空见惯的消费失控、长期的失业现象、价值观与文化认同出现危机，以及因无家可归、家庭不和、吸毒成瘾而引发的社会弊病。1986 年，一部题为《心灵的习性》（*Habits of the Heart*）的书对美国社会的囤积欲提出了批评，书中总结道："除非我们开始对社会生态进行弥补，否则它会在自然生态灾难到来之前令我们自行毁灭。"[131] 在美国宪法诞生 200 周年的时候，英国《经济学人》（*Economist*）杂志的封面上刊登的是一副愁眉苦脸的自由女神像，标题是："美国的笑容哪里去了？"

20 世纪晚期震惊世界的大事并非只有美国笑容的消失，同时消失的还

----

[131]　罗伯特·贝拉等（Robert Bellah et al.）：《心灵的习性》（Harper & Row，1985，p.284）。

有第二世界社会主义国家当中人们所熟悉的阳光表情和英雄气概。他们尽管声称自己信奉马克思主义，但这些社会主义国家却是到处都涌现出了新的统治集团，他们强化了而非弱化了政府力量，但却未能发展出独立于全球资本主义的自力更生的经济，反而还浮现出许多曾被他们称为"堕落的"（degenerate）西方才有的社会失序问题。诚然，苏共总书记米哈伊尔·戈尔巴乔夫（Mikhail Gorbachev）在《改革与新思维》（*Perestroika：New Thinking for Our Country and the World*）一书中对苏联社会提出了批评，其严肃程度至少不亚于美国若干社会学家在《心灵的习性》当中对美国社会所作的批评。

第三世界国家曾在战后初期取得了一系列引人注目的政治胜利，导致欧洲帝国的瓦解。在 1950 年代和 1960 年代，它们提出了更高的期望，如今却悬而未决，动荡不安。现在，经历了数十年的社会试验和流血牺牲之后，这些国家逐渐发现，所谓的"发展"（development）和国民生产总值的增长可能只会加剧而非缓解社会不公，使人们的处境更加悲惨。在第三世界的某些地区，尽管联合国实施了一系列"十年发展计划"（Development Decades），采取了各种方案和行动，人们最近的生活水平却是一直在下降。

1980 年代的实质在于，所有的（all）社会都显得捉襟见肘。这种全球性疾病的根本原因在于，所有的社会都在经历资本主义的"颠覆性创新"带来的惩罚和奖励，其程度超过了历史上的任何时期。

破坏力

139

第三世界

正如过去那样，最易于受到资本主义的破坏力伤害的，是那些曾被殖民的地区。这些地区的人民在战争结束初期就已开始取得令人瞩目的政治胜利。在发生第二次世界大战的那 10 年，亚洲的所有殖民地都已取得实质上的独立。在接下来的 10 年间，非洲所有的殖民地也随之独立。

但在这些新近解放的国家，伴随政治胜利而来的，却是经济上的灾难。这些经济灾难因政治上的独立而加剧，实在是十分蹊跷。在殖民统治之下，那些被殖民的地区在某种程度上会受到保护，不会遭受资本主义全球经济及其全球范围的竞争对手发起的全面冲击。然而，在脱离了宗主国之后，这些地区发现自己变得孤立无援，而且非常容易被跨国公司施加经济压力，也无力抵御那些视前殖民地国家为全球政治经济大棋局中可以随意摆布的棋子的大国决策者的阴谋诡计。历史学家西奥多·冯劳（Theodore Von Laue）指出，"解放意味着一种更加屈从于西方模式的状态"。在殖民统治之下，"即使土著社会发生了改变，也依然在形式上保留着土著的权威；它在内部提供了和平与秩序，而且可以让人们免于遭受全球政治施加的压力。"[132]

随着宗主国保护的消失，第三世界各层人士的生活都受到了外力入侵的强烈冲击。农民被新的全球高科技生产体系无情地夺去了活路，就像欧洲农民在几百年前被"圈地运动"无情地逐出了家园一样。高科技的"绿色革命"虽然使第三世界的许多国家的农作物产量得到提高，但是，能够从中受益的只有那些经营大规模或中等规模农业的人，因为只有他们才能买得起优质杂交种子、专用化肥、灌溉设施及其他各种昂贵的多功能设备。由于这些大农场主为了赚取更多的利润，在田里引入了诸如拖拉机和收割机之类的节省劳力的机器，迫使那些早就经常失业的农民离开农村到城市的贫民窟寻找工 *140* 作。在那里，例如巴西的棚户区（*favelas*），阿根廷的牧人草棚（*ranchos*），北非的简易窝棚［*bidonvilles*，得名于搭建这些简易窝棚的贫苦农民使用的是汽油桶（*bidons*）或金属油桶］，这些农民发现自己依然像过去在农村那样找不到工作，而且城里早已人满为患。

---

[132]　西奥多·冯劳，《西化的世界革命》（*The World Revolution of Westernization*，Oxford University Press, 1987，p.240）。

　　墨西哥是这种情况的典型。那里的大农场主用越来越多的耕地种植北美市场所需的越冬水果和蔬菜，与此同时，该国却要被迫从美国进口玉米和大豆来充当本国人民的主要食物。墨西哥的无地农民数量从 1950 年的 150 万增加到 1980 年的 500 万，他们当中有许多人非法越境到美国寻找工作，或者迁入首都墨西哥城，使该市人口数量在 1980 年不可思议地增加到 1400 万（预计到 2000 年还会新增 1400 万 [133]）。

　　这种"失控的城市化"（runaway urbanization）现象在各大洲都已出现，它的悲剧性在于，第三世界国家几乎没有一个城市的工业基地能够吸收和使用哪怕是这些农民中的一部分。这些城市中的新人备受责难，他们试图依靠在街头摆摊、擦皮鞋、跑腿送信、帮人推车或拉人力车来谋生，这些工作无异于是在浪费生命。

　　高科技资本主义通过全面控制全球范围的生产和销售环节，使第三世界任何一个生产粮食和原料的国家明显处于日益严峻的不利局面。与此同时，它将这些国家的农产品和原料价格压至历史最低点，却又将它们从第一世界进口的工业产品和奢侈品价格相应升至历史最高点，从而在很大程度上摧毁了第三世界的经济。虽然第三世界的大部分地区确实存在着饥荒和营养不良现象，但自第二次世界大战以来，世界粮食总产量的增长速度其实高于世界总人口的增长速度。这就使世界市场上的粮食价格出现了下跌。也就是说，即便第三世界国家取得了符合第一世界标准的"成功"（succeeded）——通过"绿色革命"改进种植技术以提高粮食产量——就全球范围而言，其结果也不过是粮食价格的下跌，以及贫困程度的加剧。有些原料，例如智利的铜，肯尼亚的咖啡，孟加拉国的黄麻，价格也急剧下跌，因为随着技术的进步，*141* 这些原料的单位生产时间如今已经降到了 1900 年的 40%。

　　由于玻璃纤维取代了电讯传播领域的铜丝，塑料取代了制造汽车外壳所

---

[133]　截止 2015 年 1 月，墨西哥城人口 1850 万，占全国总人口的五分之一，有"不夜城"之称。——编注

需的钢铁，还有另外一些工业生产领域越来越多的类似更新换代现象，令经济学家彼得·德鲁克（Peter Drucker，1909—2005）得出了一个结论："粮食和原料处于永久性的供过于求状态"，"它们不大可能会像工业产品那样出现价格大幅上扬的情况……除非发生大规模持续战争之类的事件。……可见，原料经济已经与工业经济脱节。这是世界经济中的一个结构性重大转变。"[134]这种转变引发了一些关于第三世界国家究竟有没有能力偿还第一世界天文数字般的债款的基本问题。这些国家如果不能通过出售自己的产品来筹集投资性资本的话，那么，它们如何才能在实现"现代化"（modernizing）梦想的同时，还有足够的剩余资本来解决本国人口的温饱问题？如果人类的大多数都处在这种没有希望的——而且日益严重的——贫困化以及由此引发的动乱状态，那么，人类还能奢望什么全球和平或经济稳定呢？

高科技资本主义也对第三世界的工业发展产生了畸形的影响。在殖民统治之下，宗主国通常只希望殖民地消费其工业产品，却对殖民地的民族工业施加严格的限制。第二次世界大战之后，新近获得独立的国家为了改善其经济落后的局面，尝试发展一种进口替代型工业——即扶持本国工业，使其能够生产出过去需要进口的那些产品。为此，它们采取了一系列措施，如保护性关税，低息贷款，能源补贴，以及包括交通、通讯系统在内的必要的基础设施建设。在 20 世纪五六十年代的全球经济繁荣时期，这一战略取得了一些成就。但是，随着繁荣时期的消退，这些民族工业也随之消退。之所以会出现这种情况，主要是因为农民太穷，缺乏购买这些产品的能力，而那些真正有钱的社会精英数量又太少，支撑不起这种工业化；而且，不管怎么说，那些精英还是更乐于购买那些从国外进口的名牌产品。

这种失败的经济战略在 1960 年代被第三世界的许多国家替换为出口导

142

---

[134]　彼得·德鲁克："改变的世界经济"（The Changed World Economy），载《外交事务》（*Foreign Affairs*）杂志，1986 年春季号，第 770—774 页。

向的工业化战略，处于中心地位的是跨国公司，而非本国工业。跨国公司从
第三世界国家的政府那里取得了极为慷慨的优惠条件，包括廉价或免费的建
厂用地，廉价的基础设施，优惠的税收政策，不限制投资商将利润带回本国，
以及大量的廉价劳动力。这些措施使一些第三世界国家有可能成为"出口平
台"（export platforms，即第三世界的延伸）并控制生产环节。在这种情况下，
一个跨国公司可以利用廉价的当地劳动力来处理一些通常只是某一更大规模
生产环节所需零件的进口材料，加工成最终产品之后，继而在世界市场上销
售，赚取高额的利润。就这样，第三世界国家基本上成了国际装配线上的一
个偏远小站。一旦跨国公司出于盈利的考虑而决心另谋出路时，就会把"小
站"（way station）迁到别处，给当地的"现代化"留不下任何经验，除了空
空荡荡的厂房，失业的劳动大军，以及频频出现的生态破坏。

　　一些第三世界国家或地区，如中国台湾、韩国和巴西，则从"出口平台"
变成了综合性、内源性、工业化的民族经济体。事实上，这些国家或地区的
工业产品发展速度是如此之快，以致第一世界国家呼吁对巴西的钢铁、中国
台湾的纺织品和韩国的汽车采取贸易保护措施。但是，这些成功案例未能、
也不可能在第三世界得到广泛复制。巴西拥有世界罕见的丰富资源，韩国和
中国台湾（以及日本）则在朝鲜战争和越南战争期间获得了美国大规模的资
金和技术援助，并享受到优惠的贸易条件——几乎相当于马歇尔计划的亚洲
版。1951—1965 年间，美国为台湾地区提供了 15 亿美元的经济援助，为韩
国提供的则要更多——在 1945—1978 年间，援助规模为 60 亿美元。

　　第三世界其余国家的"出口平台"战略并未取得持久的成效，究其因，
在于它们只能提供一些半熟练工和非熟练工，但却无法提供本国工业发展所
需的技术支持；在于它们付给工人的工资很低，不足以支撑本国工业发展所
需的国内市场；在于那些跨国公司在鼓励发展当地工业基础方面，比先前那
些殖民主义大国强不了多少。在永无止境地寻求最廉价的劳动力的过程中，
跨国公司的工厂总是游移不定：从新英格兰到美国南方，从墨西哥到中国台

143

湾，从菲律宾到印度尼西亚，从锡兰到非洲，它们始终都在沿着一条无休无止的全球轨迹移动自己的生产环节。这种移动因高科技手段的采用而成为可能，但对第三世界的大部分地区而言，却产生了一些遗留问题，意味着那里的非熟练工长期遭受剥削，工业园区遭到抛弃，生态环境遭到破坏。

从根本上讲，经济实力决定着当今的世界格局，至于哪些地区具备这种实力，可用西德最大的商业银行负责人下面这段实事求是的评论来说明：

> 首要的一点……是改善发展中国家内部的投资环境，及其对待商业活动的总体态度。……从长远来看，只有通过环境的力量才能营造一种必要的投资氛围，因为投资性的资本会自动流入那些能够提供必要条件的国家——这样的国家已经出现了一些。无疑，其他国家将会从中汲取教训，并会按照本国的利益照例去做。[135]

这位银行家坚信，那些主权国家将会"汲取教训并照例去做"，暗示那些表面上独立的国家其实往往都是一些"公司国家"，与资本主义早期阶段的"公司城市"，如宾夕法尼亚的伯利恒（伯利恒钢铁公司所在地）、亚利桑那的比斯比（菲尔普斯 - 道奇铜业公司所在地）、蒙大拿的比优特（阿纳孔达铜业公司所在地），没有什么两样。如今，美国的许多"公司城市"（company towns）已经沦为跨国公司追逐利益的牺牲品，成了衰败的"鬼城"（ghost towns）。同样，在全球经济发展的奥林匹克式竞赛中，"公司国家"的命运也被远远地甩在后面。

我们目前所谓的第一世界和第三世界，在 1500 年的时候，人均收入差距约为 3：1。此后，这一差距出现了指数级增长：1900 年为 6：1，1970 年

---

[135] 引自斯蒂芬森（H. Stephenson）：《即将到来的冲突》（*The Coming Clash*，Weidenfeld & Nicolson，1972，p.12）。

为 14 ∶ 1，2000 年可能变为 30 ∶ 1。社会学家伊曼纽尔·沃勒斯坦（Immanuel *144* Wallerstein）所得出的结论是，构成全球经济金字塔底层的大部分人类如今生活得比资本主义产生之前的时代还要糟：

> 我不想给欧洲或世界其他地方的中世纪农村生活添加任何浪漫色彩，我只想提供一个简洁的分析。若从整体上对占据世界经济底层 70%—80% 的类似阶层加以比较，就会发现，这些"底层"民众目前的生活状况看上去要比五六百年前还要差，上层那 20% 的人在地理上分布得也不均匀，主要生活在美国、法国、英国、德国、日本这样的国家。那些人在世界人口中占 20%，在那些工业化国家的人口中可能会占 50%—70%。因此，如果某个来自那些国家的人问："我们比 500 年前的先辈生活得更好吗？"答案不仅是"是"，而且肯定是"是"。而这则只是因为，大部分的世界上层人口都生活在那些国家。[136]

高科技资本主义在对第三世界人民的社会经济造成破坏的同时，也对那里的文化造成了一系列令人不安的破坏。那些国家的传统文化出现了动摇，传统的精英阶层也被"欧化"（Europeanized），变成了第二次世界大战之前欧洲帝国制造出来的新式欧化精英。法属非洲殖民地的小学生学习的第一句课文是，"我们的祖先是高卢人"；在印度，英国官员托马斯·麦考利（Thomas Macaulay）1835 年宣称，他打算构建"一个阶层，在血统和肤色上是印度人，但在品味、观念、德行和心智方面却是英国人"。这个非种族化的印度阶层确实被创建了出来，就像尼赫鲁承认的那样："我们养成了一种良好的家奴

---

[136] 沃勒斯坦："世界体系：神话与历史性的转变"（The World-System：Myths and Historical Shifts），载甘多夫等（E. W. Gondolf et al.）主编：《全球经济：关于经济变革的不同视角》（*The Global Economy：Divergent Perspectives on Economic Change*，Westview Press，1986，pp.20-21）。

心态。……我们的最高理想就是受到尊重，不断升职。……英国人在印度取得的这种精神成就，比他们在战争和外交领域取得的成就还要大。"[137]

如今，高科技公司的企业文化取得的精神成就更是大得无可限量。印度科学家雷迪（A. K. N. Reddy）指出，科技"就像是一种基因物质，它携带着自己赖以产生和发展的社会密码，并试图复制这种社会……包括它的结构和价值观念"[138]。

145 　　这就是我们今天所见证的现象。高科技公司的企业文化正在世界各地复制西方（以及日本）本土社会的"价值观念"（social values）。跨国公司实际决定着生产何种产品，继而通过常见的广告手段来刺激全球消费者的需求，使其接受那些产品。随着跨国公司的崛起，使麦迪逊大道（Madison Avenue）那种广告行业不可避免地传播到了全球。1954 年，美国排名前 30 位的广告公司的海外收入在其总收入中只占 5% 多一点。到了 1975 年，在诸如麦卡恩－埃里克森公司（McCann-Erickson）、泰德·贝茨公司（Ted Bates）、奥美集团公司（Ogilvy & Mather）那样的美国顶级广告代理机构当中，这一比例已经超过 50%。

　　事实表明，高科技资本主义时代的这种"非官方的文化帝国主义"（unofficial cultural imperialism），比 19 世纪帝国主义列强"官方主导的文化帝国主义"（officially sponsored cultural imperialism）更有影响力。这是因为，它不仅触及到一部分受过西方教育的少数精英，而且影响到第三世界的广大人群。如果那些人识字的话，就会接触到广告牌、漫画、报纸，以及诸如《读者文摘》（Reader's Digest）之类的杂志。如今，《读者文摘》已在 101 个国家发行，在美国之外的地区总发行量高达 1150 万份。如果那些人不识字的话，也依然可以接触到电视（以及广播）和网络，这些媒体播放的《豪门

---

[137]　尼赫鲁：《奔向自由》，第 264 页。

[138]　引自伊瓦格罗斯·瓦连纳托斯（Evaggelos G. Vallianatos）：《乡村的恐惧》（*Fears in the Countryside*, Ballinger Publishing Co.，1976，p.100）。

恩怨》（*Dynasty*）《达拉斯》（*Dallas*）及其他一些美国出品的节目，与在美国本土一样，在海外也深受许多观众的欢迎。

一份针对墨西哥城 1800 名小学生所进行的研究表明，电视对少年儿童的精神影响有多么深刻：96% 的人认得电视节目中的动画人物，却只有 19% 的人认得阿兹特克帝国的几位末代皇帝；96% 的人认得当地电视台的某个人物，却只有 74% 的人可以说出时任总统洛佩斯·波蒂略（López Portillo，1920—2004）的名字；知道电视节目播出时间的人，也比知道包括圣诞节在内的宗教节日的人多。[139]

第三世界的媒体攻势在成功刺激起消费者欲望的同时，也产生了许多副作用。广告牌、杂志和电视屏幕都倾向于把欧洲男性和女性描绘成美好生活的创造者和行动者。这种"以白为美"（white is beautiful）的广告宣传，不可避免地加重了第三世界人民自殖民地时代起就已产生的自卑感和自我否定心理。那种刻意培养起来的消费至上观念，也束缚了当地人民改造社会的愿望，其手段就是干预人们的自我认知，使其安于现状。那些试图解决基本的社会和经济问题的政府发现，若要通过缩减当下急需的日常消费品的供应来实现一些长远目标，如廉价住房、全民教育和改善基础设施建设，则很难得到人们的支持。于是，那些通常令人精神麻痹的节目就被用来分散人们对国内大小事务的注意力，一些威权主义者也会故意采用这种手段。菲律宾前任信息部长曾经描述过马科斯总统（President Marcos）如何对所有的电视台加以控制，继而推行一种"愚民计划"（idiotization program），内容包括大量播放外国动画片、寻宝题材的电影、肥皂剧及情景喜剧。[140]

146

---

[139] 《华盛顿观察家报》（*Washington Spectator*），1987 年 5 月 1 日，第 4 页。

[140] 《洛杉矶时报》，1986 年 4 月 17、29 日。

第一世界

高科技资本主义的破坏性影响并不局限于第三世界。1970 年代中期，第一世界的战后大繁荣让位给了"通货滞胀"（stagflation）——即同时出现经济停滞与通货膨胀的反常现象。造成经济状况恶化的一个基本原因在于，那种经济繁荣其实很肤浅，它把第三世界的绝大部分人类都剔除了出去。第一世界的跨国公司为了寻求廉价的劳动力，会把工厂设在遥远的第三世界国家，一天给工人支付的工资比本国工人 1 个小时的工资还要低，从而实现了快速盈利。不过，这种工资水平如此之低，以至于限制了当地人的购买力。与此同时，数百万农民被迫离开家乡的土地，从而进一步缩小了第三世界的市场规模。正因如此，美国向只有 2400 万人口的加拿大出售的货物，反而比向合计总人口高达 9.24 亿的印度、巴基斯坦和印度尼西亚出售的货物还要多。高科技资本主义创造出来的庞大的全球经济的根本缺陷在于，它的生产环节虽已实现全球一体化，但却缺乏全球一体化的购买力。

随着第三世界国家原料出口价格不成比例地下跌，以及这些国家背负的外债日益沉重，这种结构性的缺陷只会变得更加糟糕。1987 年，这些国家的外债约为 1.2 万亿美元，仅是利息就已令一些国家岌岌可危，濒临破产。仅仅为了支付这些外债的利息，第三世界国家的政府就会应债主的要求，经常采取一些"紧缩"（austerity）措施，其中包括减少进口。然而，由于工业化国家出口总量的三分之一都会流向第三世界，所以，第三世界的紧缩措施也就意味着第一世界的失业率将会升高。

147

第一世界的这种失业率也会由于高科技资本主义本身而升高。事实表明，随着科技永无止境的进步，不仅可以节省劳力，也可以裁减劳工。从 1973 年到 1985 年，美国的工业产值几乎增长了 40%，可是美国蓝领工人的数量却削减了 500 万。同样，日本的规划者预计其工业产值将会在未来的 15—20 年内翻一番，而在此其间将会导致 25%—40% 的蓝领工人失业。

西欧国家失业率的迅速增长，主要原因在于其国内节省劳力的技术与国外购买力的不足问题同时出现。1970 年，西欧国家的失业率平均为 3.4%，1981 年 1 月则增加到 11%。当月，西班牙的失业率为 20%，爱尔兰为 19%，意大利也超过了 14%。彼得·德鲁克基于上述数据得出结论：伴随着原料经济与工业经济的分离，同时出现了"生产环节与就业环节的分离"[141]。前者令欠发达国家经济凋敝，后者则令发达国家动荡不安。

第一世界国家的失业率虽然比大萧条时期低得多，但却令一些工人感觉当下的处境更加糟糕，因为在 1930 年代，失业现象具有周期性，随着经济由衰转盛，失业现象就会消失。而在今天，随着机器人和计算机的采用，工厂的外迁，第三世界市场的萎靡不振，人们的就业机会被彻底剥夺。失业现象已经不会再像过去那样得到周期性的好转。更有甚者，由于核武器的出现，那种可以刺激战时繁荣的世界大战也不再可能发生了。

虽然工厂的工作机会在减少，但是诸如银行业、快餐业、酒店业、休闲保健行业之类的服务业工作机会却在增加。不过，与制造业工人的薪资水平相比，这些服务行业比经济领域的高科技部门的工资水平要低得多。在 1950 年代和 1960 年代，美国工人可望挣得比他们的父辈多三分之一。到了 1980 年代，美国工人则只能预期比他们的父辈多挣不到 15%。1972—1987 年间，美国工人每小时的平均工资实际上下降了 10%。这就相当于剥夺了许多人使 148 子女享有诸如房屋所有权和大学教育之类的"中产阶级"收益。这种现象并不局限于工业城镇。1985 年，美国家庭农场的数量从 1930 年代巅峰时期的 680 万下降到了 220 万。从人口方面来看，这就意味着美国的农村贫困人口从 1979 年到 1983 年增加了 40%。按照美国人口统计部门的标准，一个四口之家在 1983 年的总收入若是不足 10180 美元，就被算作贫民。1983 年，美国农村的婴儿死亡率为 16.29‰，相比之下，城市的婴儿死亡率只有 11.3‰。[142]

---

[141] 彼得·德鲁克："改变的世界经济"（The Changed World Economy），载《外交事务》杂志，1986 年春季号，第 775 页。

[142] 《纽约时报》，1986 年 3 月 26 日；1987 年 8 月 4 日。

第二世界

社会主义国家也受到了资本主义颠覆性创新力量的影响，只是没有像资本主义国家和第三世界国家那么直接而已。社会主义社会在科技领域缺乏资本主义那种活力，从而使其无法摆脱资本主义整合并主导全球经济的勃勃野心。这种情况表明，第二次世界大战之前那种资本主义世界处于守势、社会主义苏联处于上升态势的格局已经出现了惊人的逆转。

1961 年，在形势一片大好的情况下，苏共中央总书记尼基塔·赫鲁晓夫（Nikita Khrushchev）夸口说：苏联的工业产值将会在 1980 年超过美国。然而实际情况却是与此完全相反，苏联经济几乎在可以想象得到的任何领域都变得更加落后了。早在 1970 年，苏联杰出的物理学家、持不同政见者安德烈·萨哈罗夫（Andrei Sakharov）就已提醒过他的同胞，西方正在进行"二次工业革命"（second Industrial Revolution），这次革命将使苏联"无法再与西方并驾齐驱"。萨哈罗夫指出，造成这种败局的根本原因在于俄罗斯人缺乏西方那样的民主体制，而非社会主义制度本身。如果没有民主，思想不能自由交流，科学领域和整个苏联社会就会被恐惧笼罩，变得惟命是从，思想僵化，必将导致苏联体制的全面瘫痪。"我们有时会从朋友那里听说，有人曾将苏联比作一辆巨型卡车，司机一只脚猛踩油门，另一只脚却猛踩刹车。已经到了该更加明智地使用刹车的时候了！"[143]

萨哈罗夫的预警非但被人忽视，就连他本人也在勃列日涅夫（Leonid Brezhnev）长期担任苏共中央总书记期间（1964—1982）受到诋毁和迫害。苏联的刹车被踩得更猛了。当计算机技术在西方国家和日本的经济和社会领域得到普及和更新时，苏联当局甚至仍将复印机视作潜在的颠覆工具，把它们牢牢锁住，并对任何使用它们的人进行严格的管控和记录。

这种拙劣的上级控制所造成的自甘落后现象，有一个荒唐的先例，即斯

---

[143]　《纽约时报》及伦敦《泰晤士报》，1970 年 4 月 3 日。

大林发起的所谓"农业生物学"（agrobiology）的伪科学。"农业生物学"由特罗菲姆·李森科（Trofim Lysenko）率先提出，继而在农业领域和科学领域导致了长达35年（1929—1964）的灾难。正如官方的理论家坚称人性可以随着社会的经济和政治结构改造而发生改变一样，李森科也宣称，植物和动物的遗传属性也会随着环境的改变而改变，只需通过嫁接技术、新的饲养步骤、精选育种，并在种子发芽之前进行特殊的处理。李森科的"科学"遭到遗传学家的一致反对，但却受到政府官员的欢迎和支持。正如他们在意识形态领域的那些构想一样，这种科学也被用来推动落后的集体农庄实现快速而节约的增长。由此，遗传学界生机勃勃的俄罗斯学派被打倒了，李森科却被任命为列宁农学院的院长。结果，苏联科学史上出现了长期而尴尬的反常现象，不仅对苏联的集体农庄和实验室产生了灾难性的影响，也把遗传工程的基础工作拱手让给了资本主义世界。

在这种政权之下，具有高科技含量的试验和发明从未得到飞速发展。相反，科学领域和经济领域日益僵化，就像苏联国民生产总值在1970年代的增速急剧下滑所反映的那样。苏联非但未能像赫鲁晓夫预期的那样超越美国，反而落到了日本的后面，如今只能在全球工业排名中位列第3。

苏共中央总书记戈尔巴乔夫坦率地指出了苏联这种困境的严重性。经济增速放缓的问题如此严重，以致在1980年代初期，用戈尔巴乔夫的话来说，"已经下降到近乎经济停滞的水平"。当时，人们尚未感觉到这种失败所造成的影响，因为苏联的人力和物力仍很丰富。科技水平的不足仍可通过那些能够轻易获得和肆意挥霍的资源来弥补。在1970年代，全球石油和天然气价格增长了12倍，对于勃列日涅夫当局来说，这是一大财源，因为它们都是苏联的主要出口产品。石油和天然气带来的收入增长，使得当局有能力赢得苏联社会大多数人的认可。工人家庭第一次享用到电冰箱、电视和略加改善的住房；党政机关新增了许多岗位，使一大批官员愉快地走马上任；军队部门也得到了充足的资金，从而能够在战略上与美国势均力敌。这就可以解释为何勃列日涅夫时代虽然被广泛视为经济停滞、结党营私、腐败肆虐的时代，却也依旧是一个充满自豪和相对稳定的时代。

勃列日涅夫时代经济繁荣的脆弱基础，曾被苏联经济学家、联合国前任官员、苏共中央委员斯坦尼斯拉夫·缅希科夫（Stanislav Menshikov）加以分析。缅希科夫注意到，苏联政府能够出口丰富的石油资源来偿付其从西方进口的大量小麦。这些小麦大多被用作家畜的饲料，从而能使苏联人民吃肉多于吃面包。就这样，有限的石油资源被用来弥补苏联农业产量的不足，而非购买西方和日本那些有助于苏联工业和农业现代化建设的各种机器和技术。从这一点来看，如今的苏联与16、17世纪的西班牙具有发人深思的相同之处。当时，美洲新大陆的金银大量涌入西班牙，支撑起了落后的国内经济。当那些满载金银以及从殖民地掠夺的战利品的大帆船在西班牙靠岸的时候，半封建化的西班牙早已沦为西北欧资本主义国家的经济附庸。那些战利品使近代早期的西班牙社会更加复古，缅希科夫如今也担心那些石油、黄金和其他一些苏联自然资源会对同样过时的苏联社会起到类似的作用。[144]

不止缅希科夫，戈尔巴乔夫本人也曾明确警告，苏联经济"在生产同一单位的产品时，消耗的原料、能源和其他资源要比发达国家多得多"。戈尔巴乔夫得出的结论是，这个国家的自然财富"惯坏了我们，人们甚至可以说，*151* 它腐蚀了我们"。这些财富使苏联的规划者只会从表面上应付那些临时出现的短缺问题和其他突发问题，从而回避了那些在长期内使苏联日益落后于资本主义世界的基本结构性问题。

这种"隔靴搔痒"（sweep-it-under-the-rug）式的应付经济问题的办法成了苏联规划者日益危险的奢望。就连看似取之不尽用之不竭的石油和铁矿之类的苏联资源，也首次发出即将耗尽的信号。此外，苏联的规划者还面临着

---

[144]　加尔布雷斯（John K. Galbraith）与缅希科夫：《资本主义、共产主义和共存》（*Capitalism, Communism, and Coexistence*，Houghton Mifflin，1988，p.32；斯塔夫里阿诺斯：《全球分裂》（*Global Rift*，Morrow，1981，pp.85-90）。

另外一个问题。苏联的国民收入开始缩减，因为作为苏联主要出口产品的石油的价格在世界范围内出现暴跌。此外，由于戈尔巴乔夫发起的"禁酒运动"（against alcohol consumption，这是他打造更具生产力、成本收益率更高的现代工人队伍的总体战的组成部分），也使伏特加酒行业这一重要税源急剧萎缩。我们必须把戈尔巴乔夫对苏联经济提出的总体改革和现代化方案，放到这样的背景当中来审视。

戈尔巴乔夫在很大程度上与20年前的萨哈罗夫作出了同样的诊断并开出了同样的处方，就连他使用的比喻也跟那位物理学家有些类似。例如，萨哈罗夫讲到了同时踩刹车和油门的故事，戈尔巴乔夫则用重型机械上的巨大飞轮作比喻，飞轮仍在运转，上面的传送带却已太松。由于两人观点基本一致，所以1988年春天萨哈罗夫被解除软禁并在莫斯科举行记者招待会，也就不足为奇了。萨哈罗夫讲道："米哈伊尔·戈尔巴乔夫是一位杰出的政治家……是一位锐意改革的伟大的实干家。我衷心希望他所从事的每一项事业都能成功。"[145]

戈尔巴乔夫的处方与萨哈罗夫的处方一样，不是抛弃社会主义，而是通过"破除个人崇拜、命令式的管理体系……以及曾经导致发展停滞的官僚主义和教条主义谬误"来净化社会主义，"这些现象……应该成为过去"。戈尔巴乔夫的"改革"（Perestroika）或曰"改造"的初衷，就是要纠正这些"谬误"。"改革意味着全面开拓，"戈尔巴乔夫宣布，"它是民主、社会主义自治、鼓励开拓创新的全面发展。……它是对个人和个人尊严的极大尊重。"[146]

在戈尔巴乔夫的分析当中暗含着这样的假设：一旦目前的"谬误" *152*（aberrations）得到纠正，社会主义就会安全地回到正轨，并将展示出它的优越性。虽然已经竭尽全力，戈尔巴乔夫的方案却是依然遭遇了重重阻力，在

---

[145]　《洛杉矶时报》，1988年6月4日。

[146]　1988年2月19日戈尔巴乔夫在苏共中央委员会全体会议上讲话的主题（Soviet Embassy, Washington, D. C., press release）；戈尔巴乔夫：《改革与新思维》第19—21页。

改造苏联社会方面并未取得多少实际进展。在他宣布实行改革三年半后，他向苏联的编辑们坦承："改革"基本上仍旧停留在口头上，基本上仍是一个遥远的目标。"我们进展缓慢，正在丧失时间，这就意味着我们正在输掉比赛。简言之，事实证明，我们的目标与工作之间存在着巨大的差距。……我们必须用确定无疑的言辞来强调，我们尚未取得突破性的进展，我们尚未摆脱发展停滞的状况，这一点很重要。"[147]

由于"发展停滞"和无法取得"突破性的进展"（radical breakthrough）是第二世界社会主义国家的通病，这种困境显然并非苏联独有或特有的现象。这是一个具有广泛意义的体制性问题，并不局限于某一国家的狭小范围。在本书的最后一章，我们将会对当代社会主义的难题和前景加以分析。

困难重重的新时代：1975 年至今

随着 21 世纪的日益临近，整个世界再一次迎来一个困难重重的新时代。不过，这个时代的困难程度完全不同——它们更具有总体性和根本性——反映了工业资本主义与高科技资本主义之间的本质区别。它们更具有总体性，是因为它们并不局限于某一特定地区或某种特定类型的社会。第二世界的社会主义国家和第三世界的欠发达国家所面临的困难，比第一世界国家面临的困难还要严重。这些困难更具根本性，则是因为它们超出了某些特定地区的范围，危及整个全球生态的安全，如果出现"核冬天"的话，则将危及全人类的生存。

历史学家汤因比曾对 1930 年代出现第一次大危机有所警觉，继而则又感觉到 1970 年代将会迎来困难重重的新时代。他指出了生态领域与核武器

---

[147] 《纽约时报》，1988 年 9 月 26 日。

的隐患。"活着的人可能会由于人为的灾难而减寿，这种灾难还将破坏地球 *153* 的生态圈，把人类和其他所有生物全部摧毁。"[148]

今天的困难尤其难以克服，人们根本没有类似第二次世界大战之前那样的出路。当时，为了备战，世界经济出现复苏，并最终结束了大萧条。即便发生第三次世界大战的话，也无法解决全球的经济问题，而只会不可逆转地把我们生活的这个世界彻底毁灭。

资本主义的历史谱系

生态

1983 年 4 月 9 日，"挑战者号"（*Challenger*）航天飞机完成了首次太空飞行，在机长保罗·维茨（Paul J. Weitz）的指挥下，准备返回地球的宇航基地。当维茨接近地球时，看到原本美丽的蓝色星球已经变得面目全非，不禁大吃一惊。"看到地球的大气层变得如此肮脏，我感到非常震惊。不幸的是，地球正在迅速演变成一颗灰色的星球。显然，我们的环境正在急转直下。……这传达了什么信号？我们正在污染自己的老窝。"[149]

没错，我们正在污染构成自己"老窝"的脆弱而有限的空气、土壤和水。正如本书在前面的章节中所指出的那样，生态危机不是我们这个时代特有的问题。至少，当远古时期的猎人和采集者为驱赶野兽而燃起篝火，烧毁树林的时候，他们就已给周围的环境留下微弱的印迹。后来，从中国到秘鲁的农耕民族整片地摧毁森林，建立起大规模的灌溉体系，他们给环境留下了更多、

---

[148]　汤因比：《人类与大地母亲》（*Mankind and Mother Earth*，Oxford University Press，1976，pp.587-588）。

[149]　《洛杉矶时报》，1983 年 4 月 23 日。

更深的印迹。但在今天，由于相互作用的三大因素：呈指数级增长的人口，新兴的全球资本主义经济浪潮，以及后果几乎不堪设想的显然已经失控的技术进步，人类给自己的星球带来了爆炸性的生态影响。

自 17 世纪以来，由于农业和工业生产率的不断提升，为持续增高的人口出生率提供了保障，欧洲引领了一种新的人口增长模式。后来，随着医学的进步，以及公共卫生措施的大量采用，人口的死亡率也开始下降。于是，*154* 欧洲人口数量从 1650 年的 1 亿迅速增加到 1914 年的 4.63 亿。与此同时，欧洲人也在开辟海外殖民地，欧裔人口在世界总人口中所占的比例，在不到三个世纪的时间里，从不到五分之一上升到了三分之一左右。

最近几十年，这种独特的全球人口演变势头发生了逆转。发达地区的人口出生率急剧下降，以致与较低的人口死亡率持平。如今，欧洲、北美洲、大洋洲和日本已经普遍出现人口停滞（population equilibrium）现象。相比之下，欠发达的第三世界由于最近粮食产量的增加，以及卫生条件的改善，其人口死亡率急剧下降，人口出生率急剧上升。第三世界的人口增长率目前是发达国家的两倍：2.2%：1.1%。虽然第三世界已经展开了控制人口的战役（population-control campaigns），但这种人口发展模式很可能要延续下去，因为那里的人口是以年轻人为主。展望未来，1980—2000 年，世界人口将会增加 50%，到了 2025 年，则将增加 1 倍多。

世界人口预测（1950—2100）

（单位：百万）

年份	1950 年	1980 年	2000 年	2025 年	2050 年	2100 年
欠发达国家	1,670	3,284	4,922	7,061	8,548	9,741
发达国家	834	1,140	1,284	1,393	1,425	1,454
世界总人口	2,504	4,424	6,206	8,454	9,973	11,195

资料来源：联合国与世界银行的估算数据。

这些统计数据规模空前。人类最初达到 10 亿，用了 100 万年；从 10 亿到 20 亿，用了 120 年；从 20 亿到 30 亿，用了 32 年；从 30 亿到 40 亿，用了 15 年；从 40 亿到 50 亿，只用了 10 年。这些统计数据也代表了一种前所未有的状况，因为适宜人口增长的生态环境已经发生剧变。过去，人口增长相对缓慢，新增的人口至少还有部分"空地"（empty）可以利用。古时候，印度人可以向东南迁徙到恒河流域，中国人可以向南迁徙到长江流域或是更 155 远的地方。在中世纪，西欧人可以大量向东迁徙，进入人口稀少的中欧和东欧地区。最为壮观的，则要数欧洲人涌向美洲和大洋洲"空地"的浪潮。但在今天，当世界人口以前所未有的速度与日俱增时，却没有"空地"可用了。结果也就只能意味着社会矛盾的加剧。以印度为例，1961 年其无地农民为 1500 万，到 2000 年的时候，这一数字预计将会增加到 4400 万。

世界人口的增加，也相应地引发了环境危机，并因现代科技的空前破坏力而雪上加霜。即便是在相对而言地广人稀的美国，这种环境危机的例子也比比皆是——洛杉矶和凤凰城等地出现了水质污染和供水紧张；奥加拉拉的地下水出现枯竭，而那里正是从内布拉斯加到德克萨斯的潘汉德尔大平原（Great Plains）的灌溉用水的源头；加利福尼亚的果园和长岛的马铃薯种植园被用来开发房地产；西北地区所剩无几的原始森林被砍伐殆尽；在一些地区，半数美国居民呼吸的空气都达不到健康标准；在已知的有毒垃圾堆放场所，有 99% 尚未得到清理，它们正在污染全国各地的水源。

资本主义的全球经济给地球的环境危机留下了更加深刻的印迹，最早的证据之一就是砍伐美洲新大陆的森林，以开辟生产蔗糖、棉花、稻米和香蕉的种植园。即便是在今天，海地和巴西东北部仍是森林破坏最严重的地方，也是西半球最贫困的地方。这种关联并非巧合。几个世纪之后，西非为了生产棉花和花生，东南亚为了生产稻米、茶叶、咖啡和菠萝，再次复制了这种模式。

同一模式至今依然存在，后果也如出一辙。在 1970 年代初期，世界市场上小麦需求很高，供应不足。此时，美国农业部长厄尔·巴茨（Earl Butz）呼吁国内农民把"每一寸土地"都用来种植小麦，以实现小麦生产的最大化。*156* 美国农民对此作出积极回应，他们为了多种小麦，把1930年代"沙尘暴"（Dust Bowl）之后为抵御风沙而建的防护林都砍掉了。结果，他们只能是无能为力地再次看着田里的表层土壤被风吹走。

同样，第一世界国家为了制作优质家具和装修板材，对热带地区的木材产生了需求，从而诱使非洲和东南亚一些财政紧张的政府允许本国的森林遭到过度砍伐。根据联合国的估算数据，自1950年以来，非洲的森林已经损失23%，喜马拉雅山脉分水岭上的森林也已损失40%——这是造成尼泊尔和孟加拉近来洪灾频发的一个重要原因。全球森林正在被加速砍伐，关键原因之一在于，热带林区大肆兴建牧场，以供应美国快餐企业所需的牛肉。树木被清理后，相对贫瘠的热带土壤被种上牧草，继而产生了极具破坏性的后果。大雨的侵蚀和冲刷，阳光的暴晒和氧化分解，导致大片地区的土质迅速恶化。野草赛过了牧草，而有些野草对于牲畜而言则具有毒性。在亚马逊地区，每年约有15%的牲畜因食用这些毒草而丧命。5年或7年之后，这些新兴牧场的肥力通常会急剧下降，牧场主只得迁移，在热带雨林中开辟新的牧场。就这样，地球上的热带雨林在短时期内遭到严重破坏，若要使其恢复，则比温带地区困难得多。自1960年以来，中美洲的森林估计已有四分之三遭到破坏，其目的只不过是使美国汉堡的价格再下降5分钱。在这些外来的商业压力之外，一些无地农民也在森林地区竭力开辟农田以养家糊口，从而使得全球范围的森林破坏问题更是雪上加霜。

世界范围内技术进步的加速发展给生态带来的影响，可以通过一系列令人记忆犹新的灾难来得到说明。有些灾难极为巨大，十分引人注目，如广岛（Hiroshima）、博帕尔（Bhopal）、切尔诺贝利（Chernobyl）、威廉王子海湾（Prince William Sound），等等。其他一些灾难，虽然不太显著，但却可能更具根本性。它们可能会跨越危及地球生态平衡的某些重要临界点。这种"跨越"

（crossings）可能包括地球臭氧层新近发现的"空洞"（hole）。臭氧层保护着 *157*
地球生物免受太阳紫外线的照射。5亿年前，直到臭氧层形成之后，地球生
物才敢爬到陆地上来。此前，它们只能在海水中寻求保护。这就说明，如果
臭氧层继续不加限制地遭到破坏的话，可能造成的后果将会是多么严重。

另一个迫在眉睫的"跨越"是目前所称的"温室效应"（green-house
effect）。科学家推测，这种效应可能是由某些废气造成的。这些废气会吸收
阳光的热量，而那些热量本应散逸到外层空间。有一种废气是二氧化碳，由
于煤炭和石油的燃用，可以吸收过量二氧化碳的森林又被急剧破坏，结果使
得大气层里的二氧化碳越积越多。科学家虽然对"温室效应"理论存有争议，
但在过去9年里，有5年——1980、1981、1983、1987、1988年——气温达
到了一个世纪以来测量记录中的最高水平，从而引起了人们的关注。还有一
个必须承认的情况，就是全球气温稍微变热，就会导致强烈的气候变化。墨
西哥湾的洋流会改变方向，无法向欧洲输送暖流，使欧洲的气温与处于相同
纬度的拉布拉多高寒地区相当。若是北极和南极的冰盖融化了的话，地球的
海平面可能会升高6米，荷兰、孟加拉国和从纽约到新奥尔良的美国沿海城
市都会被淹没。

如前所述，另一种"跨越"（早已成为事实而非某种潜藏的威胁）则是
世界范围的森林破坏现象。自从1万年前出现农业以来，地球上的森林已从
62亿公顷缩减到42亿公顷，损失了三分之一。几个世纪以来，为了增加粮
食的产量，促进经济和社会发展，砍伐森林被当作一项必要措施而广泛施行。
如今，随着森林面积的急剧缩小，以及世界人口数量的迅猛增加，再对森林
进行砍伐，就会给生态造成严重的破坏。这些破坏包括土质恶化、土壤沙化、
洪涝灾害，以及土壤肥力的下降，对于第三世界需要木柴生火、烧饭、取暖
的数以百万计的人民而言，森林的减少意味着燃料的缺失。热带雨林也是无
数有益的植物、动物和昆虫的家园。这些生物还有许多尚未被发现，针对它 *158*
们对于人类的价值所作的研究，更是少之又少。为此，有必要提一下：美国

生产的处方药中，有四分之一提取自热带雨林植物。砍伐森林的一个衍生恶果就是，可供科学家和农民利用的基因库减少了。最后，森林在全球二氧化碳循环过程中的作用十分关键，以致热带雨林，尤其是亚马逊的热带雨林，被人们形象地称为地球的"肺"（lungs）。这些森林如果继续减少的话，无疑会令地球患上肺病。

世界观察研究所（Worldwatch Istitute）[150] 在总结了上述生态趋势的总体情况之后，向人们发出警告："我们跨越自然临界点所导致的威胁已不再只是假设……从来没有哪一代人曾经面临如此复杂的问题，人们必须立即加以关注。过去的每一代人都关注人类的未来，我们这代人则要首次作出抉择，这将决定我们的后代继承的地球能否继续适合人类居住。"[151]

1979 年，一份苏联报纸坦言："资本主义正在把人类社会推向生态灾难。……唯有社会主义团结、人道的社会关系，才能使自然与人类社会真正和谐共处。"[152] 不幸的是，各种生态危机要比这一分析复杂和困难得多。从实践来看，社会主义国家造成的生态破坏即便不是比资本主义国家更加严重，起码也与后者同样严重。它们虽然不必让公司互相竞争，以"年终结算"（bottom line，账本底线）决定公司的生死存亡，却要冲破体制内的重重阻力，这些阻力与资本主义体制内的阻力同样严重。

高度集中的计划经济若要改善环境，面临的一个重大阻力就在于现有经营模式所固有的效率低下问题。它们直到最近才感受到市场自由定价的压力，从而在生产过程中缺乏减少投入的动机。结果，社会主义国家的单位国

---

[150] 美国著名环保人士莱斯特·布朗 1974 年成立的一个独立的专门讨论全球环境问题的研究机构，总部设在美国华盛顿特区，鼓励与环境相结合的可持续经济发展，致力于环境可持续性与社会公正，以期在不威胁到自然环境的健康或未来人类利益的情况下，满足社会需求。——编注

[151] 莱斯特·布朗（Lester Brown）：《1987 年世界状况：世界观察研究所关于可持续社会发展的报告》（*State of the World 1987：A Worldwatch Institute Report on Progress Toward a Sustainable Society*，Norton，1987，pp.212-213）。

[152] 转引自克雷默（J. M. Kramer）："环境问题"（Environmental Problems），载克拉克拉夫特（J. Cracraft）主编：《今日苏联》（*The Soviet Union Today*，Bulletin of the Atomic Scientists，1983，p.153）。

民生产总值（GNP）耗费的资源比资本主义国家高很多，从而也就意味着污
染程度更高。1983 年，就 1 美元国民生产总值所要耗费的能源（以兆焦耳为
单位）而论，法国和瑞典是 8.6，日本是 9.7，西德是 11.8，美国是 19.3。相 *159*
比之下，南斯拉夫是 21.5，苏联是 32.3，中国是 40.9，匈牙利是 49.5。

　　高度集中的计划经济所面临的另一个阻力是，对违反环境法规的企业处
罚太轻，低于企业未能完成生产任务所要遭受的处罚力度，从而起不到任何
作用，而且那些罚款通常也都是由政府本身来支付。正如一位苏联观察家恰
如其分地指出的那样："如果不以经济手段强制企业减少污染，无异于让猫
来看有关素食如何健康的报告，以教会猫吃黄瓜。"[153]

　　由于存在这些体制内的阻力，东欧环境的恶化程度与世界上其他地方同
样严重，也就不足为奇了。波兰政府宣称，由于重金属含量超标，西里西亚
工业区有 5 个村庄的土地已经不再适宜人类居住。捷克和斯洛伐克 28% 的河
流（长达 6880 公里）已经没有鱼类，70% 的河流已被认定受到严重污染。"如
果树木半死不活，"捷克社会活动家列那·马里科娃（Lena Mareckova）评论
说，"如果水流变得肮脏，如果空气会对儿童产生危害，那么，世界就会比
监狱还要糟糕。"[154]

　　美国一位学者在研究了苏联的生态形势之后，对他的"所见所闻"（déjá
vu）作出了这样的评价。"经济人，不论是社会主义中的，还是资本主义中的，
对生产和盈利最大化的关注，看来甚于对环境破坏最小化的关注。两种体制
内的同一因素——即继续污染比减少污染要更加省钱——使人类的经济仍在
按老样子运转。"[155]

　　不论社会体制如何，核心问题都是孰先孰后的问题。这个问题，17 世

[153]　克雷默："环境问题"，载克拉克拉夫特主编：《今日苏联》，第 157 页。

[154]　转引自弗伦奇（H.F. French）："工业荒原"（Industrial Wasteland），载《世界观察》（World Watch），
　　　　1988 年 11—12 月刊，第 22 页。

[155]　克雷默："环境问题"，载克拉克拉夫特主编：《今日苏联》，第 160 页。

纪科学革命的巨匠培根理解得十分透彻。他非常赞成通过科学手段去追求
"知识和本领"（knowledge and skill），继而他又补充道，这种追求应该充
满"谦卑和怜悯"（humility and charity），不是为了"精神享受，争权夺利，
仗势欺人，或是为了金钱、名誉、权力以及其他任何低级趣味，而是于生活
有益和有用"。[156] 培根的选择是谦卑和怜悯，认为生活高于金钱、名誉和权
力。如今，当培根钟爱的科学所取得的成就及其潜藏的危险已经超出了他那
天才般的想象时，他当年的忠告依然值得我们去回味和反思。

160   **两性关系**

　　生态关系中的价值观困境或孰先孰后的问题，在两性关系中同样存在。
在两性关系的定性方面，科技再次起到了决定性的催化作用。不论是 18 世
纪的纺织机，还是今天的避孕药具，概莫如此。前者为女性提供了外出就业
的机会，后者则令女性更加自如地掌控自己的身体和工作。结果，自农业革
命以来形成的朝贡文明出现了颠倒：朝贡文明终结了氏族社会的男女平等关
系，把女性的角色限制在家务范围，然而随着技术的不断进步，女性冲破了
没完没了的怀孕和家务的束缚，加入到外面的劳动者行列。她们的数量已经
堪与男性相比，但是社会上传统的价值观念却并未能与之俱进。

　　由于各地工业革命的时间、经历和影响存在根本性的差异，其对两性关
系的影响也不尽相同。若要对这些关系进行有意义的分析，就得将其区别对
待，下面我们首先来分析发达国家，接下来再分析欠发达国家。

---

[156]　佩西（Arnold Pacey）：《科技文化》（*The Culture of Technology*，MIT Press，1983，pp.114-115、178-
　　　179）。

发达国家

18世纪工业革命对女性的直接影响，就是迫使或引诱她们脱离家庭经济，到外面新兴的雇佣经济就业。就某些方面而言，这代表了一种进步。前工业化时期的家庭经济往往与家庭内部各种愉悦的活动联系在一起。其实，这对女性来说不过是一些简单重复的工作，如纺线、织布、打理织布机，等等。女性通常还要同父亲或丈夫一起长时间地劳作，并且还要担负各种家务以及照顾孩子的重任。当她们的主要劳动场所由家庭变为工厂时，被视为比男性更加廉价和顺从的劳动力的女性，也就找到了稳定的工作，因为企业家在他们的工厂中投入了大量资本，所以希望那些机器休息得越少越好。许多女性都是第一次挣到工资，或是收入大大超过以前在家里干零活所能得到的报酬。以1914年曼彻斯特棉纺厂的女工为例，她们挣的钱是她们那些在家 *161* 中缝制手帕的姐妹所得报酬的两倍多。

与此同时，工厂里的这些新工作也有着男性和女性工人都非常讨厌的消极特征，其中包括缺乏弹性的长时间工作制，有害健康的工作环境，以及各种规章和处罚条例。对于那些习惯于随同季节变换从早到晚劳动的农民来说，这些规定尤为讨厌。但是，作为工厂里的工人，他们却又不得不准时准点地工作，还要服从作为无可非议的车间领导的工头授权强制实施的各种规定，以免遭受罚款甚或遭到解雇。

在剥削面前，女性显得尤为脆弱，因为她们不大可能通过组建工会来保护自身的权益；而且男性占据主导地位的工会中，领导人通常也不鼓励女工参加工会。此外，女工还要照顾孩子，承担家务，很少有时间参加工会的活动。因而，在19世纪末，女工的平均工资还不到男性工人平均工资的一半，也就不足为奇了。

对某些女性来说，走出家门不仅意味着经济方面的新生，也意味着政治方面的新生——虽然女性通常只是在男性主导的政治活动中扮演辅助角色。她们的支持在所有的权力斗争中都自然而然地受到欢迎，这些权力斗争通常都会高调地承诺要将女性从社会压迫中解放出来。然而，一旦取胜，她们就会被完全忽略，通常都会被迫再次回到类似其先前所处的那种"从属地位"（subordinate status）。这一模式主导了近代以来的所有革命，无论是 17 世纪的英国革命，还是 20 世纪的俄国革命（Russian Revolution）和中国革命（Chinese Revolution）。

以法国大革命为例，中产阶级女性在革命期间以向国民议会送"笔记"（cahiers）的形式表达自己的主张，工人阶级中的女性则在得不到面包的情况下直接参与了攻打凡尔赛宫的行动。当法国在革命时期遭到反革命武装的入侵时，女性参加了保卫新生共和国的斗争，她们在医院包扎伤员，为士兵缝制衣裤，甚至加入革命队伍到前线奋战。共和国政府感谢她们，作为回报，离婚被合法化，妻子可以分享家庭财产，女孩同男孩一样，可以免费接受初等义务教育。然而，当外来威胁解除之后，事情立马发生了大逆转，女性刚刚赢得的权利遭到废除。拿破仑将这种反动行动推到了顶峰，他在新修的法典中，复辟了父亲和丈夫在家庭中的绝对权威。

出现这种倒退的原因之一在于，女性自身并未优先考虑女权问题。她们在革命期间把阶级利益而非性别利益放在了第一位。她们之所以参加斗争，主要是为了缓解社会和经济压力，而非争取女权。所以，当法国大革命像之前的英国革命及之后的其他革命那样趋向保守时，女性取得的权利也就如同她们作为工人所取得的权利一样，都被清除掉了。随后，那些政治领袖便会开始老调重弹，主张女性未来的贡献应该是在家庭之内，而非家庭之外。

在 20 世纪，发达国家的女性在赢得选举权之后，也遇到了类似的失望情形。很多人都以为，如果女性以平等的地位与男性分享政治权力，就会实现自己的目标。于是，选举权成了"妇女参政运动"（suffragettes）的主要诉求，女性也逐步赢得了这一权利。实施普选权的国家 1900 年只有 1 个，1910 年变成了 3 个，1930 年为 21 个，1950 年为 69 个，1975 年为 129 个。然而，享有选举权并不意味着女性就此可以自动掌握政治权力。事实上，女性极少能够当选议员，能在行政当局就职的更是少之又少。

在 20 世纪下半叶，所有的发达国家，不论是资本主义国家，还是社会主义国家，都迎来了女权运动的新局面。由于有了各种避孕药具，女性可以控制自己的生育活动，从而使两性关系更有可能实现平等。例如，她们可以过性生活，但不要孩子，或者推迟受孕，以便更好地发展事业。在第一世界国家，在接受教育的机会方面已经接近于男女平等，各个阶段的男生和女生入学人数大致相当。在就业方面，这种情形表现得更为明显，两种性别的工人数量如今已经持平。在苏联，女性在劳动大军中的比例已从 1928 年的 24% 上升到 1984 年的 50%。与此同时，美国女性在本国劳动大军中的比例则为 44%。事实上，截至 1986 年，在某些"专业"领域，女性从业者的数量已经超过男性（693.8 万：690.9 万），这些职业包括建筑师，工程师，数学、计算机和自然科学领域的科学家，医生，牙医，药剂师，教师，图书管理员，社会工作者，以及律师。

这些历史性的进步并不一定都是福利。从积极的方面来看，女性如今变得更加独立，有更多的机会发挥自己的潜力。经济上的好处则是家里有了双份收入，使许多家庭得以享受更宽敞的住房，更长的假期，并可以使子女接受更好的教育。但在另一方面，由于承担了全职工作，女性如今感觉不堪重负，因为各种家务和照顾孩子依旧被视为女性的分内工作。美国女性目前平均每周要花 24.2 小时做家务，相比之下，她们的丈夫每周做家务的时间只有 12.6 小时。苏联这方面的比例更加悬殊：女性每周做家务的时间是 25—28 小时，男性则只有 4—6 小时。

从传统观念来看，有一种由来已久的偏见，认为女性的工作没有男性的工作重要，也不像男性的工作那样有价值，这显然给女性在工资待遇上的不公正提供了歪理。我们在圣经（《利未记》27：3-4）中看到，主对摩西说："你估定的男人的价值……价银 50 舍克勒；若是女人，你要估定 30 舍克勒。"在这条圣谕出现之后的 2000 年中，关于男女价值评估的标准似乎并没有什么变化。如今，苏联和美国的全日制女工的收入一般只有男性的 60%—70%。

　　之所以会存在这种工资差异，原因之一在于女性参加工作的时间通常较晚，接受的专业培训也较少，因为她们的学校教育很少注重职业训练。一些女性为了顾家，选择放弃加班和升职。更为基本的原因则是那种心照不宣的看法，认为"女人的工作"价值不大，即便这种工作需要更多的培训和技能。明尼苏达雇佣关系委员会的专员指出，"护士出了差错会令人丧命，油漆工出了差错会令人恼怒。这就是油漆工挣钱更多的原因"[157]。真正的原因当然是由于油漆工大多是男性，这也是为何丹佛的园艺工人比城中护理机构的护士收入更高，马里兰州蒙哥马利县的酒店服务员尽管只有高中文凭，收入却比拥有大学文凭的教师更高。这种反差如今已经刺激人们提出"相对价值"（comparative worth）的要求，主张女性应该与男性领取同样的报酬，不仅由于她们与男性从事着同样的工作，而且在从事这些工作时，她们接受的教育、培训，工作的环境，都与男性大致相当。

　　相对价值原则虽然代表了一种进步，但在 1980 年代，美国女性的实际地位却随着第二次世界大战之后繁荣年代"高歌猛进的女权运动"（fair-weather feminism）的终结而回落了。当时，人们以为贫困和周期性经济危机已经绝迹。为此，女权主义者把更多精力都放在更加积极的行动上，着力推进美国宪法有关"平等权利修正案"（Equal Rights Amendment）的实施，纠正新闻媒体中的性别歧视现象，并在大学和学院中创办妇女研究机构。美国大学里有关妇女研究的课程已从 1969 年的 17 课时增加到 1982 年的 3 万课时。与更加严酷的经济问题相比，女性的文化和性别处境，以及"新女权主义意识"（new feminist consciousness）的发展，得到了更多的重视。

　　在 1970 年代，随着战后繁荣的结束，"高歌猛进的女权运动"也蒙上了

[157]　《洛杉矶时报》，1984 年 9 月 13 日。

一层阴影。女权主义者同其他社会团体一样，未能清晰地预见到未来的形势，这一点并不奇怪。如今，许多女性都已意识到接受诸如工资较低且没有津贴的兼职工作或无需坐班的普通工作的必要性。与此同时，美国出现了50%的离婚率，结果，离婚之后的男性平均生活水平提升了42%，离婚之后的女性及其子女的生活水平却下降了73%。这种情况表明，拥有双份收入的核心家庭已不再是标准家庭。目前，未婚母亲或单身母亲的数量与日俱增。1986年，以单身父亲为家长的家庭平均收入为2.3万美元，而以单身母亲为 *165* 家长的家庭平均收入则只有1.35万美元。由于缺少政府的财政支持，缺少西欧民主国家提供的那种社会福利，美国女性的处境着实堪忧。社会学家戴安娜·皮尔斯（Diane Pearce）对此评论道，"高歌猛进的女权运动"在1980年代的美国已经变成"贫困问题的女性化"（feminization of poverty）。

欠发达国家

如果说发达国家的女性地位已经岌岌可危的话，那么，她们在第三世界欠发达国家的姐妹的地位有时看来简直毫无希望。当她们的祖国受到不断发展的资本家阶层的剥削时，这些女性发现自己最为脆弱，最容易受到剥削。在商业资本主义阶段，处境最差的要数种植园中的女奴。她们能否"繁殖"（breed）更多的奴隶，取决于严格的成本和收益估算。在加勒比海地区，1760年代之前的种植园大都规模不大，奴隶数量不多，所以种植园奴隶主鼓励奴隶人口进行自然繁殖。1760年代之后，随着种植园规模的扩大，奴隶买卖成了一种大宗贸易。此时，只需少量的金钱即可买入大量奴隶。于是，种植园奴隶主开始算计，发现"购买奴隶要比生养奴隶更省钱"，因为女奴在生育阶段的很长一段时间里工作效率不高，而且幼小的奴隶在能够参加劳动创造利润之前，需要被喂养和照料许多年。因此，在加勒比海地区的英、法、荷等国的甘蔗种植园里，为了有效地遏制奴隶怀孕，女奴在分娩前后饱受虐待。后来，当废奴运动在欧洲兴起之后，世界市场上的奴隶供应不足，奴隶价格开始上升，加勒比海地区的种植园奴隶主又改变了策略，再次鼓励本地的女奴进行生育。

在非洲和亚洲，第一批欧洲商人到达那里时，携带的是枪炮而非妻子。他们往往娶当地女子为妻。随着此类婚姻生育的孩子数量的增加，欧洲当局开始关注未来有可能出现的"血统混乱"（complications）问题。因而，当局鼓励欧洲女性向殖民地移民，从而使嫁给欧洲人的当地女子的地位下降到妓女或姘妇的水平。英国政治家约翰·斯特雷奇（John Strachey，1901—1963）曾经描述过他的两位曾于18世纪在印度任职的祖先，他们如何娶到"一位出身高贵的孟加拉女士和一位波斯公主……既没有引起丝毫的争议，也没有影响他们的事业"。斯特雷奇补充道，进入19世纪末，"这种联姻却变得如此难以想象"。斯特雷奇的结论是："这种淳朴的人类共同体所出现的糟糕的退步，破坏了两大民族之间的关系。"[158]

性别歧视与种族歧视相结合，为19世纪欧洲的帝国机器提供了一种强劲的燃料。它使欧洲人贬低殖民地的臣民，将其视为某种不足以称其为人的群体。有证据表明，这种种族歧视和性别歧视仍是第一世界和第三世界关系中不难发现的特征。其中最为显著的当属某些国家政府主办的"色情旅游业"（sex-tourism），这一点在东南亚表现得尤为开放。

在美军进驻越南期间，这一现象首次呈现出"现代"形式。成千上万的妓女聚集在西贡、曼谷和马尼拉的美军"休闲中心"（"Rest and Recreation" centers）。1970年代初期，随着美军撤出东南亚，来自日本、澳大利亚、西欧和美国的大批男性"游客"充斥了类似的"休闲中心"。根据泰国警方的统计，1982年，泰国的妓女数量为70万，占泰国15—30岁妇女总数的10%。就在同一年，国际劳工组织（International Labor Organization，ILO）报告显示，菲律宾的妓女数量为20万，韩国为26万。有关国家的领导人远

---

[158]　斯特雷奇：《帝国的终结》（*The End of Empire*，Praeger，1964，p.55）。

未对这些数字产生警觉，依旧把它当作可以赚取稀缺外汇的经济增长点加以大力倡导。以韩国为例，妓女（Kisaengs）在通过有关反共宣传，以及"最适合"40—50岁的日本游客"口味"的性交技巧培训之后，旅游部会给她们颁发执照。这些妓女的培训师对其保证："你们不是在卖身或卖国，而是在宣示你们英勇的爱国主义。"[159]

　　第三世界国家的许多女性还被当作第一世界国家的廉价移民劳工而饱受剥削。这些女工会把收入寄回祖国，为家人的幸福作出了重要的贡献。在境外务工的40万菲律宾人当中，有17.5万是女性。这些女性很受欢迎，用一位伦敦职业中介的话来说，这是由于"她们更加温顺，更像是仆人。她们愿意承担那些摩洛哥人、葡萄牙人和意大利人拒绝从事的工作"。菲律宾劳工部长富兰克林·德里隆（Franklin Drilon）坦言："菲律宾其实已经成了一个为世界各国提供打扫卫生的女仆和廉价劳动力的国家。这种情况不仅对菲律宾女性的精神状态产生了负面影响，也损害了菲律宾的国家形象。"有些广告把菲律宾女性大肆宣传为可供亚洲、欧洲和澳洲单身男性"邮购的新娘"（mail-order brides），从而进一步损害了她们的的形象。[160]

　　第三世界国家的女性在本国的工作场所也经受着系统性的性别歧视，因为欧洲人对女工存有先入为主的偏见。"农活是男人的活计"，这是欧洲地主的共识。然而，这些农活当中有许多其实一直以来都是由女性来完成的，尤其是在非洲。然而，殖民地官员却固执地认为，当地女性的职责就是"生儿育女"（breeders and feeders），因此不给她们提供任何农业补助，无论是贷款还是技术支持。结果，男性接受了培训，可以种植经济作物，女性则只能用传统方法种植自家所需的粮食作物。这种歧视从殖民时代延续至今，就像过去影响殖民政策一样，影响着现代国际组织的政策。这在当下的土地所有

---

[159]　盖伊（J. Gay）："爱国妓女"（The Patriotic Prostitute），载《进步主义者》（The Progressive），1985年2月号，第34页；《纽约时报》，1989年3月30日。

[160]　《纽约时报》，1988年5月12日。

权方面表现得尤为突出。过去，虽然大部分农活都是由女性完成的，但是土地的所有权却完全掌握在男性手中。现在，这种情况几乎没有改变，虽然非洲各地的男性都已离开村庄到城里工作。在城里，男人经常重新结婚，把原来的妻子落在农村。这些被遗弃的女性才是农田里真正的劳动者，但在法律上却无法拥有土地。

第三世界国家约有 400 万女性离开土地，到跨国公司开办的工厂寻找工作。在廉价劳动力、减税政策以及合法禁止劳工组织的吸引下，跨国公司建立起跨越拉美和东南亚的"全球生产线"（ global assembly line ）。它们开出的工资虽然只相当于西方国家的一小部分，但却仍高于当地支付给女性的工资，从而广受欢迎。这些工作也为年轻女性提供了更加广阔的社交舞台，相比于包办婚姻，她们有了更多的择偶机会。当地官员把这些企业当作就业和税收的来源极力欢迎，鼓励年轻女性为了"祖国的繁荣"（ national prosperity ）而成为"优秀员工"（ good workers ）。

无论其直接好处如何，这种"全球生产线"对第三世界国家的女性来说，却并非长久之计或万全之策。这些新工作不需要什么技能，对国家经济发展没有多少真正的价值，而且基本上都是些临时性的工作，因为那些跨国公司随时准备搬到新的地区，以获取更加廉价的劳动力。近来，值得注意的是，有些"全球生产线"已经从第三世界延伸到了美国本土。美国会计总局的报告显示，美国城市中的"血汗工厂"正在增加，尤其是在服装行业和餐饮行业。这些工厂雇佣的是亚裔和西班牙裔女性移民，支付的工资通常比法定最低工资标准还要低。但是这些女性依然还是接受了工厂的工资标准和工作条件，因为她们缺乏高收入工作所需的职业和语言技能，而且许多人都是非法移民，害怕引起任何人的注意。[161]

最近出现的另一种情况是伴随"全球生产线"而出现的"全球办公室"

[161] 《纽约时报》，1988 年 9 月 4 日。

（global office）。由于通讯和计算机技术的进步，只要可以节省工资，中央办公室的工作就可以分配给千里之外的分部来完成。以美国的保险公司为例，就在爱尔兰开办了分公司，因为那里的失业率比美国高 3 倍，工资则比美国低 50%。在夜间，有关医疗索赔的业务被发送到爱尔兰，由那里的年轻女性把信息输入个人电脑，再通过跨越大西洋的线路传送到美国的数据中心。爱尔兰的工作人员算出索赔金额之后，立即把数据发送给美国。就这样，虽然保险公司花费了一些通讯费和邮费，但是由于全球范围的分工，依然节省了20% 的成本。与此相似，为节省开支起见，美国的航空公司也把机票的存根发送到加勒比海地区的分公司。公司的飞行数据是由加勒比海地区分公司的工作人员输入计算机，而不是由美国数据中心的高薪员工来操作。[162]

169

不论是在发达国家还是欠发达国家，女性都经历了相同的历史：她们都参加了革命运动，但在革命之后，她们都经受了通向传统朝贡文明特有的那种不平等的倒退。这种模式早在英国革命和法国大革命中就已引起注意，并在 20 世纪第三世界的大动荡中重复上演。这方面有一个典型案例，越南共产党在抗美斗争期间曾经发布一份声明，把"男女平等的幻想"明白无误地斥为"资产阶级理论"，女性只有通过"严格的政治教育"来"提高自己的政治觉悟，加入工人阶级的组织"，才能"解放自己"。[163] 这份声明并未打消越南女性的革命热情，在抗战时期，农村劳动力的 80%，工人队伍的 48% 都是女性。她们也是革命教育和医疗系统的主力，并时常跟随游击队参加战斗。但在武装斗争结束后，越南（或中国或苏联）的上层决策机构当中却很少出现女性的身影。正如革命时期或者更早以前那样，她们至今仍被排除在领导岗位之外。越南妇女联合会的一位副主任尖锐地指出："儒家传统、封建主义和资本主义的影响十分深刻。……我们不可能大笔一挥就使妇女获得

---

[162]《纽约时报》，1988 年 10 月 18 日。

[163] 米耶斯（Maria Mies）：《全球范围的父权制与资本积累：全球劳动分工下的妇女》（*Patriarchy and Accumulation on a World Scale：Women in the International Division of Labour*，Zed，1986，p.189）。

解放。……与腐朽的习俗作斗争，比上战场杀敌还要难。"[164]

　　与旧观念的斗争有多艰难，参加过尼加拉瓜革命（Nicaraguan revolution）的女性有着全新的体会。桑迪尼斯塔革命阵线（revolutionary Sandinista Front）与其他组织有所不同，它并未将女权主义斥为"反革命"。在 1969 年的革命纲领中，它作出承诺，"桑迪尼斯塔人民的革命将消除把女性当作男性附属品的那种恶劣的歧视"，并"将在男女之间实现经济、政治和文化上的平等"。从实际情况来看，革命之后的尼加拉瓜女性在避孕和堕胎方面拥有了更多的自由，但在革命者掌权之后却并未赋予尼加拉瓜政府充分的权力来执行官方的政策。与所有的革命政权一样，它也遭遇到重重难题，如经济落后，物资短缺，境外反革命势力猖獗，国内出现了形形色色的反对派，如反对教育和家庭改革的天主教会，以及相当一部分私有企业（工业领域为 78%，农业领域为 76%，商业领域为 60%）逃避了有关处罚就业歧视的政策和法规。[165]

　　对广大女性而言，她们遇到的主要障碍，或许是数百年来拉美文化当中根深蒂固的"大男子主义"（machismo）。1982 年，尼加拉瓜一个只有 70 人的小村庄遭到美国支持的反政府武装的骚扰。事后，村里幸存下来的男性参加了桑迪尼斯塔的民兵自卫队，把家人安顿在避难所。11 个月之后，当他们重返家乡，却发现那里已经焕然一新。女性建立了合作社，在田里驾驶着新型拖拉机，并在家中提出男女平等这一令男性不悦的主张。原来，她们在附近避难所苦等了三个月之后，不堪当地流行病的困扰，便决定冒险回村。桑迪尼斯塔的士兵试图阻拦她们，但这些女性以静坐表示抗议，士兵们只好让步。接着，她们修补好受损的房屋，拾起了田里的农活，还建立起民兵武装用以自卫。政府给她们配置了三台拖拉机，并教会她们如何驾驶和维修这

_170_

---

[164]　米耶斯：《全球范围的父权制与资本积累：全球劳动分工下的妇女》，第 190 页。

[165]　莫丽诺（Maxine Molyneux）："没有解放的动员？"（Mobilization Without Emancipation？）载费根（R. R. Fagen）主编：《变革与发展》（Transition and Development，Monthly Review Press，1986，pp.280-302）。

些农用机械。

这些自助和自治的经验使村里的女性和村庄本身都发生了改变。"有些男性不喜欢让女性开拖拉机或配枪,"新任领导之一费利西安娜·里韦拉(Feliciana Rivera)解释道,"不过,在经历孤军奋战的一年之后,我们明白了,我们有着同男人一样的义务和权利,而且不会放弃它们。"确实,她们没有放弃它们。尽管付出了高昂的代价,她们仍然顽强地捍卫着新近赢得的自由。她们同越南女性一样,意识到那些"腐朽的习俗"(obsolete customs)是多么顽固。在这个只有 70 人的小村庄,至少有 5 对夫妇,其中包括里韦拉自己在内,婚姻发生了破裂。"我们总是吵来吵去,"里韦拉说,"因为我在全国妇联和桑迪尼斯塔抗战委员会表现很积极,而且参加了医疗志愿工作。但在我丈夫看来,我做的任何事情都是为了接触其他男性。……于是我便告诉他,我们还是分开为好。"[166]

从官方的宣传来看,世界各地的妇女地位已经引起重视,并且收到了可观的帮助。1945 年,《联合国宪章》(*The Charter of the United Nations*)宣布, 171 联合国将致力于"使男性和女性享受同等权利"。联合国大会后来也宣布,1976—1985 年这十年为联合国妇女年。1985 年 7 月,为了纪念这即将过去的 10 年,在内罗毕举办了世界妇女大会。大会指出:"妇女代表了世界人口的 50%,她们的劳动几乎占人类全部劳动的三分之二,收入却只有世界总收入的 10%,拥有的财产不到世界全部财产的 1%。"

这与 40 年前《联合国宪章》宣布的男女权利平等的目标相去如此之远,以致内罗毕大会得出结论,认为妇女有必要凭借现有的法律上的平等,来推进她们本应取得的政治权力上的平等。"妇女只有掌握了这些手段和权力……扮演了同样的角色……才能在日常生活的方方面面取得平等的权利、

---

[166] 《洛杉矶时报》,1987 年 3 月 14 日。

责任和机会。"[167]

权力向来都是争来的，而不是让来的。所以，目前的女权主义运动呼吁世界各地的妇女认识到自己潜在的权力，并利用这些权力来赢得自己在实践和理论上的应有权利。女权主义运动的领导人明白，在全球各地散居的妇女之间存在着分歧，但仍强调她们面临着共同的问题，从而有着共同的纽带。不过，问题的关键在于谁将取得主导地位，是分歧还是纽带？世界各地的妇女是优先考虑自己的性别，还是像法国大革命时期的前辈那样，优先考虑自己的国家或社会责任？对于这一问题，答案尚不明确。例如，目前在阿拉伯妇女和以色列妇女之间，在霍梅尼治下的伊朗传统女性和自由派女性之间，在爱尔兰天主教女性和新教女性之间，显然存有敌意。

在阶级和民族差异的分化影响之外，还存在一种同样根深蒂固的分化因素，即文化传统上的冲突。试想一下：美国人会对大热天依旧裹着黑色头巾或围巾的埃及同学作何反应？若是问她会不会感觉酷热难耐，她很可能会回答："是，但再热也热不过地狱。"与此相似，1985 年参加内罗毕妇女大会的印度代表在反对堕胎的问题上声称，控制人口的办法是"让男人等一等，让他们控制自己的性欲。"这时一位美国代表反唇相讥："可是亲爱的，我们要想做爱的话该怎么办？"[168] 尽管女权主义运动的领袖以"全球姐妹"（global sisterhood）的名义发出了号召，但她们在实际情况中遇到的阻碍的复杂和棘手程度，丝毫不亚于那些试图拯救森林、鲸鱼或臭氧层的人们。

172

社会关系

2000 多年前，亚里士多德就注意到技术与社会关系之间有一种关联："只

---

[167]　《1985 年世界妇女状况》（*The State of the World's Women*，1985）；《联合国妇女工作十年》，（*UN Decade for Women*，Nairobi，1985，pp.3、7）。

[168]　《纽约时报》，1985 年 7 月 17 日。

有在一种情况下，我们才能够想象不再需要仆人，主人不再需要奴隶。这种情况就是每一种［没有生命的］工具都能……像会自己织布的飞梭一样……自行运转。"[169]

亚里士多德如果能够活到今天的话，肯定会对各类可以"自行运转"（do their own work）的大量"工具"（instruments）惊讶不已。这些工具的社会影响程度之弱——从许多方面来看，它们都未能将发明这些工具的人解放出来——可能会让他感到更加惊讶，因为这的确出乎他原来的预料。当然，他会注意到雅典当年极为常见的奴隶已经消失不见。不过，他依然会感到困惑，因为尽管高科技明显具有某种解放作用，人类社会中的不平等和不正常现象却仍旧十分突出。

20 世纪后期的全球经济生产力水平之高，无疑会令亚里士多德感到印象深刻。然而，在过去的半个世纪里，人们的工作时间并未缩减，这一点迟早也会令他感到震惊。我们旧石器时代的祖先［以及今天的布须曼人（Bushmen）和澳洲土著（aborigines）］平均每周只花 15—20 个小时来采集食物；作为另一个极端，随着第一次工业革命的完成，工厂里的工人每周需要工作 6 天，每天工作 10—16 个小时。此后，人们的工作时间逐渐缩短，直到 1935 年美国终于以法律规定每周工作 40 小时。许多人梦想着能把每周的工作时间进一步缩减到 35 小时，乃至 30 小时，并相应增加娱乐和休闲的时间。可是，尽管近几十年出现了所有这些科技进步，美国人每周工作的时间却在增加，从 1973 年的平均 40.6 小时增加到 1985 年的 48.8 小时，与此同时，人们的休闲时间则从每周的 26.2 小时缩减为 17.7 小时。[170]

不过，亚里士多德现在最感惊讶的应是，科技进步和经济过剩的果实在 *173* 世界各地分配得如此不均，由此导致的人类境遇又是如此悲惨。1981 年，有

---

[169]　亚里士多德：《政治学》，第 1253 页。

[170]　哈里斯（L. Harris）：《美国内幕》（*Inside America*，Vintage Book，1987，pp.17-21，122）。

24 个国家的食物消费量平均超过保持人体健康正常所需数量的 30%—50%，而另外 24 个国家的食物消费量则平均低于正常数量的 10%—30%。1988 年，世界粮食大会指出，每天约有 4 万名儿童因营养不良而患病死亡。在这次大会上，梵蒂冈驻联合国观察员雷纳托·马蒂诺大主教（Archbishop Renato R. Martino）在一次发言中总结道："人类的饥荒程度如此之高，受害者数量如此之多，后人无疑会把我们这个时代视作灾难最严重的时代，其状况之惨，规模之广，超过了为 20 世纪打上不幸烙印的所有其他悲剧。"[171]

最近几十年来，不仅富国与穷国之间的社会不平等矛盾有所激化，在第一世界的富裕国家，包括美国在内，富人与穷人之间的社会不平等矛盾也在变得更加尖锐。例如，1979—1983 年间，美国农村贫困人口的数量从 990 万增加到 1350 万，增加了将近 40%。在纽约市区，施舍稀粥和提供紧急食物救援的机构数量也从 1981 年的 30 家，增长到 1988 年的 500 家。[172]

纽约市区有个地方被称为"富人王国"（a principality of plenty），那是一块狭长的地带，北起大都会博物馆，南至摄政酒店，跨越公园大街、麦迪逊大街和第五大道，共计 20 个街区。美国的贫富差距在这里表现得最为显眼。"富人王国"的住户用凡尔赛和波旁王朝遗民的笔调写道：

> 我想，人类在历史上从未在如此狭小的地方聚集过如此巨量的财富。……纽约任何一个真正拥有权势的人都会在这里抛头露面。……这里聚集的财富可能比凡尔赛宫或其他任何地方曾经拥有过的财富都要多。在这座城市，你不必因为富裕而感到不安。
>
> 这里的奢靡程度如今已经远远超过巴黎。现在，巴黎已是一潭死水。我想，伦敦依然有着极大的魅力，那里的生活方式可以跟我

---

[171] 《洛杉矶时报》，1988 年 6 月 16 日。
[172] 《纽约时报》，1986 年 3 月 26 日，1988 年 7 月 2 日。

们相提并论。……纽约人的生活也许更为富裕。我们有更多盛大的庆典和需要盛装出席的宴会。……食物变得越来越精致。此时此刻，我们已经志得意满。我们已经到达了文艺复兴的顶峰。

174

从许多方面来看，这些巨富之人既生活在城市之中，也生活在城市之上。他们考虑的问题与普通人不在同一层面。他们可以使自己置身于那些令我们每天焦头烂额的琐事之外。他们的门前候着豪华轿车和专职司机。还有仆人负责打扫卫生，接送孩子上学，购买日用杂货，支付各种账单。一些人还有专门的社交秘书。这些秘书可以代他们签署支票。理发师会上门服务，按摩师也会上门服务。

财富使城里的一切疑难问题都迎刃而解。私人银行家会打理财务。家庭珠宝商会存好贵重的旧首饰，或者帮忙挑选新首饰。私家采购师可以在拥挤的商店绕过长队直接结账。艺术顾问或监管人会照料那些新增的藏品。会计师、律师、行政助理或财务顾问可以使那些前来寻求好处的人、登门推销或者募捐的人退避三舍。在纽约，许多专为富人服务的医生仍在随时听候他们的宣召。[173]

就在这篇描写纽约上流社会的文章发表的同一年，纽约市长艾德·科克（Ed Koch）任命了一个委员会，负责研究该市的问题和需求。这个"2000年委员会"（Commission on the Year 2000）提交了一份报告，这份报告与既在纽约之中又在纽约"之上"的那些人的生活方式形成了冷峻的对照。"诸如住房、交通、教育、医疗之类的众多领域都需要进行变革，但格外需要变革的是贫困问题。如果不对贫困问题作出回应，21世纪的纽约不仅会发生分裂，不仅会使底层民众享受不到任何机会，而且还会变成一个不可能实现社会稳定与和谐的城市。对市政府而言，没有什么问题能比这更重要了，而

---

[173] 《洛杉矶时报》，1987年1月22日。

对纽约而言，也没有什么考验能比这更严峻了。"[174]

　　伊曼纽尔·沃勒斯坦根据这种社会差距（既包括国内差距，也包括国家间的差距）日益加大的证据，得出了一个结论，认为多数人类今天的生活水平可能比五个世纪以前资本主义尚未出现的时候还要糟糕。现代科技之所以未能像亚里士多德期待的那样，起到解放人类的作用——既消除贫困，又消除社会不平，其根源并非人们通常推测的那样在于"人性"的堕落。我们旧石器时代的祖先并不自私、贪婪，尤其不好争斗。当代社会关系中的基本问题在于，人们总是优先考虑生产效率（如何获取利润），而不是保持社会环境的健康。可是，获取利润是资本主义的本质要求，是资本主义内在动力的源泉，正是这种追求引发了塑造出现代世界的"颠覆性创新"。

　　在收取熊彼特公式中"创新"部分带来的好处时，我们也不可避免地遇到了随之而来的"颠覆"，其中包括社会不平等及其造成的人类困境，以及环境的恶化。1987 年，世界观察研究所在其提交的《世界状况》（*State of the World*）报告当中，意味深长地总结道："人类内部应该讲和了，这样我们才能与地球讲和。"[175] 最后，这种"颠覆"也使人类的精神状态出了问题。1985 年，美国成人当中据称有 89% 在一年当中都感到"压力极大"（症状表现为焦虑、压抑、疲劳、头痛和易怒），有 59% 表示每周都有一两次感到紧张，有 30% 表示自己几乎每天都过得高度紧张。[176] 事实表明，青少年和成年人一样容易受到社会压力的危害。美国精神病院治愈的 10—19 岁的青少年数量，从 1980 年的 12.6 万人增加到 1987 年的 18 万人。据估计，在 1989 年，美国 18 岁以下的少年当中约有 12%，总数大约 800 万，需要接受精神治疗。[177]

---

[174]　《纽约时报》，1987 年 7 月 1 日。

[175]　莱斯特·布朗：《1987 年世界状况：世界观察研究所关于可持续社会发展的报告》，第 213 页。

[176]　哈里斯：《美国内幕》，第 8—10 页。

[177]　《华尔街日报》，1989 年 2 月 3 日；《洛杉矶时报》，1988 年 10 月 9 日。

资本主义的混乱遗产解释了它所引发的混乱反应。"创新"的受益者自然会对资本主义持积极态度，"颠覆"的受害者则会对其持消极态度。里根政府的官员炫耀着亚当·斯密的领结，骄傲地宣称其指导原则是"致富由己"（Enrich thyself）。以擅长股市内幕交易著称的伊凡·博斯基（Ivan Boesky）在对加州大学伯克利分校商学院的毕业生发表演讲时，从亚当·斯密"看不见的手"（invisible hand）这一理论引申出一个逻辑结论："我认为贪婪是一种良性病。你们可以贪得无厌，但却依然自我感觉良好。"[178]

实际上，有一些贪婪的人却自我感觉并不"那么良好"（feel good）。他们虽然取得了各种 MBA 证书，开着宝马车，拥有了各种成功的标志，却惊讶地发现自己内心充满了怀疑和矛盾。根据华盛顿精神分析专家道格拉斯·拉比尔（Douglas LaBier）的说法，他们的困境在于把资本主义社会通常存在的矛盾冲突"内化"（internalize）到了自己身上。在研究过 230 位成功人士的问题后，他得出的结论是，他们"受到了孪生动机的驱使，既要取得成功，赢得竞争，受到尊重，同时又想过得更加充实，更有意义，更加愉悦"。拉比尔估计，这些"饱受工作创伤的人"，这些"成功的受害者"，占到了职业人士总数的 60% 以上。"在企业文化当中，总体上存在着一种压抑感和无助感，"拉比尔总结道，"这并非由于人们头脑中的激素紊乱，或是有过悲惨的童年。在我们的文化当中，有些东西会产生精神压抑的副作用。"[179]

精神分析专家在某些个人身上发现的病症，社会学家在研究某些社会群体时也有所发现。近来，一个由社会科学领域的专家组成的团队研究了美国社会的状况及其长效机理，汇成了《心灵的习性》一书。作者的主要发现在于，现代科技不仅对我们的"自然生态"（natural ecology），也对我们的

---

[178]　《时代》，1987 年 5 月 25 日。史蒂文斯（M. Stevens）：《局内人：撼动华尔街的丑闻背后的真相》（*The Insiders：The Truth Behind the Scandal Rocking Wall Street*，Putnam，1987）。

[179]　拉比尔（D. LaBier）：《现代狂人：成功者的精神落差》（*Modern Madness：The Emotional Fallout of Success*，Addison-Wesley，1986）。波格拉斯（S. Berglass）：《成功综合症》（*The Success Syndrome*，Plenum，1986）。哈里斯：《美国内幕》，第 8—10、33—42、51—56 页。

"社会生态"（social ecology）和"道德生态"（moral ecology）产生了"毁灭性的影响"。"各个层面的失败——从国际社会到各国社会再到各个社区和家庭——具有总体性。……我们把个人利益、集体利益、国家利益放到了全人类共同利益的前面。"

> ……我们此前从未遇到过这种情况，它令我们从最深的层面极为激进地思考问题。我们今天所面临的问题并不限于政治，它们属于道德问题，从而必然涉及到人生的意义。……或许，真理在于现代西方之外的大部分世界一直以来信奉的东西，也就是说，那里的人们生活实践本身就很健康，而且内心充实。或许，一个人在内心把工作视作奖励，要比外人把工作视作奖励要好得多。或许，对我们所爱的人作出长久的承诺，并与我们的同胞衷心地结下友谊，要比无休无止的竞争和处心积虑的防御更加可取。或许，共同的崇拜，即对神秘之物本身表示感恩和感叹，才是重中之重。如果真是这样的话，我们就必须改变自己的生活方式，开始记住那些我们曾经乐于遗忘的东西。
>
> 我们曾把自己想象成一种特殊的产物，以此区别于其他的人类。在 20 世纪后期，我们发现本国与那些最穷的国家一样真实地存在着贫困问题。在无止境地追求权力的过程中，我们试图忽略人类的条件。我们最好还是重新加入到人类的行列中来。[180]

177　　　不过，邀请人们"重新加入到人类的行列中来"（rejoin the human race）可能只是请他们跳出油锅，继而跳进火炉。实际上，"颠覆性创新"不仅扰乱了美国社会，也扰乱了所有的人类社会。它所导致的紧张和不安已经引发

---

[180]　罗伯特·贝拉等著：《心灵的习性》，第 284、285、295、296 页。

了有关私人利益和共同利益的尖锐争论，这种争论在第二世界的社会主义国家和第三世界的欠发达国家进行得比第一世界的资本主义国家还要热烈。

在中国"文化大革命"期间，五分之一的人类都受到"为人民服务"（Serve the People）和"斗私批修"这些无处不在的标语的影响。毛泽东的基本教导是：每一次革命其内部都暗藏着反革命的种子。革命之后的社会需要政治专家（党政干部）和经济专家（经理人、技术员和科学家）来服务。如果这些专家享受到特殊的经济和政治奖励，结果就会导致苏联式的精英治国现象。在毛泽东看来，这与社会主义是相悖的。于是，毛泽东坚决主张每一位专家都要保持"一颗红心"，也就是说，这位"同志"既要干体力工作，也要干思想工作，要把心思放在服务社会而不是为个人谋私利上。

毛泽东思想的一个例子，就是大力宣扬一位名叫雷锋的年轻战士的生平。雷锋死于车祸之前的短暂生命，被刻画为同志式国民的模范。他把自己驾驶的军车保养得极佳，把自己微薄的工资捐给遭遇洪水的灾民，还用业余时间为大家做好事，而且总是回避表扬和酬谢。他的光荣事迹受到媒体的盛赞，他的生平也被改编成电影。一位外国记者观看了这部电影，并注意到观众在离开电影院时眼含热泪。当他鼓起勇气提出意见说电影里的说教有些过头时，人们完全无法接受。无论如何，雷锋是一个真实的人物，也确实做了那些好事，中国确实也有许多雷锋这样的人物。"我们为此感到自豪，只有跟这样的人在一起，我们才能朝着集体主义社会前进。"[181]

毛泽东的继承者邓小平则把中国的优先发展次序颠倒过来，把"专"放到了"红"的前面。政府的口号不再是号召人民"斗私批修"，而是让人民相信"致富光荣"（To Get Rich Is Glorious）。消费者的期望随之提高：从自行车、缝纫机、收音机和手表这"四大件"（big four），变成彩电、洗衣机、收录机、电冰箱、电风扇和摩托车这"六大件"（big six），继而变成"八大件" *178*

---

[181]　卡罗尔（K. S. Karol）：《另类共产主义》（*The Other Communism*，Hill & Wang，1967，p.248）。

（eight big things），即"六大件"之外再加现代家具和照相机。过去，学生接受的教导是反对"知识私有化"（private ownership of knowledge），也就是说，反对利用自己的所学为个人谋利益，而不是为大家谋利益。在邓小平时代，志向远大的学生正在学习外语，并且想方设法出国留学。赴美留学的学生中有 85% 都留在了美国，因为那里认可财富和荣誉，人们也更容易取得财富和荣誉。[182]

在这些新的时代条件下，雷锋成了一个过时的特殊人物。现在谁要是提到他的名字，只会引来嘲笑。当被问起毛泽东时代的这位英雄时，一位商场工作人员拒绝对雷锋作出评论："近些年来，人们把金钱放在第一位。没人愿意受穷。没人关心这些政治口号。人们关心的是如何过好自己的日子。我们不是傻子。"[183]

不过，也不是所有的中国人都接受这种强调个人进取的观念。一些富裕的年轻企业家发现，他们很难找到对象，因为自己新近赚取的钱财被广泛视为来路不正，人品可疑。在更为抽象的层面上，以广大青年为读者的《中国青年报》（China Youth News）就雷锋逝世纪念日发表了一篇尖锐的评论，作者清晰地表达了自己的困惑和不安，试图在服务自我与服务社会的矛盾上找到解决方案。"实现自我并不是、也不应是人生的最终目的。即使一个人的才能可以得到极其充分的发展，它也将随着生命的结束而消失。实际上，与社会毫无关系而纯属个人的永恒价值是不存在的。只有属于全人类的价值才是永恒的价值。"在这种初步认识的基础上，《中国青年报》作出判断，认为雷锋把自己的一生都投入到全心全意为人民服务中去，是完全正确的。"这是实现个人价值的唯一正确道路。"该报宣称，大部分中国青年都"希望社会风气能够好转，党内的不正之风和政府机构中的官僚主义能够尽快消除，

---

[182]　《洛杉矶时报》，1986 年 4 月 1 日；《纽约时报》，1985 年 12 月 20 日。
[183]　《纽约时报》，1987 年 3 月 16 日。

希望生产部门生产出质量好的产品，服务行业和商业部门改进服务态度"。但是，该报跟着又提出质疑："如果大家都要'实现自我'，而不去'为人民 *179* 服务'，这些希望又怎么可能实现呢？"[184]

在中国持续进行的这种公共讨论所反映出来的信念危机并非中国所独有。至少，在戈尔巴乔夫不断倡导的新思维和新行动的影响下，广大的苏联人民也在进行深刻的反省。在南斯拉夫，"老一辈"官员（"senior" official）也表达了自己的怀疑和失败情绪，乃至要全体辞职。"我们的希望在年轻人身上。他们不相信空话，真正懂得这个世界。今天的分化不是阶级之分，不是社会主义与资本主义之分，也不是西方与东方之分。他们要比我们更明智，我们都是过去的奴隶。"[185]

战争

正如早期战争的性质被朝贡文明彻底改变那样，近代战争的性质也被资本主义彻底改变。在欧洲封建时代，主导战场的是马上的骑士。以 11 世纪为例，区区数百名诺曼底骑士就能征服并统治意大利南方和西西里，后来又从穆斯林手中夺取了圣城耶路撒冷。在 12 世纪和 13 世纪，意大利城邦凭借经商聚集的财富招募军队守卫城市，并为其配备长矛和弩箭以抵御开阔地带前来进犯的骑士，使战争的局面为之一变。由于长矛手和弓箭手需要骑兵的掩护和配合才能完成侧翼掩护、防守反击和追击逃敌，从而使战争的艺术变得更加复杂。

到了 14 世纪，这种协同作战的部队发展成为独立的职业军队，军队的统领会与意大利城邦官员谈判，签署在特定时期提供特定军事服务的契约。

---

[184]　谢尔（O. Schell）：《迪斯科与民主》（*Discos and Democracy*，Pantheon，1988，p.294）。

[185]　《纽约时报》，1987 年 6 月 26 日。

这些雇佣军（*condottieri*）人数可达上万，他们签署和执行的契约反映了武装力量的商业化。意大利富裕城邦的官员通过向市民征税来支付军事保护费用，因为这很划算。"抢劫成性的士兵，"威廉·麦克尼尔写道："不再强迫国家东拆西借地筹钱养活他们。数量稳定的税收取代了精心的算计。它把钱财从市民手上转到政府手中，后者再用这些钱财来维持一支高效的军队，以及政府本身。"[186]

意大利城邦（city-states）发展出来的军队模式，很快就被法国、英国、联合省（United Provinces）[187] 等更大更富的北欧新兴国家所采用。凭借资源方面的优势，这些国家组建起了规模庞大的常备军。这些军队装备良好，训练有素，军纪严明，组织有方，其指挥系统从君主到军官再到普通士兵清晰可辨，不容争议。这些欧洲军事组织之所以能在海外取得辉煌的战绩，通常都要归功于欧洲枪械的技术优势。不过，同样具有决定意义的，是这些经过整训而军纪严明的欧洲部队所具有的顽强意志和灵活性。首先，他们席卷了美洲和西伯利亚人烟稀少的广袤地带。从新开辟的殖民地得来的战利品改善了日益庞大的海陆军队的财政状况，使欧洲人得以将其帝国疆域推进到亚洲和非洲。军事、政治和经济方面的扩张以一种自我强化的形式不断循环。洲际铁路、洲际运河和蒸汽战舰的采用，使欧洲人可以将军队调到世界上任何一个地方，夺取他们钟意的任何土地。在通常被视为安定时代的维多利亚女王时期，英国人在全球各地至少发动了 72 次战役——平均每年 1 次还多。

19 世纪后期，随着史无前例的科技与军事整合，产生了威廉·麦克尼尔所称的"按需发明"（invention on demand），从而使欧洲的军事技术出现飞跃。这一飞跃率先出现在英国，最初集中在海军装备方面。此前，发明家都是在独自完成新式武器的开发之后才去联系军方购买。此时，武器研发的

---

[186]　麦克尼尔：《竞逐富强：公元 1000 年以来的技术、军事与社会》，第 140 页。

[187]　即尼德兰七省联合共和国（Republic of the Seven United Netherlands，1581—1795），也叫尼德兰联省共和国，1581 年从西班牙治下获得独立，1795 年被拿破仑率领的军队征服。——编注

次序被颠倒过来。军方的技术人员制定出新式武器的研发目标和具体规格之后，才去找若干私营公司竞标，再签订武器生产合同。此前，生产军火的主要是官方的兵工厂。此时，诸如英国的阿姆斯特朗公司（Armstrong）、德 *181* 国的克虏伯公司（Krupp）、法国的施耐德 - 克鲁索公司（Schneider-Creusot）之类的私营公司牢牢取代了兵工厂的位置。这些公司在钢铁、造船和重型机械方面的投资要比官方兵工厂高得多，它们的高昂成本会在与外国政府的军火交易中得到补偿。由此，私营公司的利润十分可观，相形之下，专为本国生产军火的官方兵工厂则是望尘莫及。

在世纪之交，西欧国家扩大了普选权，这也有助于私营公司的发展。刚刚获得选举权的公民，通常都会支持政府增加军费开支，以创造更多的就业机会，缓解失业压力。此外，他们也确信富人也得缴纳重税来为军方买单。此时，政客也乐于在增加军费预算方面投赞成票，因为这种立场会成为其政治资本，而非政治负担。

公职人员、军官与军火公司经理之间的利益一致性，使其在企业与公务领域之间来回穿梭，以致到了 1890 年代，出现了人们现在所知的"旋转门现象"（revolving-door phenomenon）。在世纪之交，欧洲出现了美国总统艾森豪威尔所谓的"军工联合体"。

> 一个强大的利益循环圈子自行确立下来，因为，如果没有利益集团支持政府增加军费预算的话，日益扩大的海军提出的经费预算就难以获得批准，技术改造方面就不会进展得那么顺利。反之，当海军建设项目都获得通过之后，技术改造环节就会一帆风顺，旧军舰就会被废弃，海军就能提出新的拨款要求，新一轮的技术改造就会展开。……在 1884—1914 年这 30 年间，这种 [按需研发] 情况

像毒瘤一样在世界市场经济的机体中疯长。[188]

这种"毒瘤"从一国扩散到了全球，因为一国购买武器的行为会引起邻国的恐惧，继而刺激邻国也购买武器，从而引发世界范围的军备竞赛。操纵军备竞赛的是那些军火商，当时的批评家将其斥为"死神代言人"（merchants of death）。

182　　　第一次世界大战之前的这些情况，现在看来既熟悉又令人不安，它们接下来引发的事态则更加令人不安。各大国的最高指挥官都把军事新科技与密集的铁路网结合起来，制定了详尽的军事调遣方案，可以运送大量的军用物资和数以百万计的部队到前线抗击任何假想敌。动员命令一旦发布，人力和物资就会像钟表一样按部就班地运转。不论政治形势怎样，任何违反军令的行为都不会被容忍，因为军事机器的运转将会停滞，国家将会失去保护，后果将会不堪设想。在危急时刻，预先设定的庞大计划几乎不可能使重大的军事调遣行动被取消或中止，皇帝与首相对此也无能为力。1914 年 6 月 28 日，萨拉热窝刺杀事件发生之后，事实证明，正是这种被史学家称为"紧急军事时刻表"（exigency of the military timetable）的行动，是导致和平解决方案失败的主要原因。在 8 月 4 日正式开战之前，当时的外交官至少还彬彬有礼地谈了几个星期。今天，现代军事投送技术可以使武器在几分钟内横跨大洲，在计算机的帮助下，"紧急军事时刻表"几乎缩减为零，人们其实已经没有时间来考虑是否要发动一场核大战。

在第一次世界大战期间，根据"按需研发"的武器数量出现了指数级增长。实战经验要求对诸如潜艇和飞机之类的现有武器迅速加以改进，并导致诸如坦克和毒气之类的新型武器的发明。技术创新的速度如此之快，以至于在 1918 年 11 月和平不期而至之前，英国最高统帅部还批准了"1919 年

---

[188]　麦克尼尔：《竞逐富强：公元 1000 年以来的技术、军事与社会》，第 277—280 页。

作战方案"，准备使用先进的新式坦克突破敌军防线，继而在敌军后方展开作战。只是他们没有想到，新式武器和新战略还没来得及检验，战争就结束了。在两次世界大战之间的岁月里，德国人改进了他们的武器和战略，并在1939年以著名的"闪电战"形式发挥了它们的毁灭性威力。

第一次世界大战期间发生的事情，以更快的速度和更大的规模在第二次世界大战期间得到重演。武器仍是按需研发的产品，其规模之大，使整个大陆都沦为废墟，5000万人失去生命，这是第一次世界大战死亡人数的两倍多。在曼哈顿计划（Manhattan Project）中，美国动员了大量财力和人力，包括4000名科学家，其中有15名是诺贝尔奖得主。他们研制出了最初的两颗原子弹，随后被投送到广岛和长崎，大约杀死了21万平民。

德国与核武器相对应的是 V-2 火箭，它们曾使伦敦遭受重创，后来发展成多弹头导弹系统，如今已被部署到世界各地。德国人做得更绝，他们使死亡集中营像工业生产线那样运转，通过工厂程序实现了死亡的工业化和机构化。这些都是希特勒"最终解决"（final solution）犹太人问题并清除东欧"劣等民族"来为优秀的北欧日耳曼人赢得"生存空间"（lebensraum）的手段。德国人建立了5个大型死亡集中营，其中，奥斯维辛集中营的杀人生产线在效率方面创造了可怕的纪录：每天处决12000人。就这样，大约600万犹太人、500万新教徒、300万天主教徒和50万吉卜赛人都被消灭了。

在人类历史上，这种整体性的大屠杀并非独一无二。欧亚大陆中部草原的游牧民族曾四处侵略，每到一个地方，都会留下无数的受害者。狂热的宗教信徒发起的旷日持久的"宗教战争"（religious wars），也曾使无数生灵涂炭。西欧人在寻找黄金和异教徒的海外扩张时期，也消灭了众多毫无防备的土著居民。然而，正如汤因比指出的那样，20世纪的种族灭绝现象有一个独一无二的特征，即"其罪魁祸首是掌握独裁权力的统治者，他处心积虑、冷酷无情地下达命令，并且利用一切现代技术和组织手段，使他们蓄谋已久的屠杀行为变得系统化和整体化"。[189]

　　纳粹分子也确实充分利用了他们的技术资源。他们在囚犯还活着的时候将其用作劳力，在囚犯死后则将其用作"原材料"（raw materials）。他们下令把焚尸炉中的骨灰当作肥料运走。死者的头发被用来制作床垫，骨头被碾碎制成磷酸盐，脂肪被用来制作肥皂，假牙中的金银被存到帝国银行的金库。

　　爱因斯坦很快便意识到第二次世界大战滋生的这些罪恶具有何种含义。1946 年 5 月，他提出了一份著名的警告："原子释放出来的能量改变了一切，人们的思维方式却依然照旧，结果，我们陷入了无比深重的灾难。"[190]

　　爱因斯坦提出的警告被世人给忽略了，因为随着第二次世界大战之后"军工联合体"的全面发展，"按需研发"实现了制度化。在 19 世纪后期的英国，新近获得选举权的公民由于担心失业，选择支持海军的造舰计划。在美国，军工企业从 1940 年代的大约 1600 家国有工厂，增加到 1980 年代遍布全国的 30000 多家私营公司。这些公司每年与各类官方军事机构签署的合同超过 1500 万份。战备工作既是一种利润可观的生意，也是一种政绩，这在美国竞选活动中表现得十分典型，所有的候选人都信誓旦旦地宣称自己支持开发新型武器系统。诸如"战略防御计划"（Strategic Defense Initiative，SDI，或称"星球大战计划"）这样的超级武器体系，为"军工联合体"指明了发展方向。1983 年，美国国会开始授权为"战略防御计划"拨款，截至 1987 年，已有 80 所大学（麻省理工学院得到了最高的 3.5 亿美元拨款）、460 家公司（洛克希德公司得到了最高的 10 亿美元拨款）签署了相关合同。"战略防御计划"的影响远远超出了美国的范围，正如加拿大总理布莱恩·马尔罗尼（Brian Mulroney）1985 年在评论中指出的那样："假如有人站出来说，希望我们也能申请签署一份［战略防御计划］合同，以便在温尼伯港口地区创造

---

[189]　汤因比：《人类的历史经验》（*Experiences*，Oxford University Press，1969，p.241）。

[190]　《纽约时报》，1946 年 5 月 25 日。

1万个就业岗位，我想，我们一定要考虑一下。"[191]

在这种情况下，"按需研发"的浪潮有增无减。1940年代令爱因斯坦震撼不已的原子弹，如今只起到现代氢弹的引信作用。正如1906年英国的"无畏号"战舰触发了英德之间的海上军备竞赛那样，1945年美国的原子弹触发苏联在1949年爆炸了自己的原子弹，1952年美国的氢弹也触发苏联在1953年爆炸了自己的氢弹，1968年苏联反弹道导弹武器触发了美国在1972年研发出自己的反弹道导弹武器。这种军备竞赛的后果就是全球各地的武器库中 *185* 存放了5万枚核武器。1983年11月，若干国家的科学家联合发出警告称，现存核武器中即便只有一小部分被引爆，也会导致"核冬天"降临。爆炸产生的烈焰和大量烟雾、油烟、灰尘会遮蔽阳光，使地球陷入长达3个月到1年乃至更长的黑暗与死寂。"世界环境发生的变化足以导致地球上大部分植物和动物的灭绝。其间自然也不排除人类被灭绝的可能性。"[192]然而，即便出现了这一警告，核军备竞赛也很难停下来。

希特勒对犹太人犯下的空前罪行促生了"种族灭绝"（genocide）一词，该词由希腊语"*génos*"（种族或民族）和拉丁语"*cide*"（杀戮）复合而成。如今，一种更大的罪行促生了另一个新词，即"灭绝人类"（omnicide），这意味着遭到屠杀的不是一个民族，而是全人类。

当人类取得最伟大的胜利，可以通过技术手段实现人类所能想象的任何愿望时，却要时刻思考人类可能灭绝的后果，这种迹象是何等之矛盾！正如本书前面所讲的那样，这种矛盾的根源早在人类从南方古猿进化到智人时就已显露无遗。人类的这种进化过程表明，全面战争与私人争斗不同，其根源在于社会而非基因。人类的财富如果积累不到一定程度，就不会引发战争。而且，战争是整个人类历史较晚时期才产生的现象。实际上，直到农业革命和工业革命时

---

[191]　《纽约时报》，1985年3月26日。

[192]　埃利希（Paul Ehrlich）等："核战争的长期生态影响"（The Long-term Biological Consequences of Nuclear War），载《科学》杂志1983年总第222期，第1、299页。

期，人类的生产能力得到极大发展，创造出与此前所有的食物采集者那种自给自足的社会有着根本不同的物质社会或物质文明之后，才出现了战争。

这些文明的基础是耕地、充足的粮仓、充斥着各种金银财宝的城市，以及令本国和国外的掠夺者羡慕不已的各种珍贵战利品。直到此时，战争才变得有利可图，才会经常发生。沙漠和草原地带的游牧民族不断向外侵略，罗马的元老也经常到外省去掠夺，征服者带着火枪和十字架席卷整块大陆，*186* 他们的后人则用炮舰和机枪建立起世界范围的大帝国，他们目前的最新武器是武装直升机和计算机。

正如农业革命和工业革命使战争变得有利可图和"有理有据"（rational）那样，我们这个时代的最大矛盾在于，不断发展的高科技革命已使战争无利可图，而且是自取灭亡。技术上的早熟使人类得以创造自己钟意的环境，而不是像其他物种那样等待和适应自然，这种情况如今已经把我们带到一个新环境，人们必须适应它，否则就会毁灭。当爱因斯坦告诫人们如果不选择新的"思维方式"就会陷入"无比深重的灾难"时，他只不过是承认了这一基本事实。

由于诸如冰河时代（Ice Ages）那样的环境突变，过去有无数的物种都消失了，因为它们适应环境的基因模式调整得太慢了。人类的独特之处在于，他们可以利用大脑来创造自己所需的环境（凭借的是诸如生火、制衣、筑屋之类的技术）。如今，他们面临的是人类创造的最新环境，它变化极快，需要人们快速适应。如果无法满足这一要求，显然有可能会以一种常见的僵化形式成为消失的前奏。截至目前，人类大脑塑造相宜环境的能力已使人类史诗成为地球最伟大的故事。现在，人类面临的终极问题是：他们能否再度充分发挥大脑的作用，从而尽快适应他们自己创造出来的这个新世界？

在最后的分析中，适应世界的问题是一个价值观问题。几千年来，这一直是一个真理，因为历次技术革命都会提出有关价值观的问题，进而引发社会冲突。农业革命衍生出分化为地主和无地农民的阶级社会，产生了无数的宗教领袖，他们在世界各地传教，支持福利社会，反对个人贪得无厌。正如圣经《使徒行传》中表明的那样，"那许多信的人都是一心一意的……人人将田产房屋都卖了，把所有的价银拿来，放在使徒脚前，照各人所需用的，分给各人。"[193] 同样，科学革命以及随之而来的人类生产效率和各种能力的迅猛发展，也引发了前辈科学家培根的告诫，他说，新知识不应用来为个人 *187* 谋"利益或荣誉"，而应用于"慈善……并有益于众生"。

　　培根的告诫在今天与在 17 世纪初期他说这番话时同样有道理。随着时代的变迁，价值观的基本问题除在紧迫性方面发生质变之外，其余并未改变。千百年来，人类曾经打破那些预言，想方设法闯过难关，虽然鲜血淋漓，但却活了下来。现代高科技的威力已经破除了舒适的缓冲时期。精神分析专家罗伯特·杰伊·利夫顿（Robert Jay Lifton）发现，当问及美苏关系问题时，"真正的答案不在意识形态，而在实效——答案就是：'他们如果死了，我们也会死。他们如果幸存下来，我们也能幸存下来。'共同的命运是一种开端……我呼吁人类唤醒自我意识——能够在心理上真正感觉到与地球上的每一个个体和群体连在一起的那种自我意识。我们的颠覆性技术已经开始强迫我们提高警觉。……我认为，这是一个重要的心理酝酿过程。共同的命运和人类的自我意识是一种心理和政治观念，它的时代已经到来"。[194]

　　确实，它的时代已经到来。今天，需要接受考验的不是某一种族、某一国家或某种"主义"，而是人类本身——具有讽刺意味的是，他们还把自己称作"智人"。

---

[193]　《使徒行传》4：32—35。

[194]　《理性世界》（Sane World），1987 年夏季号，第 18 页。

我们只能一次又一次地提出警告；我们必须坚持不懈地提醒世界各地的人们，尤其是他们的政府：若不注意从根本上改变对待彼此的态度，以及对待未来的看法，他们必将给自己带来史无前例的灾难……原子释放的能量改变了一切，人们的思维方式却依然照旧，结果，我们陷入了无比深重的灾难。

——爱因斯坦（1946）

第四章　人类的前景

新轴心时代

今天，如果人性还在经受考验，那就说明人类过去的系谱真是混乱不堪。在当今时代，人类取得了前所未有的成就，在生产领域这一特定领域取得的成绩尤为显著，而生产力水平的低下，则是历史上的氏族社会和朝贡社会这两种社会灭亡的根源。起先形成的那两种制度，都顺应了人类的需要。由于它们充分满足了人类当时的需求，所以都在历史上主导了相当长的时期。不过，这两种制度显然无法适应日益增长的人口所提出的物质需要，于是只得让位给能够更好地满足人类新需要的新型社会。就这样，氏族社会被朝贡社会所取代，朝贡社会继而又被资本主义社会所取代。

资本主义的指导原则："盈利至上"，使其具备了一种得以延续至今的内在动力。资本主义自近代早期从西北欧发端以来，经历了 3 个发展阶段，从商业阶段到工业阶段，再到目前的高科技资本主义阶段，每一阶段的生产力水平和扩张势头都较前一阶段更高更强。就这样，资本主义势不可挡地扩大了自己的经营范围，从地区层面扩张到国家层面，继而扩展到全球层面。我们所熟知的世界是资本主义创造的世界，是不断冷酷增长的生产力水平及其衍生的不断冷酷增长的消费水平的结合。如今，这种结合在全球范围占据的主导程度是如此之高，人们又是如此地习以为常，以致如果不将其视为人性的必然表现的话，似乎就无法理解它了。然而，它其实是人类在相当晚近的时期才产生的现象——它所反映的不是人类的内在冲动，而是现代资本主义 *192* 的内在动力。

在旧石器时代，由于人群居无定所，所以积聚私有财产不太现实，加之群体道德将贪欲视为一种不可容忍的邪念，从而使人们打消了聚财的念头。相比之下，后来的朝贡文明普遍存在铺张浪费现象，金字塔和世界各地其他权贵豪富的陵墓中埋藏的大量珍贵财物就是明证。不过，与现代资本主义的生产力能够而且必须支撑的大众消费相比，这种铺张浪费仅限于上流社会。

欧洲在实现工业化之前，一个人收入的 60%—80% 都要花在食物上，很少有余力添置其他任何物品。连新衣服都成了奢侈品，以致瘟疫死者留下的衣服都会被亲戚们竞相索取。世界上其他地方的情形也都与此类似，从而解释了日本的和服样式为何多个世纪以来都一成不变，中东的袍子、印度的裹裟以及尚未被哥伦布发现之前的美洲人的披肩为何也是如此。

任何地方的大众都不可能尽情消费，直到工业革命催生出大规模的生产，继而出现大型的商场，并刺激起普通民众的消费欲望。在 18 世纪，詹姆斯·瓦特的商业合伙人马修·博尔顿注意到了这一点，他发现："我们觉得服务大众比服务贵族重要得多，虽然人们对小商小贩和小店主很是不屑，但我们必须承认，他们在支撑大型制造业方面所作的贡献，要比本国全部贵族的贡献还大。"[195]

　　商人们很快就发现，他们不仅要在大众当中搜寻消费者，而且还要奉劝那些人们，购买那些迄今仍被忽视或此前默默无闻的商品，是一件天经地义的事情。早在 18 世纪就已出现如今被视为现代销售技巧的全套内容，包括市场调研，赊账销售，打折销售，发传单，提供商品目录，在报刊杂志上刊登广告，以及"不满意就退款"的服务。陶瓷商人乔塞亚·韦奇伍德（Josiah Wedgwood）是这种"大众营销术"（mass merchandising）的先驱者之一，*193* 他直言不讳地讲道："时髦比耐用更重要。"正因如此，他的营销策略使其陶瓷产品在世界市场上变得最为有名，口碑最好，尽管其质量未必最佳，价格也未必最低。

　　大众营销技巧确实成功地开创了大众市场。消费者被商家说服，开始把一度几乎不敢奢望的"奢侈品"（luxuries）视作"舒适品"（decencies），继而将其视作"必需品"（necessities）。这一过程也在加速，因为第二次工业革命生产出来的新产品已如潮水般涌入市场，必须一件一件地销售出去。随便举例来说，1987 年一月份至四月份，美国超市的货架上至少新增了 3152 种食品、日用品和化妆品——平均每 41 分钟上架一种新产品。为了摆放这些如潮水般涌入的新产品，美国的超市规模逐年扩大。1989 年，明尼苏达州明尼阿波利斯市郊的布卢明顿（Bloomington）[196] 建造了当时全球最大的购物中心。这座"巨型商场"（megamall）占地 3120 亩，拥有数千家商店，100 家夜店和餐馆，18 座剧场，一个迷你高尔夫球场，并在商场中央设立了一个隆隆作响的小型游乐场过山车。[197]

　　资本主义的威力和勃勃生机，及其撼动其他各类社会的真实能力，也在

---

[195]　麦肯德里克（Neil McKendrick）、布鲁尔（John Brewer）、普拉姆（John H. Plumb）合著：《消费社会的诞生》（*The Birth of a Consumer Society*，Indiana University Press，1982，p.77）。

[196]　美国购物圣地，建于此地的"美国商城"（The Mall of America）是全美最大的购物娱乐中心，每年都能吸引 4000 万游客前来购物参观。——编注

[197]　《美元与思想》（*Dollars and Sense*），1987 年 9 月号，第 5 页；《纽约时报》，1989 年 6 月 9 日。

中国得到了验证。不久之前，毛泽东还在探索在共同富裕而非个人盈利的基础上创建一种与众不同的社会秩序。鉴于中国幅员广大，在欧亚大陆的东方历来自主，以及共产主义革命的巨大威力和最初的广得民心，使他的设想显得很有希望。但在今天，在他逝世还不多久，他的原则和实践中最基本的一些东西就已被放弃了。

就在本书写作期间，英国殖民地香港对面的中国广东省发生的事情对此作了很好的说明。1988 年，在一次重大的政策调整中，中国政府决定把全部沿海地方都向外国投资者开放，而此前的开放地区仅限于 14 个沿海城市和 4 个经济特区。这被称为新的沿海地区发展战略，向外国投资者开放了拥有 2 亿人口的沿海地带。如今，外国公司可以把他们的管理方法、劳动密集 *194* 型技术和原料自由地带入上述地区，同时把中国的贡献限制在提供大量廉价劳动力方面。

在此背景下，总部设在香港的智益投资有限公司（Wisegroup Investment Ltd.），在与香港毗邻的深圳投资兴建了一家针织服装厂。该厂的 62 名雇工每天工作 10 小时，每周工作 7 天，每小时工资只有 30 美分。"每个人都想来这儿，"一位来自 836 里之外西南村庄的李来芹 [音译] 说，"这里要好一些，因为你不用在田里忍受风吹雨淋。"在 18 世纪的英国，当农民离开村庄到曼彻斯特、利兹和伯明翰新建的工厂做工的时候，类似的表述不知被重复了多少遍。

资本主义经济对中国的这种渗透也伴随着一种破坏性的文化渗透（cultural intrusion），中国一些乐于按照流行杂志和电视节目及广告中令人崇拜的西方模特或西方化的模特那样来整形的女性就是明证。在一个每月工资通常不到 30 美元的国家，她们却愿花 7 美元到 85 美元为鼻子整形，花 6 美元到 30 美元拉双眼皮，甚至花 900 美元去隆胸。一些公司生产的美白霜供不应求，这些公司承诺，使用它们的美白霜，可令皮肤变白。[198] 不久之前，这些年青女孩的祖先还把刚到中国的西方人蔑称为"长鼻蛮夷"（long-nosed barbarians）！这些祖先如果看到拥有 500 个座位的"肯德基炸鸡"开在了北京天安门广场的一角，与天安门和毛主席纪念堂遥遥相望，一定会感到同样震惊。新开业的肯德基采用了一句中国人耳熟能详的口号——"好到吮手指"[199]。

除肯德基之外，中国人如今也迷上了"大富翁"（Monopoly）游戏机。上海利申玩具厂以"大力士"（Strong Hand）为名，生产和销售了 20 万套这种玩具。"大富翁"玩具的生产厂家帕克兄弟公司（Parker Brothers）被尚未取得"大力士"生产和销售权的利申公司侵权。为了避免再被社会主义国家的公司侵权，帕克兄弟公司决定率先向苏联推销俄语版的"大富翁"游戏机。[200]

资本主义在全球的文化影响并不限于第三世界的欠发达国家。就在几年前，法国领导人夏尔·戴高乐（Charles de Gaulle）宣布退出北约，法国文化部长也谴责了美国的"文化帝国主义"（cultural imperialism）。然而，法国现在却又在欢迎米老鼠和唐老鸭的回归。迪士尼公司（Walt Disney Company）已与法国政府签署一份合约，要在巴黎附近建造一座"欧版迪士尼乐园"。美国公司获得的这些极为有利的条款得到了法国官员的维护，他们的理由是这一乐园将会使巴黎地区成为"欧洲最吸引人的中心"。与此同时，在欧洲的另一端，俄国人正在通过亲西方的年轻人和黑市商人引进美国的爵士乐、摇滚乐和消费至上观念。就连戈尔巴乔夫的改革运动也借用了美国的商业术语。他要重新构建的共产主义世界充满了"商业人士"，这些人能够找到"担保人"为他们的"合伙企业"提供"财务担保"，他们也打算与愿意提供"技

---

[198] 《洛杉矶时报》，1987 年 4 月 30 日。

[199] 《洛杉矶时报》，1987 年 11 月 13 日。

[200] 《美元与思想》，1988 年 12 月号，第 4 页。

术"尤其是"计算机技术"的西方"合伙人"一起成立"合股公司"。[201]

资本主义在全球高歌猛进的这种势头，标志着全球资本主义有着稳定的发展前景。如果说血缘社会与朝贡社会由于满足了人类当时的需要而主导了许多个千年，那么，以同样的标准来看，只有半个千年历史的现代资本主义仍处在它的婴儿阶段。在 20 世纪后半期，制约人类社会发展的生产力不足这一基本问题也已得到解决，从而使上述观点变得更加有力。每年，主要工业大国的领导人参加的经济峰会最为关心的已不是"全球短缺"（global scarcity）问题，而是"全球过剩"（global glut）问题。

不过在这里我们却遇到了当今时代的最大悖论——由于资本主义的大肆成功，它已在全球各地引起质疑和挑战。它的创新性能量达到了新的高度，相伴随的颠覆性能量也达到了新的高度，这种颠覆性能量已在世界各地暴露无遗。它表现在富国中的贫困问题，富人中的贫困问题，浪费自然资源而不以为意，破坏环境而同样不以为意，生活富足却普遍缺乏幸福感，人们并不担心未来，而是普遍担心人类究竟还有没有未来。

这种无处不在的悖论的直接根源就在于熊彼特几十年前指出的那种资本主义兼具创新性与颠覆性的运作方式。如今，当这两种因素的威力都已达到空前的高度时，问题就成了能否以新的物力和人力条件约束颠覆性因素而不损害创新性因素——能否找到一种高科技手段，既能为人类的长远需要服务，又不致造成危害。换句话说，全人类——不仅包括第一世界的资本主义国家，也包括第二世界的那些正在讨论是否必须与资本主义原则妥协以解决其生产力水平持续不足问题的社会主义国家，还包括正在竭力探索摆脱其在全球资本主义经济中依附地位的出路的第三世界国家——都面临着这一问题。

如果人类今天的困境在最根本的意义上基本属于价值观困境的话，那么它就不是当今时代或当今社会的特有现象。任何伟大的宗教及其教诲都充满

---

[201]《当今时代》（*In These Times*），1987 年 4 月 1—7 日，第 9 页；《纽约时报》，1988 年 8 月 28 日。

了有关价值观的教导。事实上，那些伟大的宗教崛起时的环境，与今天的主要环境有着重要的相似之处。大约两三千年以前，当那些宗教开始形成之际，当时的高科技也引起了生产力水平的极大进步，在某种程度上，其社会影响也与现在的情况十分相似。公元前 1000 年的时候，人类就已拥有类似我们这个时代的新材料、交通工具和动力来源，他们发明出了字母表，铸造了硬币，还掌握了冶铁技术。后者使农民得以利用锋利而耐用的铁斧和铁犁突破江河和高原的限制，将农业扩展到了更广阔的地区。他们砍伐了过去石斧和木犁无可奈何的重重密林，把农业由黄河流域向南扩展，由印度河流域向东扩展，从中东向西扩展到中欧和北欧，向东扩展到伊朗高原。

197　　　农业疆域的急剧扩张使农产品的数量相应增加，此时的剩余产品刺激了贸易以及为日益增长的经济提供商品和服务的工匠的产生。千百年来，欧亚大陆腹地的商路一直保持畅通，环绕欧亚大陆的海路——从北海到近东、从红海到印度、从印度到东南亚再到中国——也交织在一起。随着铸币的发明，取代了此前盛行的以物易物方式，使商业发展得更加迅速。最终的结果是促进了各地和跨地区的商业，相应地也促进了手工业和农业的发展，使经济领域的专门化和生产率得到了全面提升。

　　经济领域的这些发展也相应地引起了社会领域和政治领域的变革。公元前 2000 年的时候军事贵族崭露头角并四处侵略，此时则在许多地方被新兴的商人、手工业者和航海家所取代。随着商品的货币化，古老的部落社会也被改头换面。服务和效忠个人的观念也被市场观念所取代。部落酋长及其顾问小组和大会则被王国和帝国所取代。

　　这些发展在社会关系、政治活动、生活方式及谋生方式方面引起了深刻的变革。它们造成的破坏是如此全面，以致令人感到不安和不适，继而思考起人类存在的本质。人们开始探索灵魂——提出新问题，寻找新答案。思想家开始重新反思他们各自的传统，他们要么抛弃传统，要么使传统适应不断变化的世界的需要。诸如柏拉图和孔子这样的哲人以顾问和教师的身份周游列国，志在培养未来所需的政治家。

欧亚大陆各地（从中国到印度再到中东和地中海盆地）的知识分子都热切地探讨了一些前沿问题，包括理想政治的道德基础问题，社会秩序的职能问题，以及宇宙和生命的起源和目的问题。各地由于历史传统和客观条件上的差异，对上述问题的回答也各有不同，这些答案构成了公元前 1000 年内伟大的哲学、宗教和社会体系。所有这些体系的代言人：中国的孔子、印度的佛陀、波斯的琐罗亚斯德（Zoroaster）、巴勒斯坦的先知派（the prophets）、希腊的理性主义哲学家（rationalist philosophers），都出现在那个时期，这绝非偶然。

在一个充满社会动荡和道德混乱的时代，新宗教为人们提供了慰藉、安宁和指引，有时也能使人重获新生。它们可以提供救赎之道，即在来世得到永恒的赐福。它们把信众视为兄弟手足，不分男女、贫富、奴隶或自由人，都一视同仁。它们注重严格的道德操守，认为这是实现救赎的关键，从而对信徒的日常生活产生了决定性影响。新哲学与新宗教的影响如此深远，以致人们把这几百年称作人类历史的"轴心时代"（axial period）[202]。

鉴于今天的类似情况，人们推测 20 世纪后期将来也许会被视作新轴心时代，也是不无道理的事情。我们的技术革命及其社会反响可能更为深远，其范围波及全球，而非局限于欧亚大陆的某些地区。在现代通讯技术条件下，它所刺激和影响的人群之广，更是达到了史无前例的程度。所以，如果各个大陆再次出现新宗教、新哲学、新的社会运动以及新的领袖，应该不是偶然。正如原初的轴心时代那样，诸如政治、主义、传统、领袖这样的一些根本问题，都将受到挑战。在新轴心时代的进程中，所有的一切都将经受审判。

---

[202]　卡尔·雅斯贝斯（Karl Jaspers）：《历史的起源与目标》（*The Origin and Goal of History*，Yale University Press，1953，p.1）。

资本主义的替代方案

虽然资本主义在 20 世纪后期主导了世界经济和文化，但是第一世界的资本主义国家却发现自己与第二世界的社会主义国家一样，遭到了来自国内和国外的尖锐批评。不过，由于第二次世界大战后的黄金时代余温犹存，全球资本主义依然势头强劲，第一世界内部的批评也就悄然息声了。在 1980 年代，虽然不如前几十年那样繁荣无忧，人民大众的精神总体上依旧乐观，上流社会更是如此。虽然苏联的戈尔巴乔夫及其克里姆林宫的同事发起了自我批评和重建计划，但是美国白宫的主人及其随从却充斥着一种自鸣得意而非自我批评的情绪——这种情绪使领导人无意修补任何尚未遭到明显破坏的东西，其原则是尽量睁一只眼闭一只眼。这种自信精神的明证，是自称"资本家的工具"的《福布斯》（*Forbes*）杂志在 1987 年 7 月发表的创刊 70 周年纪念专刊。专刊的撰稿人指出，当约瑟夫·熊彼特于 1950 年去世之后，他的教诲被凯恩斯那套主张政府干预经济的理论所遮盖。如今，局势已被颠倒过来，到处都是号称"改革阵痛的代理人"的企业家在掌权，"官僚和无所作为的经理人却受到质疑"。根据《福布斯》杂志的说法，世界上有待解决的唯一重大问题就是：如何约束试图"保护民众不受变革的侵害"并阻止资本主义创新和进步的本意良好的民主政府。"我们真的需要那种颠覆性创新吗？还是要请政府采取行动加以制止？"[203]

《福布斯》的撰稿人对此作出了明确的回答。他们援引斯沃斯摩尔学院经济学家谢勒（F. M. Sherer）的话说，在经历了 1960 年代末和 1970 年代的停顿之后，我们如今已经重新处于熊彼特所谓的颠覆性创新的起点："随着人类有能力合成 DNA，完成了微电子学革命，发现了第三种重要材料即超

199

---

[203] 鲍德温（W. Baldwin）："颠覆性创新"（Creative Destruction），载《福布斯》，1987 年 7 月 13 日，第 49 页。

导体，种种迹象表明，熊彼特所谓的第五个康德拉季耶夫周期（Kondratieff cycle）已经出现。我们正处在好转势头的转折点。"[204] 他们也援引了美国工程院院长罗伯特·怀特（Robert White）的话，怀特认为，信息技术与生物科技和其他领域整合之后，可以为产品和生产流程提供新的资源。怀特说："这些领域的用途将会像过去两个世纪中的任何事物一样焕然一新。这只不过是个时间问题。"[205]

花旗集团前任主席乔治·摩尔（George Moore）则代表了这种自信的巅峰。摩尔预言："在 25 年之内，整个世界将会被几家大型金融机构掌控，₂₀₀ 这些机构为了规避政府的管束，会将总部设在太空平台上。"[206]

然而，随着跨国公司日益统治全球，这种前景引发了成为被统治对象的众多国家的反对，因为那将意味着沦为第三世界的一部分。即使在资本主义国家内部，抵制和反抗情绪也在积聚。对跨国独裁前景发起的挑战具有多个层次，在本质上涉及伦理、生态和社会问题。在伦理方面发起的最为明确的挑战，是美国天主教全国主教大会在 1986 年 11 月通过的《人人享有的经济正义：关于天主教社会教育与美国经济的主教公开信》（*Economic Justice for All : Pastoral Letter on Catholic Social Teaching and the U.S. Economy*）。公开信反对那种认为"看不见的手"可以通过市场为重大的国内和国际经济问题提供最佳解决方案的论断。相反，主教们提出了一个更加人道的替代方案：

> 市场要受制于基本的人权。有些东西永远不能被买卖。
>
> 教会的教导反对集体主义和国家主义经济，也反对那种认为自由市场会自动导致正义的观念。

---

[204] 引自布朗森（G. Bronson）："科技的魅影"（Technology: Songs the Sirens Sing），载《福布斯》，1987 年 7 月 13 日，第 340 页。

[205] 同上。

[206] 引自古伯尼克（L. Gubernick）："数字背后的真相"（Faces Behind the Figures），载《福布斯》，1987 年 7 月 13 日，第 450 页。

单靠竞争无法解决问题，它给人们的家庭生活、给经济基础薄弱的人、给环境产生了太多的负面影响。

接下来，主教们用这些总体原则对具体问题进行了直接的分析。关于工作，他们将其视为不是单纯为获取收入而忍受折磨，而是实现自我价值的工具，这对一个人的身份构建极为重要，不应受制于人。所以，主教们把高失业率和大范围的贫困现象斥为"社会之耻、道德之耻"（ social and moral scandal ），支持工人组织工会的权利，主张工厂民主，鼓励工人、社区和管理者共同参与讨论并决定资金分配和工厂存废方案。关于家庭农场，主教们宣布，它们"应予保留，其经济活力应该受到保护。……当数千家农户陷入当前的危机，即将丧失他们的家园、土地和生活方式时，作为牧师，我们不能保持沉默"。关于国际事务，主教们同样宣称，跨国公司"应该接受一套准则，鼓励它们在从业各国的人民中间平均分配利润"[207]。

目前，重新评价道德原则的另一个迹象是，1988 年总统大选期间共和党领导人提出的"温馨国家"口号。这虽然更多地是出于竞选策略的需要，而非真正的道德转变，但却依然具有重要意义，因为共和党负责人显然在恰当的时节判定了感人的主题。"很明显，"保守派评论员凯文·菲利普斯（ Kevin Phillips ）当时评论道，"我们看到越来越多的共和党人意识到保守主义的社会达尔文主义状态——弱肉强食、适者生存的经济学——已经寿终正寝。即便没有出现股市崩盘，冷酷无情的资本主义的黄金时代也已终结。有这样一种感觉，太多的人被抛弃了，传统循环周期的鼎盛阶段已经过去。"[208] 美国国会两院手段与目标委员会（ the House Ways and Means Committee ）提交的1989 年度联邦资助项目报告显示，美国人口当中最穷的五分之一年均家庭

---

[207]　《人人享有的经济正义：关于天主教社会教育与美国经济的主教公开信》，天主教全国主教大会，1986 年。

[208]　《纽约时报》，1987 年 10 月 22 日。

收入已从 1979 年的 5439 美元下降到 1987 年的 5107 美元，与此同时，美国人口当中最富的五分之一年均家庭收入则从 61917 美元增加到 68755 美元（皆按 1987 年美元比价计算）。众议员托马斯·唐尼（Thomas J. Downey）随后评论道："政府那只公正的手必须出面干预市场中的那只看不见的手。你不能单靠在门上加锁或在街上找警察的办法，去躲避来自被排除在美国主流经济生活之外的一代人的冲击。"[209]

目前对资本主义发起的最大挑战，或许要属美国内部提出的生态健康主张。根据观察地球研究所的莱斯特·布朗（Lester Brown）的说法，市场经济的巨大优势是，它能在各种可能的用途之中高效地分配资源。它能避免苏联那种常见的弊病，即工厂年复一年地完成了生产任务，但它们生产的产品却积压在仓库里，因为这些产品的质量不达标，或是款式早已过时。市场的 *202* 价格波动能够反映出供大于求或供不应求的情况，从而迅速、合理、准确地决定所要分配的资源数量。

莱斯特·布朗也指出，当过度消耗自然资源的情况尚未使这些资源涨到天价之前，资本主义市场根本不会注意或回应这些问题。此时，自然资源的受损部分可能已经无法挽回——这种损失其实近来在世界各地屡有发生。市场机制也不会考虑与某些经济活动相关的外部成本。美国中西部和欧洲西北部的工业废气造成的污染及其引发的酸雨，给千里之外的淡水渔业、农业和林业造成了严重危害。然而，相关的工业厂家却不对污染造成的重大损失负任何责任，迄今为止，那些碰巧处在上述工厂下风口的植物、动物和居民仍在深受其害。

布朗也表示，市场体系主要考虑的是一些迫在眉睫的问题，却忽视了人类乃至地球的长远前景。例如，以高昂的农产品价格刺激农民利用"每一寸土地"（fence post to fence post）种植庄稼，却忽视了保护土质的措施。在这

---

[209]　《纽约时报》，1989 年 3 月 23 日。

种情况下，只有政府以法规或津贴的形式进行干预，才有可能说服农民采取措施来保护公众及其自身的长远利益。

普遍的问题在于，市场机制倾向于促进私人利益更甚于促进公共利益，尽管这些"私人利益"（private interests）可能包括那些预算和资源比第三世界许多国家的预算和资源还要多的跨国公司。如何摆脱这种困境，莱斯特·布朗建议，该重新考虑各国政府目前参加的增长竞赛的规则了。国民生产总值的规模和年增长率已经成为衡量一个国家威望和福利的标准。然而，从长远来看，由于生态遭到破坏，如今的许多经济增长正在产生致贫而不是致富的作用。正如统计经济增长时通常要把通货膨胀因素当作一种经济"负数"（deflator）考虑进来一样，在统计一国或全球资源遭受侵蚀的程度时，我们也要把生态负数考虑进来。例如，通过这种生态负数，就有可能对可持续的粮食生产与世界粮食需求的增长规划进行对比，或者反过来，以自然资源不可持续利用的程度为基础，来界定目前世界粮食生产的合适比例。这种生态概念和统计方法需要加以系统发展，并在规划国家发展项目和国际发展项目时加以利用。

从社会经济角度来看，当主要按照资本主义原则运转的全球经济在生产率方面达到空前的高度时，那种以为涨潮时期所有的船只都能漂浮起来的观点如今已经明显无法成立了。人们发现，大游艇开得很快，小舢板却依旧搁浅在岸边，不管这些小舢板是目前人均收入正在下降的第三世界国家，还是第一世界富裕国家内部那些越来越多、过得越来越像第三世界人民的下层阶级。教育家兼商务执行官小克里夫顿·沃顿（Clifton R. Wharton, Jr.）注意到，随着第二次世界大战的结束，西方国家的领导人以为他们有办法解决第三世界新近独立的国家的问题。"如今，我们惭愧地发现，我们不仅不知道如何解决他们的全部问题，也不知道如何解决我们自己的问题——而我们的问题与他们的问题即使不是完全一致，其相似之处也绝非巧合。"沃顿的结论是："各种令人不安的迹象表明，我们其实成了双重世界中的双重国家，我们国内的富人和穷人之间同样存在爆发冲突的可能性，在世界上其他地方发生的这种突破已在向我们发出警告。"[210]

美国内部类似第三世界状况的症状已在新闻报道和电视节目中屡见不鲜：有 2000 万美国人经常挨饿；人口普查部门的报告称，1987 年美国有 13.5% 的人口生活在贫困状态；全国各地的医院正在关闭它们的急救中心，因为太多的病人没有医疗保险或其他支付渠道；无家可归者遭遇事故的数量已经达到灾难性的水平。

为何这个世界上最大的资本主义国家竟会存在如此之多的社会弊病？有些人对这个问题不屑一顾，视其为转瞬即逝的表面问题。哈佛大学肯尼迪政 *204* 府学院科学与国际事务中心主任兼迈克尔·杜卡基斯（Michael Dukakis）州长心腹顾问的约瑟夫·奈（Joseph Nye）将美国经济问题与苏联经济问题进行了明确的区分。他把美国的经济问题视为"相对较短时期的问题，弊病在于未能把 1980 年代的账单还清"。相比之下，他认为，"苏联的经济问题则涉及其经济体制的深层本质"。[211]

没有人会否认苏联社会问题的严重性，苏联人尤其如此。然而，约瑟夫·奈把美国问题视为"短期"（short-term）问题的观点却引起了许多人的争议，因为这些问题其实至少可以追溯到半个世纪之前的大萧条时期，那是一个全球资本主义经济衰退、人们的心灵饱受创伤的时期。这种创伤一直持续到第二次世界大战，战争为此前关闭或开工不足的工厂提供了一个无穷无尽的市场，并为失业者提供了充足的工作岗位。

随着战争结束，政界和商界领袖都担心会回到战前资本主义那种放任自流的经济运行方式。此时，凯恩斯的新理论提供了一种方案。马克思这位理

---

[210]　TIAA-CREF 通讯稿，1988 年 1 月 18 日。沃顿是一位发展经济学专家，曾在若干政府基金组织任职，还曾在密歇根州立大学、纽约州立大学，以及洛克菲勒基金会担任高管。目前，他是 TIAA-CREF 基金会主席，正在负责一项为美国高等教育提供 600 亿美元的资助项目。上述评论摘自他在华盛顿特区举办的第 70 届美国教育联合会年会上的主题演讲稿。

[211]　《新瞭望季刊》（*New Perspectives Quarterly*），1988 年夏季号，第 33 页。

论家研究的是资本家与无产者之间的社会冲突，相比之下，凯恩斯这位理论
家研究的则是两者之间的社会妥协。他的诊断和处方极为简洁有力，如果工
人的工资买不起其生产的商品的话，最终就会不可避免地导致一种恶性循环，
即购买力不足—商业停顿—削减工资—工厂裁员—工厂关闭—失业严重，最
后形成一种比较平衡但却很是不得人心的新局面。凯恩斯的补救方案是：政
府通过各种可以提高公众购买力的措施来进行干预，从而阻止或扭转所有的
下滑趋势。这一药方的独特魅力在于，它看起来既符合工人的利益，也符合
雇主的利益。

　　在第二次世界大战之后的繁荣时期，西方国家的政府毫不费力地施行了
凯恩斯的基本策略，即"刺激消费"（priming the pump）以创造"有效需求"
（effective demand），还采取了累进税制，承认工会，以及各类社会立法。凯
恩斯具有历史意义的阶级妥协论（compromise），对这几十年在经济增长和
社会进步方面取得的空前成就，作出了决定性的贡献。这几十年是社会福利
（尽管存有局限）高歌猛进的美好时代，作为一种制度手段，社会福利政策
成为实现凯恩斯一系列构想的措施之一。

　　然而，凯恩斯的阶级妥协论只能在一国范围内起作用。近年来，由于通
讯、交通和管理技术的进步，越来越多的国界被打通，跨国公司以几乎无法
想象的规模在世界各地自由落户或重新落户。私营公司已从这种新型的国际
平衡之中迅速盈利，同时也产生了危及全球资本主义长期利益的严重问题。
当一家汽车公司关闭它在底特律的工厂而在墨西哥开办新厂时，它只需支付
当地工人每小时 2 美元，而不用像在本国那样支付工人每小时 20 美元。可是，
美国和墨西哥的汽车销量却都出现了急剧下降，因为失业的底特律工人和收
入不高的墨西哥工人都买不起新车。结果，经济情况不断恶化，很可能会在
将来的某一天引发新的大萧条。世界性的购买力不足将会产生一种压力，既
使第一世界国家的工资水平降低，也使第三世界国家的工资水平持续低迷。
这就有可能重现半个世纪之前大萧条的困境，其标志就是生产过剩（或因缺

乏购买力而导致的消费不足）。这种不祥趋势的征兆就是世界贸易增长率的下降，它已从 1950、1960 年代的年均 8% 下降到 1980 年代的 3%。

有些经济学家提出了一条出路，就是重振凯恩斯提出的具有历史意义的阶级妥协论。由于当今的全球经济已经一体化，他的理论一定能在世界范围内生效。要么必须提高第三世界国家的工资水平，要么强行降低第一世界国家的工资水平。为了缩小两者之间的现有差距，人们提出了各种建议，例如，在第三世界国家的工资水平、工作条件和社会福利达到国际标准的情况下，准许它们进入第一世界国家的市场。更为具体的建议是对使用廉价劳动力的国家的产品征收"剥削工人税"（worker exploitation tax），税额相当于美国工人与外国工人的工资差额。接着，这种税收所得会被转交到第三世界特定国家的工人手中，以普遍提高当地的工资水平。然而，只需回顾一下美国在将每小时最低工资标准提高到 3.35 美元的过程中，来自国会和商业利益集团的反对是何等强烈，我们就会明白：要想真正实现这种全球范围的大调整，其难度可想而知。 *206*

全球凯恩斯主义战略的直接挑战者是一些保守派经济学家，他们坚持认为，诸如美国这样的资本主义国家目前面临的困难，与其说是源于购买力不足，不如说是购买力过剩。他们认为，正是由于购买力的过剩，才导致对进口商品的需求增加，贸易赤字像火箭一样飞涨。他们的补救方法是通过削减政府在特定项目上的开支来减少消费需求，并通过削减工资、加快工作节奏和鼓励技术创新来增加企业利润。英国首相撒切尔夫人（Mrs. Margaret Thatcher）积极实施了这些政策，并宣称它们与"圣山宝训"（Sermon on the Mount）的精神是一致的。1988 年 5 月，在苏格兰教会全体会议召开之前，她又援引圣保罗（St. Paul）的话："不劳动者不得食"，辩称富人有福而穷人没福。"事实上，从造物的本性来看，富足而非贫困，才是应有的正当状态。"这种经济学和道德观的含义在 1988 年的哈里斯民意测验中可见一斑，测验报告显示，英国大部分公民都认为，在过去的 10 年里，他们的国家变得更

加富裕，更少受政府约束；但也有五分之四的人认为，他们的国家变得更加
自私；有三分之二的人认为，他们的国家变得更加不幸了。[212]

　　资本主义发展战略中的此类和另类冲突前景如何，很可能取决于"真实
世界"的性质。人们将会争论，不论是全球凯恩斯主义，还是撒切尔主义者，
都不可能在真实世界中证明自己是"赢家"（winners）。当前的全球危机如
果说有"解决方案"的话，也可能存在于许多人尚不明白的经济与社会思考
中——而且也有可能，这种方案根本就不存在。不过，人们却很难否认：一
场重大的危机正在酝酿之中。1987 年 12 月，13 个国家的 33 位经济学家齐
聚华盛顿的国际经济研究所（Institute for International Economics，IIE），他
们警告称，"世界经济出了大问题"。他们指出，证券市场在 1987 年最初的
几个月下跌了 30%，全球股市也在同年秋天下跌了 20%—30%。"市场的第 3
次崩溃，"这些经济学家提醒人们，"规模会比前两次大得多，后果也会更加
严重。"[213]

　　这些"严重后果"（pervasive results）究竟如何，与会的经济学家没有明
说，人们也不可能指望这些经济学家拿出具体的内容。每个国家都有自己的
历史和文化传统，从而产生了独特的制度和特征。19 世纪的资本主义在英
国呈现的主要形式，与当时欧洲大陆以及美国发展出来的资本主义形式极
为不同。20 世纪的资本主义在很大程度上以美国模式为主导，但在今天的
其他地方，如日本和斯堪的纳维亚，则呈现出极为不同的显著特征。即便是
在西欧的有限范围内，随着 1992 年的临近，一场斗争正在酝酿。到了那年，
该地区将会打破贸易和其他壁垒，成立新的欧洲共同体或共同市场。问题在
于，共同体内部应由哪种形式的资本主义来主导。是以市场为主导的自由主
义经济（撒切尔夫人领导下的英国赞成这种方式，美国和跨国公司也表示支

---

[212]　《纽约时报》，1988 年 6 月 15 日；《观察家》（The Observer），1988 年 5 月 22 日。
[213]　《纽约时报》，1987 年 12 月 18 日。

持），还是一种奉行福利国家政策、工人可以参与决策的管理型经济（西欧最大的经济体德国赞成这种方式）？

可以推断，在未来的几十年里，这种区域多样性将会持续存在，并且愈演愈烈，因为资本主义即将扎根于历史文化背景千差万别的土地，资本主义科技的早熟现象也会继续使"颠覆性创新"成为我们这个时代强有力的社会变革利器。20 世纪后期的资本主义世界，是一个致力于探索资本主义替代方案的世界，这些替代方案将会协调《福布斯》的编辑认为不可调和的内容——"使变革的受害者得到保护"（不论受害者是人类还是生态），同时又不损害资本主义寻求变革和发展的创新冲动。如果说这些替代方案的探索活动目前依然看似微弱的话，人们应该回顾一下，凯恩斯的理论在 1930 年代还被视为非正统，为了医治大萧条的创伤，这些理论很快成为正统。由于今天的资本主义利器具有空前的威力和变数，要想避免造成新的创伤，似乎不 *208* 太现实。新的创伤将会引出新的制度和实践——与 19、20 世纪相比，那将是一个形态多样的资本主义世界。

社会主义的替代方案

社会主义国家与资本主义国家一样，也在探索替代方案。社会主义国家的领导人十分清楚，什么才是主要矛盾。1987 年 1 月，戈尔巴乔夫对苏共中央委员会讲道："微电子学，计算机设备，试验室，以及整个信息行业的发展，是当今科技进步的催化剂。……一个能够保证全面提升生产效率、极大节省资源、提高产品质量的科技革命新阶段已经开始。……﹝苏联经济的发展取

决于] 我们如何巧妙地把社会主义有利因素与科技革命的成果结合起来。"[214]

戈尔巴乔夫和其他社会主义国家的领导人，对于如何使他们的社会适应高科技的发展格外敏感，而这也正是他们迄今为止力所不及之处，由此产生的惨痛后果包括：管理效率低下，工人干劲不足，消费品质量不合格，以及缺乏必要的服务。如今，社会主义国家具有马克思主义特征的社会重组模式正在接受人们的深刻反省，其认真程度远远高于资本主义国家对颠覆性创新模式的反省。

如果社会主义可被定义为一种注重互助合作和共同富裕甚于私人利益和个人成就的意识形态，那么，它的根源可以追溯到数千年前人类从相对平均的旧石器时代的部落社会进入以"富人"和"穷人"的阶级分化为基础的农业文明时期。此后出现的不平等和剥削现象，使各个时代不可计数的改革家和先知提出了旨在促进社会正义的种种方案。例如，在古典时代，柏拉图在《理想国》中主张实行贵族公有制，由赞成公有制的哲学家实行专政。在中世纪，英国牧师约翰·鲍尔（John Ball，1335—1381）提出了一种激进的改革方案："善良的同胞们，英国的情况好不起来了，将来也好不起来，除非实现人人平等，不再有佃户和贵族之分，所有人都平起平坐。"[215]

这种平等主义思想在各种文明当中通常以宗教形式出现，进入近代之后，也产生了世俗形态。英国革命，法国大革命，以及同时发生的工业革命，激起了人们的骚动和激情，催生出许多社会改良方案。首先出现的是 18 世纪末 19 世纪初的空想社会主义 [以圣西门（Saint-Simon）、傅立叶（Charles Fourier）和罗伯特·欧文（Robert Owen）为代表]，继而是马克思（1818—1883）倡导的"科学社会主义"。不论其科学与否，直到 1917 年俄国爆发"十

209

---

[214]　引自霍夫曼（E. P. Hoffmann）："戈尔巴乔夫的贸易改革"（Gorbachev's Trade Reforms），载《原子科学家公报》，1988 年 6 月，第 22、23 页。

[215]　引自科恩（Norman Cohn）：《对千年盛世的追求》（*The Pursuit of the Millennium*，Oxford University Press，1970，p.199）。

月革命"（Bolshevik revolution）并建立苏维埃社会主义共和国联盟之前，社会主义依然停留在理论和空想层面。在 1930 年代，苏联宏伟的"五年计划"与资本主义国家的大萧条形成了鲜明对照，唤起了人们对苏联社会主义模式的高度向往。然而，由于苏联既缺乏个人自由，又在技术和经济方面落后于日本、西欧、美国这样的资本主义对手，这些向往也就黯然消失了。

不论从经济标准还是从社会自由程度上讲，苏联作为一种社会主义模式已经失败。第二次世界大战之后在欧洲、亚洲和非洲涌现的众多社会主义试验也遭受了失败。如果说资本主义的颠覆性因素给世界造成了严重后果的话，社会主义国家改造社会的尝试则给中国、越南、南斯拉夫、埃塞俄比亚以及苏联本身造成了更加严重和直接的后果。这些分布极广的社会主义国家之所以遭受困难，有两个主要原因。

第一个原因在于，这些国家都有着欠发达和贫困化的历史渊源。马克思推断，他期待已久的革命将会率先发生于发达的工业化国家，然后才会在这些国家的殖民地发生。然而，第二次世界大战之后的社会主义国家大多出现在欠发达且饱受贫困折磨的前殖民地或半殖民地国家。在各地（东欧部分除外）登上历史舞台的社会主义，是以资本主义的替代者而非继任者的面目来出现的。[216] 这是一个极为重要的历史事实，因为它意味着，所有这些社会 *210* 主义国家自从诞生以来就具有一种不可避免的内在困境。

这些国家本可通过个人竞争和市场手段来集中解决国内贫困问题（这种贫困问题往往由于民族独立之前的战祸而雪上加霜），然而，这种做法势必导致社会主义所要注定铲除的不平等和不公正，而且也未必能够保证在经济上取得成功。这些国家也可通过相应的社会主义机制集中发展奉行平等主义的社会主义社会，这一过程通常会使经济增速放缓，使原来的贫困落后问题迟迟得不到解决——从政治上讲，这一过程在一个消费主义加速传播的时代

---

[216] 海尔布隆纳：《未来的历史》（*The Future as History*，1959，p.99）。

极易受到攻击。社会主义国家背负的沉重的历史包袱，迫使它们要么优先发展经济，推迟实现社会主义的时间表，要么专注于社会主义的目标，从而在可以预见的将来一直保持贫困落后状态。困难之处在于：如何始终如一地坚持其中的某一条路线。许多社会主义国家在优先发展效率还是优先实现公平方面举棋不定，结果产生了不良后果。以中国为例，毛泽东先前提出的"为人民服务"的口号，近来已经变成邓小平提出的"使一部分人先富起来"。

比起经济领域内这种在效率与公平之间举棋不定更具危害的，是政治领域内那种在从上到下的领导独裁与自下而上的民主参与之间摇摆不定。这种政治上的不确定性，也是一种历史遗留问题——既有近代以来的马克思列宁主义意识形态，也有古代朝贡社会的价值观念。马列主义意识形态从一开始就把共产党既视作人民的公仆，又视作人民的主人。结果，人们期望共产党在"尾巴主义"（tailism）和"命令主义"（commandism）之间的缝隙行事（前一个主义是消极地听从群众的意愿，后一个主义则是高高在上地对群众发号施令）。

在意识形态问题之外，还存在一个历史事实，即社会主义只在实际上毫无民主传统的国家出现过。举例来说，中国曾被描述成这样的国家："那里存在着两种官僚传统。……一种是中国古代的'官僚体制'（mandarin），一种是共产党的'干部体制'（apparatchik）。这两种体制在同时起作用。"[217] 毛泽东最终于 1949 年在中国大陆取得了政权，这是红军同蒋介石率领的国民党军队以及在 1945 年之前占领中国大片领土的日本军队之间进行数十年破坏极大的战争的结果。同样，在第二次世界大战爆发之前，东欧除捷克斯洛伐克共和国之外，到处都是独裁者掌权。在俄国，沙皇独裁统治的口号是"正统、独裁、民族至上"（orthodoxy，autocracy，nationalism），这句口号也可用来精确地概括斯大林独裁统治的实质。

_211_

---

[217]　施拉姆（Stuart Schram）：《毛泽东传》（*Mao Tse-tung*，Penguin Books，1966，p.333）。

只有从这种经济落后、政治专制的历史背景出发，我们才能更好地去理解第二世界社会主义国家当前面临的问题。苏联的米哈伊尔·戈尔巴乔夫在强调与过去这种体制和实践决裂的必要性时极为坚决。他的改革力度比先前的尼基塔·赫鲁晓夫还要大，后者曾用解释力十分有限的"个人崇拜"（cult of personality）概念来解释数十年来苏联体制失败的原因，试图以此来否定斯大林主义的影响。

戈尔巴乔夫则公开宣称并反复强调，必须对那些基本原则作出重新评价。例如，他在 1987 年 6 月向苏共中央委员会宣布："我们的社会变化很快……存在着新的观念和新的希望。……我们要解决新的问题，情况相当复杂。我们不敢保证不犯错误。……但我坚信，最大的错误就是害怕犯错。"[218]

戈尔巴乔夫"害怕犯错"（fear to err）的提法，与罗斯福总统"最大的恐惧就是恐惧本身"（nothing to fear but fear itself）的提法惊人地相似。其实，1930 年代的新政与 1980 年代的"改革"之间，可以进行具有启发性的比较。两者都旨在克服一种大危机——在美国是胡佛（Hoover）时期的大萧条，在苏联是勃列日涅夫时期的经济停滞。两者的发起人不是底层民众，而是上层的国家领袖——都来自本国的精英阶层。罗斯福和戈尔巴乔夫都对颠覆原有社会体制的革命不感兴趣，而是希望通过实实在在的改革来恢复和保全那些体制。"我们的社会永远也不会像过去那样了，"戈尔巴乔夫在 1988 年 5 月宣布，"它在发生变化。……许多事情有待完成，但是火车已经启动，并在 *212* 加速行驶。"与此同时，苏联政治学家，戈尔巴乔夫的顾问菲奥多·布尔拉茨基（Fyodor M. Burlatsky）宣称："苏联社会内部正在进行一场激烈的斗争，它涉及社会主义的基本原则，而我们所持的社会主义观念正在发生变化。……一切都受到了冲击，前景十分堪忧。"[219]

---

[218] 《洛杉矶时报》，1987 年 6 月 27 日。

[219] 《洛杉矶时报》，1988 年 5 月 29 日。

这种全面变革的前景，引起了担心前途不保的保守派和要求大刀阔斧而非修修补补式改革的激进派的强烈反对。这种情况可以理解。罗斯福曾被右派斥为本阶级的叛徒，也曾被追随休伊·朗（Huey Long）[220] "社会财富共享"（Share-Our-Wealth Society）主张的左派所批评。如今，苏联人的激烈情绪也在持续发酵。正在掌权的年轻一代成长于勃列日涅夫的稳定时代，他们的文化水平较高，对勃列日涅夫政府的弊端更加敏感，对现状批评得更加尖锐，对未来也提出了更多的要求。除此之外，苏联也存在着保守势力，少数民族，技术官僚组成的利益集团，以及拥护改革的各种政治团体。所以，在贯彻戈尔巴乔夫的"改革"时，就要像半个世纪前华盛顿的"新政派"那样，必须采取一些灵活多样的政治手腕。

在右派方面，戈尔巴乔夫面对的是俄罗斯民族主义者，他们赞成传统的计划经济，主张优先发展军事工业和重工业。在政治和文化方面，保守派反对"思想解放"（glasnost）带来的多元化和分散化。这方面的代表是小说家尤里·邦达列夫（Yuri Bondarev），他抱怨说，新开放的媒体发出了"毒蛇一般的嘶鸣"，"破坏并否定"了"爱国主义"和"祖国"这些神圣的概念。邦达列夫把支持"思想解放"的人斥为意在摧毁俄罗斯本土文化的"有文化的野蛮人"，甚至呼吁爱国者发起一场新的斯大林格勒保卫战，以打击和清洗国内暗藏的野蛮人。一些与邦达列夫持同样观点的人属于"帕姆亚特"（Pamyat）组织，该组织具有强烈的反犹主义和反西方倾向。它认为戈尔巴乔夫及其支持者受到了西方的过度影响，主张实行具有"俄罗斯传统"（the Russian tradition）的强力专制。

213　少数民族的骚动也给戈尔巴乔夫带来了难以解决的棘手问题。原因之一在于，沙皇俄国和苏联从来就不是美国那样的"大熔炉"（melting pot）。当

---

[220] 朗（1893—1935），美国政治家，1928—1931 年间任路易斯安那州长，主张政府加强对公共事业的管理，实施公共工程计划和教育改革，1932—1935 年间任参议员，在"大萧条"时期提出"社会财富共享"计划，1935 年遇刺身亡。——编注

世界各地数以百万计的移民涌入相对"空白"的美洲大陆时，美国自然而然地采取了"熔炉"路线。相比之下，沙皇俄国却是凭借帝国军队征服了众多的少数民族。所以，这些少数民族也就成了帝国拼盘当中互相分离的组成部分，并未融合成相对同质的群体。这也是为何苏维埃社会主义共和国联盟虽然是由 16 个共和国组成的联盟，但却也只是在名义上具有苏维埃和社会主义性质，更为重要的是，它们的基础是各个不同的民族：俄罗斯、乌克兰、阿塞拜疆、乌兹别克、塔吉克、立陶宛、拉脱维亚、爱沙尼亚、格鲁吉亚、亚美尼亚，等等。

这些独特而悠久的少数民族构成了潜在的反抗因素，一旦苏联社会内部的分裂势力有所抬头，这些因素就有可能被调动和刺激起来。此类情况中的一种是担心被俄罗斯人同化，当俄罗斯工人搬到波罗的海、中亚和其他加盟共和国的新厂工作时，这种恐惧就会被引发出来。以拉脱维亚共和国为例，拉脱维亚人如今发现，他们原来是少数民族。作为这种情况以及其他问题的回应，拉脱维亚人于 1988 年 10 月成立了"拉脱维亚人民阵线"（Latvian Popular Front），该组织虽然没有提出拉脱维亚完全独立的主张，但却要求取得一个独立国家应该享有的其他所有权利，其中包括发行本国的货币，与外国建立外交关系，以及限制俄罗斯人和其他苏联公民向拉脱维亚共和国移民。"40 多年来，"拉脱维亚一位著名的民族主义者声称，"我看到我国的文化和经济在慢慢退化。是该夺回我们本国主权的时候了，因为一个真实的拉脱维亚所遭受的损失已不再是一种威胁，而是一种真实而紧急的危险。"[221]

担心被俄罗斯人同化，并不是苏联那些骚动不安的少数民族关注的唯一问题。亚美尼亚人和阿塞拜疆人也在争执不下，因为这两个民族的历史纠葛可以追溯到沙皇时期，两者都在对方国家保留了一小部分居民。如今，要求莫斯科重新划定共和国边界以更加符合少数民族现状的压力与日俱增。一些

---

[221] 《纽约时报》，1988 年 10 月 10 日。

214 少数民族领袖反对戈尔巴乔夫的改革，因为他根本没有考虑少数民族的问题。因而，他们就把民族意识当成一种得心应手的工具来抵制改革。[222]

无论其根本原因如何，苏联的少数民族向戈尔巴乔夫的改革计划发起了严峻的挑战。截至目前，这些少数民族提出的要求都与民主自治有关，而不像第三世界的反殖民主义运动那样要求完全的独立，并拒绝接受任何妥协方案。莫斯科决策者面临的任务之一就是，防止少数民族目前争取在苏联内部获得更多自由的要求，升级为独立于苏联的要求。在各加盟共和国，民族主义者的不满情绪和骚动势头愈演愈烈，以致人们担心：民族自治与民族独立之间的界线，能否继续得到尊重和保留。

在苏联目前的改革风潮当中，还有一股强大的势力，其中包括普遍支持改革概念的专家治国论者，这些人都是文化程度很高的经济学家、科学家、学者、记者和其他各类专家。他们在国内和国外发表具有理论深度的文章，批评现有的"命令式行政体制"（command-administrative system），倡导一种更加高效的"社会主义市场"（market socialism）。具体而言，他们主张取消粮食补贴，要求工厂和企业即便是付出倒闭和失业的代价也要自负盈亏，使小型私营企业合法化，并鼓励迄今受到压制的个人致富和积极消费的欲望。著名经济学家尼古莱·什梅廖夫（Nikolai Shmelev）是戈尔巴乔夫的顾问，他建议自己的同胞不必担心失去"意识形态的纯洁性"（ideological virginity），他这句话巧妙地总结了专家治国论者的这种心情。[223]

苏联的"专家治国论者"（technocrats）相对而言在国外更加有名，他们赞同市场经济的主张在那里受到了相当程度的欢迎。与这些"专家治国论者"有些关联但分歧极大的，是另一个不太著名的群体。这个群体包括左翼知识分子，有时也被称为苏联的新左派。他们支持改革，但坚决主张应该采取自

下而上的方式进行改革，而不能从上到下强加于人。为此，他们更乐于把自己称作"社会主义民主革新派"（*obnovlenie*）。这个名称的某些内涵，使苏联左派有别于那些"专家治国论者"。对这些左派中的许多人来说，实现精神目标与提高国民生产总值同样重要；他们认为，盲目崇拜市场与崇拜高度集中的计划经济相比，并非什么重大的进步；他们像反对官僚权威那样，坚决反对盲目地接受消费主义观念；他们把更多的私人闲暇看得比更多的私人收入同等重要。总之，苏联的激进派认为，改革日程中的头等大事，就是满足人们的基本需求。

　　近些年来，拥护这种激进改革的非正式组织在全国各地不断涌现出来，用俄罗斯人的话说，"如同雨后蘑菇一般"。1987 年 8 月，这些组织的代表在莫斯科召开的"社会主义民间俱乐部"（Socialist Civic Clubs）大会上聚到一起，他们宣布自己的基本目标是完成社会主义民主革命，这一革命发端于 1917 年，却因斯大林主义的胜利而"脱轨"（derailed）。他们对戈尔巴乔夫的"社会主义市场"表示支持，条件是它要"严格保障劳动人民的社会福利：实现充分就业，实行最低工资标准，以及养老金制度，等等"。大会的一位参与者称，由于他们的目标是基于自我管理的社会主义，就应学习 1960 年代美国新左派的经验，即"提倡互助精神，废除掠夺性竞争，并以个人主义的方式追求能够实现自我的私人利益"[224]。

　　美国新左派的经验十分重要，因为苏联的左翼知识分子跟他们一样，代表的只是本国人民中的一小部分。这就提出了一个关键的问题，即构成苏联人口绝大多数的工人和农民似乎对事态的发展深表疑惑，这也许是由于他们的真实处境非常不稳。一方面，他们对此前勃列日涅夫当政时期的政治腐败和任人唯亲现象有着诸多的切身体会；另一方面，他们也安于当时那种安全

---

[224]　引自弗拉哈提（P. Flaherty）："激进派改革家：苏联新左派的起源和意识形态"（Perestroika Radicals：The Origins and Ideology of the Soviet New Left），载《每月评论》（*Monthly Review*），1988 年 9 月，第 22、26 页。

舒适的生活，工作有保障，食品、居住和医疗条件即便质量一般，甚至很差，但是价格便宜，而且可以享受国家津贴。苏联人民已经总体上把社会主义当成一种国家保险政策，它的各种保障受到普遍欢迎和支持。人民不满意的是产品和服务的质量，尤其是在了解到西方国家有那么多高质量的产品和服务之后。苏联观众在观看诸如《克雷默夫妇》（*Kramer vs. Kramer*）这样的美国电影时，印象最为深刻的往往不是演技的好坏，而是影片背景当中克雷默夫妇的住房面积和各种家具。对大部分苏联人来说，理想的情况是既能提升产品和服务的质量，又能继续实施现行的终身保险政策。不过，他们也有自知之明，知道在可以预见的改革前景当中，实现这种情况的可能性即便不是完全没有，也是微乎其微。

　　因此，苏联公民在渴望得到"林中之鸟"时，也极为理性地迟迟不愿放弃"手中之鸟"。这种观望态度给戈尔巴乔夫提出了一道艰巨的难题。他的改革计划（包括社会主义市场机制，威胁关闭生产效率低下的工厂，并解雇生产效率低下的工人），其实是一种苏联版本的"新政"——较少地提供经济保证，较多地为那些合格的工人支付更高的工资。戈尔巴乔夫还试图通过提倡思想解放来缓和这种"不劳无获"（quid pro quo）政策引发的猛烈冲击。他说，如果苏联公民真正参与到改革中来，如果他们真正把精力和创意贡献出来，就不会在经济保障与高质量的生活水平之间左右为难。一次团结一致、目标明确的全民跃进，将会使他们尝到甜头。这将使苏联公民的生活水平胜过西方的对手，因为后者为了享受第二世界国家普遍羡慕的消费主义，还要继续承受经济无着的沉重压力。

　　当年，拜第二次世界大战的"良机"（Good War）所赐，美国的工厂重新开业，工人重新上工，罗斯福的"新政"没有经历生死存亡的严峻考验。而在当今的核能时代，戈尔巴乔夫的"新政"则无法指望出现类似的逃亡通道。所以，1980年代的苏联在很多方面与1930年代的美国十分相像：同样的不安和焦虑、梦想和梦魇，无心从事一度令人振奋和清醒的社会试验。著名社会学家塔提亚娜·扎斯拉夫斯卡亚（Tatiana Zaslavskaia）曾反复强调，在一系列人民广泛接受而且切实可行的政策出台之前，有必要对其进行多年的论证，使其上升到战略层面，并且倾听苏联公民的心声。正如戈尔巴乔夫的首席经济顾问阿贝尔·阿甘别吉扬（Abel Aganbegyan）告诉我们的那样，这个过程的第一步就是要对外国的经验加以重新关注。"我们正在学习东欧、中 *217* 国以及资本主义国家的经验……各个国家的某些做法都可能会对我们有用，我们应该从中吸取经验。"[225] 同样，经济学家尼古莱·什梅廖夫也宣称："企业当中 1% 或 2% 的醉鬼和怠工者可能要被解雇。"不过，他也补充道，10% 的失业率虽然在西方国家并不罕见，但在苏联，人们绝对是无法接受的。"我不想在我们的国家实行任何资本主义，也不想失去我们的社会网络。……我感觉你们美国人走到了一种极端，我们苏联人则走到了另一种极端，真理也许就在这两种极端之间。"[226]

与此同时，作为苏联的政治领导人，戈尔巴乔夫试图打消群众的怀疑心理，并动员他们积极支持他的改革计划。作为典型，他为了争取农民的支持，尝试以 50 年为租期，鼓励他们自己承包土地，以取代当前集体农场那种不论效率高低都能领取政府工资的做法。戈尔巴乔夫辩称，集体农场必须停办，因为"只要不干活就能领工资，也就没有哪个傻子会愿意包地干活"[227]。戈尔巴乔夫的话虽然不无道理，但他允许私人承包土地的做法还是很快就遭到反对。集体农场的老板不愿放弃自己的职位，农民宁可享受集体保障也不愿尝试缺乏保障的私人经营，普通公众在经历了数十年的平等主义思想洗礼之后，也对农村地区可能出现一个新富起来的企业家阶层表示不满。

---

[225] 阿甘别吉扬（A. Aganbegyan）："苏联经济新趋势"（New Directions in Soviet Economics），载《新左派评论》（*New Left Review*），1988 年 6 月，第 169 期，第 95 页。

[226] 《洛杉矶时报》，1987 年 12 月 25 日。

[227] 《纽约时报》，1988 年 10 月 14 日。

　　亚历山大·雅科夫列夫（Alexander N. Yakovlev）[228] 是改革计划的主要理论家之一，也是苏共中央政治局的成员，他直言不讳地讲，苏联人民当中存在着根深蒂固的"保守主义"思想，这是戈尔巴乔夫改革的一个重大障碍。他在党内一次领导人会议上承认，"谈到政治改革，要想与习以为常的旧势力决裂，是何其艰难"。谈起苏联的人民群众，他承认他们正在受到新原则的严重困扰。"民主，开放，合股公司，社会主义市场，自我经营，人民主权，思想多元——所有这一切正在深深地影响着我们的生活。它们扰乱了我们的生活，有时甚至令一些人寝食难安。……人民怀念过去那种有保障的生*218* 活。"[229] 在我们这个时代，面对史无前例、不断加速和极不稳定的变革，多少个社会中的多少个人都在体会这种怀旧的心情！

第三世界的替代方案

　　如果说，第一世界国家已经并不情愿地开始考虑更能提高人民生活水平的资本主义替代方案，第二世界国家也在积极探索权力更加扩散、生产力水平更高的社会主义替代方案，那么，第三世界国家的困境则更加严重。这些国家非常脆弱，经常受到代表外国利益的外国利益集团的操纵，它们迷失了方向，没有一致的目标，也没有实现任何目标所需的战略共识。

　　加纳领导人，空军上尉杰瑞·罗林斯（Jerry Rawlings）的坎坷经历就是这种困境的明证。1983 年，在第一次掌权之后，他宣布要把加纳建成一个社会主义国家，并向利比亚和苏联寻求援助。当这些援助开始耗尽，加纳经济也开始衰退时，他开始向西方求援。他如此忠实地遵循了国际货币基金组

---

[228] 雅科夫列夫（1923—2005），苏联政治家，历史学家，戈尔巴乔夫执政时期智囊团主要成员，被称为"改革教父"。著有《马克思主义在苏联的命运》《苏联一个世纪的暴力》等。——编注

[229] 《洛杉矶时报》，1988 年 12 月 18 日。

织（IMF）的指示：削减社会开支并采取"禁欲"（austerity）措施，以致国际货币基金组织称其为"全非洲的榜样"。但是，1988 年 4 月，美国哥伦比亚广播公司的新闻节目"60 分钟"（60 Minutes）对杰瑞·罗林斯进行的访谈，却表明这位数年前仅用几个小时就推翻文官政府的政变者，这位喜欢夸夸其谈的空军上尉，完全是另一副模样。从表面上看，加纳转投西方的战略取得了成功。人气旺盛的城市市场上堆满了货物，金矿也在实施大规模的作业，可可的产量也出现成倍增长。然而，罗林斯也承认，加纳新兴的经济浪潮并未能"使许多小船漂浮起来。……坐在这里，承认这种情况，对我来说是一件痛苦的事情。……人们现在仍然买不起商场里的东西。……你们也看到了，数 10 万人已经死于贫困。而我却只能无能为力地坐在这里。……这好比是在黑暗中摸索前行，探索一条能够缓和非洲这种处境并解决某些全球问题的出路。我不想宣泄自己的感情。……走得太远,可能会在政治上犯错误。…… *219* 但如此无助地坐在这里，实在是太痛苦了。我们太无助了……"[230]

在第二次世界大战之后的最初几年，第三世界国家似乎并未"在黑暗中摸索前行"（clawing in the dark）。相反，它们目标明确、全神贯注地从欧洲殖民主义列强手中赢得了独立。这种情况在 1950、1960 年代的进步之快，有些出人意料。它们接下来的目标是在巩固政治独立的同时，争取在经济和文化上赢得独立。但在这一点上，它们遇到了严重的困难，迄今仍未克服。在第三世界国家争取独立的斗争中形成的两种国家：保守的民族主义国家和革命的社会主义国家，都遇到了这种困难。

保守的民族主义国家的领袖基本上都是一些西方化的商人、教师、牧师、文官和军官。他们希望率先结束外来统治，但却不想过分撼动原有的社会制度。他们不是马克思主义者，也不想挑起阶级斗争。他们没有从根本上

---

[230] 哥伦比亚广播公司新闻节目"60 分钟"，1988 年 4 月 24 日戴安娜·索耶（Diane Sawyer）对杰瑞·罗林斯的采访。

挑战本地人或外国人的既得利益，不管这些利益是传统的房地产、种植园、商业公司、银行、铁路、矿山，还是政府的债务。先前的殖民统治者更愿意把政治权力最终托付给这些民族主义领袖，因为他们非常清楚，这些人不会利用这种权力去发动根本性的社会或经济变革。例如，英国承认了甘地（Gandhi）、尼赫鲁和国大党这些相对保守者领导下的印度的独立地位，却对马来亚的共产党游击队进行了坚决彻底的打击。法国承认了亲法的保守派费利克斯·乌弗埃 - 博瓦尼（Félix Houphouet-Boigny）领导下的象牙海岸独立地位，却对越南共产党人胡志明（Ho Chi Minh）和阿尔及利亚的社会主义者穆罕默德·本·贝拉（Mohammed Ben Bella）进行了坚决的斗争。同样，美国承认了菲律宾的独立，却对胡志明政府进行了长达 20 年的全面战争，以确保越南不会像 "多米诺骨牌" 那样倒下（fallen domino）。在非洲，出于同样的战略考虑，英国承认了民族主义者掌权的加纳和尼日利亚的独立地位，葡萄牙却与共产党领导的安哥拉和莫桑比克进行了坚决彻底的斗争。

在取得独立之后，这些民族主义国家开始致力于发展经济。它们全都希望使经济获得发展，但却不会打破全球资本主义秩序。它们最大限度地促进原料生产和出口；为了实现经济增长，它们通过协商，取得了贷款；它们也接受了西方政府和诸如曾经发起过两个 "十年发展规划" 的联合国这样的国际组织提供的发展计划和技术援助。在这些政策的帮助下，民族主义国家领导人希望复制西欧和美国几百年前那种经济增长模式，并最终实现全面工业化。然而事实证明，除了少数孤立的例子，这种复制不可能取得成功。全球经济的基本格局发生的变化是如此巨大，以致这些欠发达国家已经无法重复过去那些欠发达国家走过的工业化道路。

英国的历史经验很好地说明了过去的工业化与现在的工业化之间的差异。在工业革命初期，由于中世纪行会的没落和工会尚未合法化，英国工人受到了严重剥削。于是发生了捣毁机器的卢德运动（machinery-smashing by Luddites），以及 1819 年镇压工人骚乱的 "彼得卢大屠杀"（Peterloo massacre）。

1850 年出现"利益均沾"（trickle down）现象之后，英国工人阶级享受到了好处，劳资之间才实现和平，全面繁荣的景象也得以出现。第三世界国家至今仍对此津津乐道，但却鲜能实现。在英国之所以能够行得通，只不过是因为英国工业享有垄断世界市场的独特优势。1814 年，英国出口的棉花比国内所用的棉花数量多 14%，1850 年，这一比例已经上升为 24%。英国其他行业也从全球市场获益匪浅，从而使英国成为"世界工厂"（industrial workshop of the world）。

　　如今，发展中国家已经没有这么宽广的发展道路——没有这么广大的外国市场向它们的产品敞开大门。相反，原料价格在世界市场持续下跌，它们的少数出口产品（纺织品、钢铁、鞋类和服装）也遇到率先实现工业化的国家以"公平交易"为口号提出的越来越多的要求。所谓"公平交易"，只不过是保护主义的比较婉转的新提法。渴望迈上经济发展新台阶的第三世界国家还面临着同样严峻的问题，即本国市场的持续低迷。本土工业不仅难以进入外国市场，还受到本国购买力不足的制约，这两种现象有着必然的联系。工资不高的工人和失去土地的农民几乎指望不到西欧、美国和日本那种早期工业化过程中的"利益均沾"效应，而这种效应曾被许多经济理论家视为经济自然"起飞"（takeoff）过程的一部分。非但如此，第三世界国家还出现利润"逆流"（trickle up）到当地精英以及"外流"（flow out）到跨国公司和外国政府及银行的现象。跨国公司掌控着国际贸易，外国政府和银行每年都会向第三世界国家征收巨额的到期债务。1989 年，这些债务总数高达 1.3 万亿美元。

　　第一世界国家与第三世界国家之间的财政关系由第一世界国家局部通过国际货币基金组织来管理，该组织要求债务国必须接受其"结构调整计划"（structural adjustment programs，SAPs），才能得到申请第一世界贷款和投资所需的世界货币基金组织的"批准图章"（stamp of approval）。"结构调整计划"的主要目的，是鼓励或强迫第三世界国家把国有企业出售给私人集团；

建造海港、铁路和公路以便出口原料；停止向穷人发放使其买得起食品的国家基本商品补贴；削减医疗、教育、社会服务方面的开支，以省出足够的资金用于还债。用国际货币基金组织的术语来说，事实证明，这种"命令式管理"取得了显著成效——只是对第三世界国家无效。根据经济互助与发展组织提供的数据，1982—1987 年间，第三世界整体接受的发展援助、出口信贷、银行贷款和私人投资总计 5520 亿美元，与此同时，第三世界国家以利息和分期支付的方式偿还的债务却达 8390 亿美元。就这样，世界上最贫困的国家仅在 6 年时间就为最富裕的国家提供了 2870 亿美元的净收益——总数大约相当于四个"马歇尔计划"所需的资金。即使已经偿还了这么多债务，穷国背负的债务在 1987 年仍比 1982 年增加了三分之一。这种大伤元气的做法势必降低当地的生活水平。1980—1987 年间，拉丁美洲国家的人均收入下降了 30%，撒哈拉以南非洲的情况还要更加恶劣。

222　　　现代生活中的这些经济现象已经对政治生活产生了深远影响，把第三世界国家更多地推向专制统治。由于经济上的困境，以及拖欠第一世界国家债务的负担，使这些国家的政府无力满足日益觉醒的公众。结果，一方面，劳工组织之间发生了持续冲突；另一方面，政府在"命令式管理"的外部压力下，竭力实施各种紧缩措施。最近几十年来，这种冲突一个国家接着一个国家发生，其顶点就是官僚机构中的文官或军官发动的政变。由于缺乏强大而独立的经济基础，第三世界国家的官僚机构往往完全依赖武装力量和国家机器来夺取权力并维持生存。为了保住官位，避开周围的贫困世界，他们往往不择手段。这种情况有助于解释第三世界发展模式中的悖论，即在推翻外来的殖民统治之后，取而代之的却是本国的军事独裁，或是依附第一世界前宗主国的一党专政。

　　负面的经济统计数据既产生了社会影响，也产生了政治影响，因为它们证明政府大幅削减了社会服务，并使营养不良和疾病现象相应地大幅增加。据估计，第三世界每年有 1500 万至 2000 万人死于饥饿或因营养不良引发的疾病。这就相当于每两天出现一次广岛遭原子弹袭击那样的事件。最具讽刺意味的是，随着资本乃至食物的净流向从贫困不堪的南方国家转到富裕的北方国家，结果导致北方国家和南方国家一起受损。由于债务国无法在还债的同时购买进口产品，使美国对拉丁美洲和非洲的出口额从 1981 年的 520 亿美元下降到 1987 年的 400 亿美元。出口额每减少 10 亿美元，就等于减少了 2.4 万个就业岗位，所以，第三世界国家的债务在 1987 年令美国损失了 28.8 万个就业岗位。[231] 关于全球经济中的这些矛盾，一位在联合国工作的经济学家作出了如下分析："与 1930 年代的大萧条所不同的是，当今的世界经济真正具有了相互依存关系。第三世界国家的债务问题与出口利润下降的问题，迫使发展中国家关闭本国从工业化国家进口产品的市场。这种作用是相互的。第三世界的崩溃也会危及第一世界的复苏。"[232]

1988 年 8 月，美国国务卿乔治·舒尔茨（George P. Shultz）对此作出了回应，他在里约热内卢宣称，拉丁美洲国家只有通过"大力实施旨在实现贸易和汇率自由化、取消经济管制、实行私有化和市场主导原则的外向型政策"[233]，才能使经济取得进步。然而，有些经济学家就"市场主导原则"（market-based principles）与第三世界的实际后果之间的差距提出了重要问题。以阿根廷著名经济学家劳尔·普雷维什（Raul Prebisch）[234] 为例，他在第二次世界大战之后曾率先提倡一种进口替代战略，旨在刺激第三世界国家的工业生产此前需从第一世界国家进口的产品。这一战略得到了广泛实施，然而到了 1979 年，普雷维什承认，以经济手段解决他如今确信主要是社会政治

[231] 苏珊·乔治（Susan George）：《比债务更糟糕的命运》（*A Fate Worse than Debt*，Grove Press，1988）；《洛杉矶时报》，1988 年 9 月 25 日。

[232] 《纽约时报》，1982 年 12 月 6 日。

[233] 《纽约时报》，1988 年 8 月 8 日。

[234] 劳尔·普雷维什（1901—1986），阿根廷著名经济学家，结构主义经济学流派代表人物，提出"普雷维什-辛格假说"，在此基础上衍生出依附论；先后出任阿根廷财政副国务秘书、阿根廷共和国中央银行总经理、联合国拉丁美洲经济委员会秘书，筹组"联合国贸易和发展会议"并任秘书；代表作《外围资本主义：危机与改造》。——编注

方面的问题，是一个错误。"我们以为加快经济增长就能解决［第三世界的］全部问题。……这是我们犯下的严重错误。"普雷维什指出，有些国家的国民生产总值持续高速增长了 30 年，但那些国家的人口中却有 40% 的人未能从中受益。他认为，其原因在于"我们拒绝对社会结构进行改造"，结果，经济增长的受益者仅限于一小撮不事生产的"专事消费的特权阶层"。他总结道，如果不进行"彻底的社会改革"，任何发展计划都注定会以失败告终。[235]

　　普雷维什"彻底的社会改革"（complete social transformation）设想并不新鲜。其实，第二次世界大战之后进行社会主义革命的国家都严格遵循了这条原则。民族主义者掌权的国家主要关注的是如何结束殖民统治，革命者掌权的社会主义国家追求的则是既要建立社会新秩序，又要建立政治新秩序——事实证明，这种追求与民族主义者的追求一样，最终均都未能如愿。

　　世界上最先由革命者掌权的国家是 1917 年俄国"十月革命"的产物。布尔什维克是第一个拒绝采用西方资本主义模式，并致力于在本国建设社会主义新社会，同时鼓励其他国家进行革命的统治集团。然而，随着第一次世界大战之后中欧和东欧革命运动的失败，布尔什维克政权发现自己成了资本主义海洋里的一座经济落后的社会主义孤岛。直到第二次世界大战在中国继而在南亚、葡属非洲和古巴引发新的革命浪潮之后，这种孤立局面才被打破。东欧也出现了共产党政权，其中南斯拉夫和阿尔巴尼亚这两个国家是凭本国革命者的努力取得了政权，其余各国的共产党政权则是随着苏联军队的推进而被安插在那里。

　　遍布全球的革命者政权与当初的苏联政府一样，面临着同类的问题：既缺乏建设社会主义的蓝图，也缺乏进行必要的开放性社会试验的物力和生产

---

[235]　普雷维什："北 - 南对话"（North-South Dialogue），载《第三世界季刊》（*Third World Quarterly*），第 2 期，1980 年 1 月，第 15—18 页。

能力。马克思主义者的著作中通常论述的是如何推翻资本主义，而不是在推翻之后如何行事。当然，苏联的确是以世界大国的面目存在，但据毛泽东的观察，它的"反面教材"作用（learning by negative example）要比完全照抄苏联模式更加有用。在政治领域，苏联版本的马列主义是一种僵化的变体，只不过是使斯大林的独裁统治合理化与合法化的工具。当它随着大量的教材、教师和意识形态导师被照搬到第三世界国家之后，非但没有揭露和解决矛盾，反而把矛盾掩盖起来。同时，苏联在技术和经济领域也缺乏活力，不能给更具公有制特征的新兴发展活动提供榜样。除了少数特例，尤其是古巴之外，苏联也不能像资本主义国家的政府、多边组织、私人银行和投资者那样，为发展中国家提供同等数量的投资。在文化领域也存在着类似的不平衡现象，因为在第三世界的任何地方都看不到可与好莱坞、麦迪逊大道和纽约电视台源源涌入的音乐、服装、媒体产品和消费品相媲美的社会主义国家替代产品。法国作家雷吉斯·杜勃雷（Régis Debray）[236] 评论道："摇滚乐、影视录像、牛仔裤、快餐、新闻网络和电视卫星的威力，比整个红军的威力还要大。"[237]

假如说第三世界的革命政权从苏联那里得到的实际援助要比通常以为的要少的话，那么它们遇到的来自西方国家的敌意却是无以复加。西方国家采取的手段包括武装干涉、扰乱民心的宣传战，以及经济制裁，它们均已被载入中国、越南、古巴、安哥拉、莫桑比克、尼加拉瓜和其他一些幼小的革命政权的史册。

然而，这些社会主义国家经历的考验和磨难，最初并不一定都是外国干 *225* 涉的结果。以朝鲜为例，革命领袖金日成（Kim Il Sung）其实创建了一个世

---

[236] 杜勃雷（1940— ），法国哲学家，记者，密特朗总统顾问，因提出译介学而知名，著有《媒介宣言》《占优势的上帝》等。——编注

[237] 杜勃雷："从卡拉什尼科夫步枪到上帝和计算机"（From Kalashnikovs to God and Computers），载《新瞭望季刊》，1988 年秋季号，第 43 页。

袭王朝（他把自己的儿子指定为继承人），人民群众在"个人崇拜"的威慑下卑躬屈膝。在越南，按照 1988 年该国驻联合国大使的说法，由于"管理不当，腐败丛生，任人唯亲，领导无能"，导致出现大范围的粮食短缺问题。[238] 在古巴，菲德尔·卡斯特罗（Fidel Castro）1986 年参观了一家新建的纺织厂。他把那里 25% 的旷工现象斥为"可耻"。他注意到这座用 21 年才建成的工厂的屋顶居然仍在漏雨。"我们没有教会人民，革命者的首要任务，公民的首要任务，就是负责任和守纪律，努力工作，努力生产。……我们的身上仿佛粘上了蜘蛛网、糖渍或泥浆。……我们必须把那些污秽的东西洗掉。"[239]

国内的种种弊端，加上国外的攻击，导致第三世界的激进派发现自己如今已被某些制度和实践捆住了手脚，而这些制度和实践与他们当初宣称要建立的内容截然相反。他们曾经预料国家会"逐渐消亡"（withering away），结果却发现它控制的范围越来越广，控制的力度越来越强。他们曾经计划以一个消灭阶级差别的社会来取代阶级社会，可是结果却似乎只不过是为阶级赋予了新生。他们曾经期望建成自成一体的社会主义经济，可以独立于全球资本主义秩序之外，却没料到，而今正是这些国家恭恭敬敬地站在资本主义国家的门口，希望能够登堂入室，同时也邀请资本主义国家进入它们的殿堂。1988 年 11 月，波兰总理米奇斯瓦夫·拉科夫斯基（Mieczyslaw Rakowski）在接待来访的英国首相撒切尔夫人这位英国头号资本家时声称："我非常乐意成为她的学生。我很想效仿她在处理那些不盈利的公司时所具有的果断风格。"[240] 这一幕是多么具有讽刺意味。波兰团结工会的主席莱赫·瓦文萨（Lech Walesa）也对撒切尔夫人表示出了同样的崇拜之情。在格但斯克，当成千上万的人向撒切尔夫人喝彩之后，瓦文萨说："能够结识这样一位非凡

[238] 《卫报》（*The Guardian*），1988 年 6 月 1 日。

[239] 《洛杉矶时报》，1986 年 8 月 11 日。

[240] 《纽约时报》，1988 年 11 月 2 日。

的女首相，真是三生有幸。"[241]

当西方的资本主义与东方的社会主义都经过检验并发现了自身的不足之后，人们也就不再奇怪，为何第三世界会有越来越多的国家都抛弃了这两大世俗国家的样板，转而回归本国传统。这些传统大都带有宗教性质。这种回归宗教的迹象在世界各地表现得都很明显。在菲律宾和海地，天主教牧师在推翻当地独裁统治的斗争中发挥了重要作用；在拉丁美洲，天主教"基层社区"推动了经济自助项目，以及研习圣经的活动，并以此指导社会和政治实践；在中东地区，就连两个超级大国都受到了伊斯兰圣战组织（Mujahideen）的威胁，该组织迫使美国海军从黎巴嫩撤军，也迫使苏联从阿富汗撤军。"如果说世界各地正在发生一件大事的话，"墨西哥小说家兼学者卡洛斯·富恩特斯（Carlos Fuentes）声称，"那就是人们决定不再简单地接受两种势在必行的发展道路，即西方的资本主义或苏联的社会主义，而是探寻能够把科技的力量与他们自己的传统结合起来的道路。"[242]

富恩特斯所讲的"传统"主要是指宗教传统，因为世界上主要的一神教全都宣扬公正和公平，而这两种品质在当今的第三世界显然都很缺失。这些宗教随即成为反抗第三世界国家军事独裁和上层剥削的天然领导人。正如世俗的激进政党在工业化国家构成了反对派那样，第三世界国家的反对派近来也开始在教堂、清真寺和寺庙周围形成。

这种强劲的宗教复兴现象（尽管互相冲突）目前有两大代表，即穆斯林世界的伊斯兰教原教旨主义，以及天主教世界中的解放神学。当前的伊斯兰教原教旨主义（Islamic fundamentalism）影响范围之广、力量之强，源于数百年来它们屡屡败在经济和军事方面更具优势的西方国家手下的耻辱经历。最近的一次败绩，是输给了以色列。最大的败绩则是 1967 年的"六日战争"

---

[241] 《国家》（*The Nation*），1989 年 1 月 2 日。

[242] 《纽约时报》，1980 年 1 月 9 日。

226

（Six-Day War）。当时，以色列击败了 3 个阿拉伯国家的军队，占领了大片土地，其中包括圣城耶路撒冷。阿拉伯国家以及世俗的巴勒斯坦解放组织（Palestine Liberation Organization，PLO）的屡屡失败，使许多阿拉伯人转向伊斯兰教原教旨主义，因为在动员和激励民众方面，信仰似乎比民族主义更加有效。以上帝的名义去战斗，既为生命赋予了更强的使命感和崇高感，也使斗争的程度上升到更高的水平，因为妥协只会被视为对上帝的背叛。巴勒斯坦解放组织的主要派别已经准备考虑在以色列和巴勒斯坦国之间分享圣地的方案，然而，伊斯兰教原教旨主义者拒绝考虑任何不能彻底解放圣地的方案。这种毫不妥协的信仰所具有的威力，在什叶派穆斯林于 1985 年在黎巴嫩南部组织的一场群众抵抗运动中显现出来。这场运动迫使以色列人在局部撤军，而巴勒斯坦解放组织斗争了 20 年也从未取得类似的战果。

同样令人印象深刻的，是巴勒斯坦民族主义与穆斯林原教旨主义的融合。1987 年末，这种融合在约旦河西岸和加沙地带引发了"大起义"（*intifada*）。"这些地区阿拉伯人的宗教觉醒十分危险，"以色列将军阿姆拉姆·米茨纳（Amram Mitzna）宣称，"如果将来有什么事情会令我们不得安宁的话，那就是宗教觉醒，这种情况已经在加沙地带出现，并在不断扩散和加剧。"[243] 民族主义与原教旨主义融合之后所产生的效力，在以色列历史学家施洛姆·阿维聂利（Shlomo Avineri）那里得到了精确的总结："1967 年，以色列军队只需不到 5 天的时间，就能控制约旦河西岸和加沙地带。1987—1988 年，同一支军队，其力量比当年还要更为强大，在面对投掷石块的骚乱青年时，却恢复不了秩序。"[244]

事实证明，伊斯兰教原教旨主义不仅是一种强大的战斗力量，还指引了一种重组穆斯林社会的替代方案——一种不受西方影响和控制的方案。当中

---

[243]　《洛杉矶时报》，1987 年 10 月 15 日。

[244]　引自阿巴·埃班（Abba Eban），《纽约时报》，1988 年 2 月 24 日。

东大部分国家的政府提供的服务越来越糟时，原教旨主义者开办了伊斯兰教会学校、医院、诊所、小型企业、保险机构和救济贫民的福利机构。

重组伊斯兰教社会的尝试，意味着势必会对中东各地阿拉伯国家的现有秩序发起挑战，由于人们对现有政权的普遍不满，这一挑战显得更加严峻。人们认为，现有政权已经遭到西方的金钱、西方的习惯和西方价值观的腐蚀。从国外学成归国的阿拉伯学生往往对西方持消极印象，他们认为西方已经堕落，其表现包括家庭解体、性解放，以及无所不在的物质主义。他们的 228 反应是回归宗教，以使肉体和心灵得到神明的庇佑。伊斯兰教世界原教旨主义的复兴，反映出一种认同危机——人们渴望在文化上、经济上像在政治上一样，最终实现"非殖民化"（decolonization）。

现行统治集团，尤其是沙特阿拉伯和波斯湾地区的其他国家的现行统治集团，感受到了原教旨主义者激进运动的威胁，继而谋求通过慷慨资助伊斯兰教的建设项目，并严格执行原教旨主义者的法律和法规，来对原教旨主义者进行拉拢。这些动作很少能够赢得原教旨主义者的支持，因为统治集团铺张浪费的生活方式被人们看得一清二楚，无法掩饰。此外，阿拉伯国家与美国的密切联系也引起了人们的深刻疑虑和严重不满。人们把美国与以色列视为同伙。正因如此，加沙地带的一位原教旨主义运动领袖轻蔑地宣称："阿拉伯国家的政府与以色列是同一枚硬币的两面。"[245] 与此同时，海湾国家的一位领导人也以同样坚定的口气断言："我宁愿跟十个共产党人打交道，也不愿跟一个原教旨主义者来往。"[246] 美国伊斯兰教问题专家詹姆斯·比尔（James Bill）对此表示认可，他预言说："在未来的四十年里，伊斯兰教群众运动将会成为世界上最重要的意识形态力量。"[247]

---

[245]　《洛杉矶时报》，1987 年 9 月 14 日。

[246]　引自比尔（J. A. Bill）："伊斯兰教在波斯湾的复兴"（Resurgent Islam in the Persian Gulf），载《外交事务》，1984 年秋季号，第 111 页。

[247]　引自赖特（Robin Wright）：《神圣而狂热：伊斯兰教的战斗精神和愤怒之源》（Sacred Rage : The Wrath of Militant Islam，Simon & Schuster，1985，pp.285-86）。

正如"伊斯兰教原教旨主义"是从穆斯林世界下层泛起的大众宗教那样，"解放神学"（theology of liberation）也是从天主教世界下层泛起的一种大众宗教。"解放神学"的创始人把它描绘成是天主教会进化史的第 3 个阶段。在第一个阶段，教会集中在中东地区；在中世纪的第 2 个阶段，它的根据地是罗马。如今，它的总部当然仍在罗马，但是全世界的天主教徒中却有 58% 都生活在第三世界；当教会在西方大部分地区停滞不前时，它却在第三世界不断扩展。

随着天主教会逐步转变为第三世界的教会，"解放神学"的信徒认为，教会的教义和结构必须出现相应的变革。此前，天主教会实行的是贵族制，其决策中心在罗马，未来的天主教会要实行民主制，教士以外的平民以及第三世界绝大多数的穷人应该发挥更加积极的作用。"解放神学"的信徒期望建立一种联邦制或多元化的教会，各地的教会中心可以自行决策，而不是像过去那种帝王式的教会一样，总揽全部决策，再通过层层机构自上而下传达给各级教会。"解放神学"的信徒期望教会将来扮演一种随时准备向世界传递福音的社会角色，自下而上地推动全球社会进行一场迟来的变革，而不是像现行教会那样，只专注于宗教和神学领域的事务。

"解放神学"的信徒在试验层面的重大突破，或许是"基督教基层社区组织"（basic Christian communities，BCCs）的建立。这些基层组织人数不多（成员通常有十几到 100 多人），大部分都是穷人。他们把提高觉悟、研读圣经、礼拜上帝、互助合作和政治行动结合起来，以此捍卫自身的利益。在拉丁美洲，这种基督教基层社区组织估计有 20 万家，其中 8 万家是在巴西。这些组织的领导人是牧师、修女或教区代表，后者的表现越来越活跃。教区代表自愿提供服务，或只接受仅能满足温饱的报酬。基督教基层社区组织的成员在一起研读圣经，并把经文与他们日常生活的方方面面联系起来。在研讨过程中，穷人和文盲逐渐发现自己能够独立思考，并由自己发现真理，而不用通过上级来传达。集会地点通常是在会员的家中，或是会员共建的只有一个房间的社区中心。

　　会员在集会过程中会探讨改善他们生活质量的方法。一直以来，农民有着密切的亲戚网，任何人遇到困难都可以寻求亲戚们的帮助。最近几十年间，随着太多的人迁入城市，单个人和小家庭被孤立起来，在一个陌生、异样而且通常充满敌意的环境中感受到社会的压抑。有了"基督教基层社区组织"的帮助，这些背井离乡的穷人重新组建起自己的互助网。在此期间，以及在研读和探讨福音书期间，他们发现了自身的价值。他们重新获得了自信，并且坚信自己能够从政府、军队、教会官僚以及此前被视为天经地义的地主和老板的压迫下解放出来。这种基层群众运动在拉丁美洲的广泛传播，使美国一位神学家得出了这样的结论："这场生机勃勃的宗教运动，很快就会成为改变拉丁美洲的最强大的政治力量——这一点通常就连它自己的成员都会感到惊讶。"[248]

　　"解放神学"的各种派别也已扩展到非洲和亚洲。1986 年 12 月，世界各地的"解放神学"分会代表齐聚墨西哥城，决定采取措施"创建更具全球意义的解放神学思想"[249]。面对这种基层运动，向来不太欢迎多元主义并始终奉行传统集权体制的教皇，开始通过外交手段和人事控制来限制基督教基层社区组织。教皇约翰·保罗二世（John Paul Ⅱ）不断在世界各地巡视，以此强化教会被各国政府和全球媒体所敬重的威严形象。他在途中曾经深入城市和农村贫民窟中最穷的人家，对社会正义表现出深切关注。他的演讲从伦理和道德角度对剥削和压迫进行了强烈谴责。与此同时，他也表示要坚决捍卫教义的纯洁性和内部的纪律性。

　　在教皇看来，未来的教会不应是一个杂牌的教会，而应是一个信徒广

230

---

[248]　肖尔：《新宗教改革的先锋：南北美洲的穷人》（*Heralds of a New Reformation：The Poor of South and North America*，Orbis Books，1984，p.126）。

[249]　坦格曼（M. Tangeman）："解放神学在亚非出现的新形式"（Liberation Theology Takes New Forms in Asia and Africa），载《拉丁美洲新闻》（*Latinamerica Press*），1987 年 1 月 29 日，第 7—8 版。

众、高度集中、教义统一的机构。所以，看到他继续任命极为保守的人担任主教，由他们来掌握拉丁美洲未来几十年的教会最高领导权，也就不足为奇了。教皇还充分利用了大众传媒和其他所有现代技术，其中的一个例子就是在哥伦比亚首都波哥大建立起价值 80 万美元的计算机系统，用作储存拉丁美洲所有"解放神学"信徒的资料库，这些资料包括他们的演讲、文章、通讯录和旅行记录。

　　"解放神学"和"伊斯兰教原教旨主义"都计划利用本教的圣经来推动具有平等主义特征的社会重建，从而实现基督和穆罕默德梦想中的社会正义。但在中东（特别是在伊朗），由于西方经济和文化的渗透程度没有拉丁美洲那么严重，传统社会得以继续存在，并使阿亚图拉·霍梅尼（Ayatollah Khomeini）复辟旧秩序的方案深得人心。拉丁美洲则不存在这种情况。未被哥伦布发现之前的印第安社会已被西班牙征服者打碎，伊比利亚人的殖民制度也已声名狼藉。所以，"解放神学"的信徒别无选择，只能前进，不能后退。与那些伊斯兰教原教旨主义者不同，他们既不反对资本主义，也不反对社会主义。他们对这两种未来发展道路的新思想和新举措都持开放态度。

　　这种情况解释了马克思主义者与"解放神学"的信徒之间为何有着积极

231 的互动，但在马克思主义者与伊斯兰教原教旨主义者之间却几乎不存在这种互动。马克思主义者为"解放神学"贡献了两个重要思想：一个是国民经济必须独立，并将本国资源用于满足本国的需要；另一个是必须重组所有社会中的权力结构，动员底层民众积极参加运动，而不是消极地任人摆布。巴西大主教赫尔德·卡马拉（Hélder Câmara）总结道："教会如今必须借鉴马克思的思想，就像中世纪的托马斯·阿奎那曾经借鉴亚里士多德的思想那样。"[250]

　　反过来，马克思主义者也在借鉴基督教的思想，其中尤为重要的一点是，

---

[250]　引自贝恩（R. Benne）:《民主资本主义的伦理道德》（*The Ethic of Democratic Capitalism*，Frontier Press，1981，p.4）。

他们把"民主集中制"（democratic centralism）口号的重心从"集中"转到了"民主"。美国神学家理查德·肖尔（Richard Shaull）称，曾在萨尔瓦多·阿连德（Salvador Allende）政府担任要职的智利马克思主义者得知肖尔掌握了其他国家基督教基层社区组织的情况之后，对他进行了询问。"他们承认自己太过精英主义了。过去他们一直以为自己把社会分析得很正确，然后只需再把这种分析结果传达给穷人即可。然而，现在他们意识到，自己并未在新社会中'给穷人'（for the poor）留下多少空间，也没有授予他们足够的权力，或是创建能令穷人有效行使权力的政治框架。他们也承认，在了解了基层社区的情况并与大众教会中的天主教工作者取得联系之后，他们改变了原来的观点。他们迫切希望研究这一运动，并从中吸取经验。"[251]

　　如果马克思主义者与天主教群众运动之间的关系可以深入发展的话，那么，它对拉丁美洲乃至整个第三世界的意义，真是令人浮想联翩。这些意义的最终结果如何，目前还不好说。当今的局势极为混乱，充满了不确定性。人们有一种强烈的欲望，想要打破现状，过上一种资本主义之外的新生活。人们也同样强烈地意识到社会主义模式的失败，虽然这种模式长期以来曾被他们当成一种可行的替代方案而衷心拥护。久已逝去的朝贡文明也没有什么公共遗产可以用来解决这种困境。朝贡文明的遗产具有一种精神分裂式的特征，它能让当今探寻指引的活动变得更热烈，而不是更光明。轴心时代的宗教是朝贡文明的一个关键组成部分，其初创时期的社会动荡及道德混乱情况堪与当今相比。它们承诺信徒来世永远享福，并在当世与信徒亲如手足，同甘共苦。轴心时代的宗教在与世俗政权合作之后，它们最初的激进性很快就被平息下来。在中国，佛教寺院取得了大量地产和财宝，以及多达 15 万奴仆供和尚和尼姑们驱使。在罗马帝国，基督教会成了享有特权的官方宗教。 *232*

---

[251]　肖尔：《新宗教改革的先锋：南北美洲的穷人》，第 123—124 页。亦可参见埃利斯（K. C. Ellis）主编：《梵蒂冈、伊斯兰教与中东》（*The Vatican，Islam，and the Middle East*，Syracuse University Press，1987）。

在中世纪的欧洲，基督教会成了封建制度的支柱，获得了欧洲全部耕地的大约三分之一。

然而，轴心时代的宗教从未彻底放弃它们最初的平等主义思想，这种思想一到社会动荡时期就会迸发出来。在农民起义当中，领导者通常都是一些激进的教士。例如，约翰·鲍尔领导了英国农民起义（1381 年），托马斯·闵采尔（Thomas Müntzer）领导了德国农民起义（1525 年）。闵采尔谴责那些"大人物"（the great）滥用上帝的法则压榨穷人，保护他们的不义之财。"他们压迫人民，搜刮可怜的庄稼人和任何活物——如果［庄稼人］敢有一点点冒犯，他们一定会被绞死。"[252] 这种煽动性的布道词令教俗两界的领袖都望而却步。马丁·路德（Martin Luther）以一本题为《斥农民盗匪书》（*Against the Thievish, Murderous Gangs of the Peasants*）的小册子来回应闵采尔。路德宣称，不论剥削多么严重，造反仍是一种大罪，触犯了神圣的现行秩序。"我将永远与忍受造反的人为伍，不论他有多么不义；我将永远反对造反之人，不论他是多么正义。"[253]

这种交锋反映了朝贡社会那种制度化的宗教所固有的精神分裂症状：原初的平等主义革命思想与后来的顺应和同化思想之间，存在着深层而悠久的矛盾。与所有充满社会动荡和苦难的时期一样，20 世纪后期也见证了许多精神分裂的迹象。中东地区的穆斯林激进分子宣称，要成为真正的穆斯林，就必须成为革命者，而沙特王朝却在为全球反革命势力提供资助。拉丁美洲天主教徒中的激进分子也宣称，要成为真正的基督徒，就必须成为革命者，教皇约翰·保罗二世则告诫信徒："若把耶稣当成一个政治人物，一个革命者，一个来自拿撒勒的颠覆者，与教会的教义是不符的。"[254]

233　　从历史的背景下来看，出现这种情况一点也不足为奇。随着全球经济

---

[252]　引自科恩：《对千年盛世的追求》，第 244 页。

[253]　引自西格尔（Paul N. Siegel）：《温和派与好战派》（*The Meek and the Militant*，1986，p.6）。

[254]　《纽约时报》，1986 年 12 月 25 日。

压力的增大，第三世界国家目前正在竭力摆脱现状，探索着从"此岸"到达"彼岸"（from here to there）的道路。但是，怎样才能到达遥远的"彼岸"，甚至"彼岸"应该是什么样子，它们既没有形成认识，更没有达成共识。

更具生命力的人类命脉

所有的社会都在不同程度地探索现行制度的替代方案。这是一项艰巨的事业，只有当现状变得令人忍无可忍时，它才会被启动。现状之所以会变得令人忍无可忍，是因为技术作为人类思维独特而卓越的产物，从一开始就被人类滥用，而且是那种物尽其用的滥用。

正是由于技术的运用，人类才摆脱了近乎绝望的处境，并取得了无与伦比的成就。四五百万年前，我们以一种相对稀少、显然没有防御能力、活动范围仅限于非洲大陆的弱小生物的面貌首次出现在地球上。今天，我们已是这颗星球无可争议的主人，而且已经开始把势力范围扩展到附近的宇宙空间。我们的成就几乎超出了自己的想象。100万年前，我们的人数只有12.5万，如今我们的人数已经达到50亿。我们已经从非洲最初的家园向四面扩展到整个地球。我们最初靠采集和狩猎为生，以棍棒和石块作为觅食的工具。如今，我们的工具是计算机和宇宙飞船。我们能够利用蒸汽、矿物燃料、电力、原子能乃至太阳能作为能源来弥补人力的不足，而我们的远古祖先只能凭借自身的力气。我们不仅成了这颗星球表面上的主人，如今，我们也在研究外层宇宙空间和地核内部空间的秘密。

我们人类已经成为地球最大的赢家，但也为此付出了极高的代价，其原因在于我们运用技术的方式。"技术上的重大突破"（technological breakthroughs）通常能使极少数人受益，而使绝大多数人受害。农业的出现，使食物采集者逐渐退出了历史舞台。在公元前8000年，人类全都以采集食

234 物为生。到了公元前 1500 年，人类只有 1% 还在以采集食物为生。同样，先进农业和冶炼技术的出现，导致国家机器和朝贡文明的诞生，把世界各地的人类群体分成了地主和佃农、统治者和被统治者、处于支配地位的男性和处于从属地位的女性。在资本主义即第三大社会形态诞生之后，西方实现了工业化，开始了海外扩张，导致某些少数民族要么遭到灭绝［如塔斯马尼亚人（Tasmanians）和加勒比人（Caribs）］，要么被大肆屠戮和封锁起来（如美洲印第安人和澳洲土著居民），要么被绑架和奴役［如非洲人（Africans）］。甚至在欧洲本土，东欧的农民也被农奴制束缚了手脚，西欧的农民则因圈地运动而失去土地，被迫到城市寻找工作或以契约奴仆身份移民海外。这一过程至今仍在延续，并且由于现代高科技资本主义的巨大威力和强劲动力而不断加剧。各大洲的农民正在加速离开土地。正如两次灾难深重的世界大战和全球各地的数十次区域冲突所表明的那样，军事技术仍被用作执行国家政策的工具。

通过概述我们过去的历史，可以得出这样的结论：我们虽已在技术上有能力创建一个"新世界"（new world），但却没有足够的社会力量使这个世界值得人类居住。即便技术是我们的独创，我们如今却遇到了如何驯服技术的难题。神话中的妖怪一旦从瓶子里放出来，就再难把它收回去。因此，回归旧石器时代那种朴素生活的梦想，注定是一种浪漫的消极避世思想。我们的任务是改进社会组织，以滋养地球而非毁灭地球的方式，把技术转化成能够为大多数人谋福利的工具。

了解了过去几千年历史记录的性质之后，我们就不难理解，为何那么多卓越的思想家都对人类能否完成这项任务持怀疑态度。"人类在反思之前就会灭亡"，伯特兰·罗素（Bertrand Russell）如此说道。作为一位历史学家，只需看一看过去 100 年间数百万人无辜死亡的史实，就很难反驳罗素的观点。然而，这并不是人类历史的全部。分析人类的历史，除了那些负面信息之外，也能揭示出许多具有积极意义的内容。我们有必要尽量客观地评价人类的历史遗产，以理解现在，筹划未来。这些遗产当中有三种清晰可辨，它 *235* 们分别来自三种重要的社会组织形式：旧石器时代的氏族部落，朝贡文明，以及近代的资本主义社会。

人类在旧石器时代留下的遗产极为重要，因为它在人类历史中经历了最长的时间，而且有力地证明人类并非生来便注定永远自私自利和侵略成性。如前所述，旧石器时代的人类祖先之所以能在自然界和捕食者当中幸存下来，是因为他们建立了互助合作的社会组织，把原始的性欲和食欲转化成社会纽带而非分裂因素。猿人之所以能够成功地进化成智人，是因为他们能够在一种复杂的社会结构中同甘共苦。

旧石器时代的人类祖先互助合作的公有制对他们的生存作出了极为重要的贡献，这种情况对我们当前的生存斗争显然具有借鉴意义。它给我们的启发是，人类历史上发生的事情并不一定都是人类基因导致的必然结果，而是源自人类的社会组织。社会由个人组成，在合适的条件下也会被人改变。我们大可不必想象某种基因缺陷会驱使人类作出惨无人道的事情，相反，我们有着旧石器时代留下来的光荣而有益的遗产和榜样。目前，科学家正在研究一种他们所称的"人类需求理论"（human needs theory），该理论认为："那种宣称人性基本上自私自利、争强好胜、侵略成性的说法是完全错误的；从生理学角度来看，我们的天性与此截然相反。当一个社会内部发生冲突时，其原因几乎总是由于这种基于生理需要而希望与邻人联合的愿望被一种或另一种社会安排所阻挠。"[255]

这并不是建议我们应该设想一下，拿着一张单程票登上时间机器，回到5万年前人类历史的开端，就不再回来了。相反，它的用意是让我们理解，

---

[255]　玛丽·克拉克（Mary E. Clark）："作为人类普遍需求的有意义的社会纽带"（Meaningful Social Bonding as a Universal Human Need），载约翰·波顿（John Burton）主编：《人类需求理论与冲突防治》（*Human Needs Theory and Conflict Provention*）（暂定名），St. Martin's Press 即将出版。更为详细的论述，参见生物学家玛丽·克拉克跨学科研究的重大成果：《阿里安德涅之线：新型思维方式初探》（*Ariadne's Thread：The Search for New Modes of Thinking*，St. Martin's Press，1989）。

为什么经济学家罗伯特·海尔布隆纳（Robert Heilbroner）[256] 会在他那本差一点就索然无味的《人类前景初探》（*An Inquiry into the Human Prospect*）中满怀信心地讲道，"发现那些'原始'文化存在了漫长的历史之后，我们可以从中找到人类未来所需的一条最为重要的教训。……为个人成就尤其是为物质目标而奋斗，应该变成接受集体组织和分配的任务"。[257]

236　　　我们的第二种遗产来自伴随农业革命产生的朝贡文明。农业革命也曾引起技术上的重大飞跃，使生产力水平得到大幅提升。由此创造的剩余价值被所谓的朝廷走狗——有官僚、法官和军队撑腰的税务员收走了。这种横征暴敛代表了一种沉重的社会代价，任何历史阶段的任何文明都要付出这种代价，其中包括性别歧视、阶级分化，以及战争的制度化。不过，朝贡文明也产生了一些积极的成果，尤其是那些延续至今的文明方面的文化成就：宗教、文学、学术、艺术及工艺。

　　一些伟大的区域文明繁荣了数千年，直至西方资本主义国家凭借压倒性的技术优势和经济活力取而代之。即便如此，这些文明的基本特征依旧保留下来，如今正在焕发新生。这种情况解释了一些长期蛰伏的民族为何正在苏醒，例如西班牙的巴斯克人（the Basques），高加索的亚美尼亚人（the Armenians），苏联中亚地区的穆斯林，以及英国和法国的凯尔特人（the Celtic）。伊斯兰教在美国和非洲成为目前发展最快的宗教，也非常具有代表性。对当今世界来说，朝贡文明不仅仅是一种考古兴趣。"陷入重围的民族主义，"埃及记者穆罕默德·海卡尔（Mohammed Heikal）写道，"已经加强了自己的力量，它们在为自己的将来而不是历史进行奋战。"[258] 这种战斗仍在继续，并从朝贡文明的遗产中借鉴甚多，而且看来很有可能演变成持久战

---

[256]　海尔布隆纳（1919—2005），美国经济学家和经济思想史学家，曾任美国经济学会副会长，著有《世俗哲学家》《马克思主义：支持与反对》等。——编注

[257]　海尔布隆纳：《人类前景初探》，第 140、141 页。

[258]　《纽约时报》，1980 年 2 月 4 日。

和总体战。

我们的第三种遗产来自资本主义的传统——这是一种呈加速发展的内生型技术飞跃，其巅峰就是目前的高科技，这种高科技首次创造出有可能"打破零和游戏"（non-zero-sum）的社会。这一成就的重要性没有丝毫的夸张。此前的所有社会都未能打破零和游戏，因为它们的自然财富数量有限，各方都争相占有并为此征战不休，不论是在一国内部还是在国家之间，概莫如此。罗马帝国要求 80% 的人口从事耕种，以勉强养活所有的居民。即便是在最好的时候，罗马各个城市的存粮也只够吃三个星期。这就是一种零和游戏，[237]一方占得多，另一方就会占得少。

如今，这种情况已经以惊人的方式发生了逆转——至少从理论上来说是如此，因为财富的主要源泉已不再是自然资源，而是随着文明的进步，变成了科学知识和各种技能。可供分享的蛋糕不再有限，我们也不必再受困于"零和博弈"（zero-sum contest）。我们不必追求一种损人利己的政策。这种政策可能在过去有利可图，正如亚历山大大帝（Alexander the Great）在近东、西班牙征服者在美洲新大陆、英国大亨在印度那样，靠强力掠夺了大量财富。但在今天，战争和征服很难再带来财富，德国人和日本人在第二次世界大战期间和之后都明白了这一点。我们现在面临的问题已不再像古典时代取代氏族部落的社会组织那样，为从有限的财富中争夺最大的份额而奋斗。非但如此，长期的产品过剩，产能过剩，以及各国争相建立或明或暗的贸易壁垒以阻止外国商品大潮涌入，种种迹象表明，全球财富已经多到消费不尽。

基于前面概述的人类历史，当前的全球产品过剩情况可被视为旧石器时代氏族部落食物充盈现象的重演。1 万年以来，我们首次拥有了可为所有人提供食物储备的物质基础，只不过，这些食物的提供者是人类，而非大自然。在旧石器时代，凭借血缘关系，人人得以自由享用共同的食物储备。如今，我们最大的问题是：人类能否探索出一种社会关系，使所有人都能像旧石器时代的人们那样，自由享用如同大自然的食物储备那样丰富的财富。

这个问题的答案尚不明确。这种不确定性的原因之一在于存在这样一种悖论：正如当今的资本主义遗产是空前的生产力带来的极大剩余一样，它的必然结果则是空前的消费能力。生产力和消费能力交替上升的情况始于 18 世纪，当时的工业革命使产品数量剧增，为消费能力的升级创造了必要条件。消费支出成了市场的鞭子，起到了早期国家搜刮百姓财富的类似作用。不过，资本主义科技带来的生产力与朝贡文明的生产力相比，在规模上完全不可同日而语。相应的，市场的鞭策效果与古代国家相比，也不可同日而语。两者的差异是如此显著，以致伴随日益急迫的生态恶化和社会腐化现象，出现了这样的问题。"有史以来，人类一直在勾心斗角，"《心灵的习性》一书的作者写道，"但是，现代性令我们的破坏力具有了此前数百年都无法相比的规模。社会生态不仅受到战争、种族灭绝和政治压迫的损害，也因维系人类的微妙纽带的破坏而受损，使人类处于恐惧和孤独的境地。显然，除非我们开始修复社会生态中的受损部分，否则，我们将会在自然界的生态灾难到来之前就把自己毁灭。"[259]

社会学家提出的难题也因这样一个事实而变得更加棘手，即在市场的鞭策下，人类正在不断地自我加压，其首要原则就是"盈利至上"和"生产至上"（produce more or perish）。甘地早已注意到这种原则中的内在破坏性："大地的物产足以满足每个人的需要，但却难以满足每个人的贪欲。"甘地的正确观点无意间被埃克森集团的一位高管所证实，这位高管宣称，1989 年 3 月阿拉斯加的石油泄漏事件是"文明的代价"（the price of civilization）。[260] 文明当然要付出代价，数千年来，我们的祖先和我们一直都在为此付出代价。然而，由于资本主义高科技的威力是如此之大，市场的鞭策效果又是如此之

---

[259]　贝拉等著：《心灵的习性》，第 284 页。

[260]　引自纳尔逊（R. Nelson）："文明的油船在阿拉斯加搁浅"（When Civilization Ran Aground Aboard the Oil Tanker in Alaska），载《洛杉矶时报》，1986 年 4 月 6 日。

高，这种代价也就相应地变得格外沉重。其沉重程度已无法用"种族灭绝"这样的恐怖词语来形容，而只能是借助更加恐怖的词语："人类灭绝"和"地球毁灭"（geocide）来加以形容。人类以及诞生人类的星球都已前途堪忧，诸如阿拉斯加石油泄漏，亚马逊河流域的森林砍伐，温室效应，臭氧层消失，以及陆地、海洋、空气中的有毒废弃物，已不能再当成"文明的代价"继续遭到漠视。

　　人类历史已经发展到了如此的地步，以至于我们致再也无法忽视这样一些具有根本性的问题，诸如人类存在的目的："智人"会不会终结于"经济人"。任何一种社会的首要目标都是必须满足人们的基本需求：食物、住宿、医疗、_239_教育，所以，必须优先提高经济效率来满足这些需求。然而，在这些基本需求得到满足之后，是否还要继续在无视个人、社会和生态成本的情况下将经济效率置于优先地位呢？这一基本问题尚未得到应有的重视，这种疏忽已使目光短浅的消费主义和物质主义在全球蔓延。随着这一趋势的全部含义显露无遗，关于这些含义本身以及应该如何对待这些含义，人们已经开始展开讨论。在未来的几十年里，全世界各国人民都将不得不面对这些问题，并且参与到讨论中来。根据各地的客观条件和历史文化传统，人们将会慢慢作出丰富多样的判断。

人类的前景

　　这些判断将会是什么样的，如今尚不明确，因为历史学不是占星术。不过，历史确实能够给我们提供一些参考。这些参考理应受到我们的重视，并被当成研究的依据。历史提供的参考之一就是，人们不会很快得出定论——立即就能实现的理想国并不存在。社会主义国家当前遇到的困难已经令人情绪沮丧、愤世嫉俗、焦虑不安。这种反应表明，对于伴随资本主义的历史演变而来的各种阵痛，人们还不了解。大约 500 年前，当这种新型社会制度终于在英国扎下根时，已在意大利北部和低地国家经历了长达数百年的失败。此后，资本主义从它的故乡传遍了整个欧洲，继而传到美洲新大陆，并在那里产生了鲜明的区域特征。如今，这种趋势仍在继续，资本主义已经遍布全球。

社会主义的演变过程同样具有这种缓慢性和不确定性。社会主义作为一种制度而非理论，只能追溯到 1917 年。社会主义的先知和先驱曾像几百年前的资本主义开创者一样充满了不切实际的热情，他们自信地宣称，由大公无私的公民［"苏维埃新人"（the new Soviet man），"毛泽东思想新人"（the new Maoist man）］组成的平等社会很快就会实现。然而，这些理想中的新人并未出现，而且在可以预见的未来，也不可能出现。列宁本人在病逝之前似乎认识到，在成功的社会主义制度下，任何快速发展，更不用说那种乌托邦式的跃进，都不太可能发生。他总结道，正在形成的新型苏维埃社会的社会主义性质是形式大于内容。只有那些机器，他说："被我们从沙皇手里夺了过来，并且上了一点苏维埃的润滑油。"他补充道："被我们称为自己的工具的，其实对于我们来说仍很陌生。它是资产阶级和沙皇制度的大杂烩。" [261]毛泽东同样意识到了自己亲手缔造的制度的脆弱性。1972 年 2 月，他在北京会晤来访的美国总统尼克松（Nixon）时表达了这种看法。尼克松说："主席的著作改变了一个国家，也改变了世界。"毛泽东答道："我没有能力改变世界，我只改变了北京附近的几个地方。" [262]

历史记录不仅会令那些急于得出定论的人感到失望，而且表明，我们最能确信的一点，就是未来的"不确定性"（the unexpected）。其实，最近几十年里发生的每一件大事都曾令人始料不及，不论是纳粹与苏联缔结的互不侵

[261] 贝特尔海姆（C. Bettelheim）：《苏联阶级斗争：第一阶段（1917—1923）》（*Class Struggles in the USSR : First Period 1917-1923*，Monthly Review Press，1976，p.331）。

[262] 基辛格（Henry Kissinger）：《白宫岁月》（*The White House Years*，Little，Brown，1979，p.1063）。

犯协定（Nazi-Soviet Pact），广岛和长崎遭到原子弹袭击，第二次世界大战之后的殖民地革命，苏联与南斯拉夫的决裂，苏联与中国的决裂，日本崛起为世界经济领袖，苏联出现"改革"和"新思维"，还是当前的"核冬天"的威胁，以及全球生态系统的破坏。我们如果承认并接受未来不可预测，就不应再以牺牲普通民众的生命和自由为代价，去追求那些极有可能会被证明无法实现的目标。

不过，今天的教条主义者可能会联想到奥利弗·克伦威尔（Oliver Cromwell）1650 年 8 月 3 日致苏格兰教会全体会议的信："兄弟们，我请求你们看在基督的份上想一想，你们是不是可能错了。"与克伦威尔时代相比，我们如今应该更加深刻地反省自己是不是也可能错了——例如捍卫那些我们认为毋庸置疑的教条或信条。在一个变化速度比克伦威尔时代要快上无数倍的世界里，教条必须让位于那些能够发挥实际作用的假说，面对层出不穷的新情况，这些假说需要不断得到重新评价。

如果我们必须决定以不变应万变，那么，在完全不可预料的情况下，我们应该考虑到一种正在孕育的趋势，这种趋势至少有可能以一种超乎想象的新鲜方式——"参与全球事务"（global participatory）的冲动——来改变我们的未来。这种冲动已在生活的方方面面引发骚动：不论是在家庭，教室，²⁴¹两性关系，工厂，还是在政治领域。

这种参与冲动并不是我们这个时代特有的现象。有史以来，至少自国家出现后形成了统治者和被统治者的分野以来，这种冲动就很明显。由于有了统治者与被统治者的分野，历史上每个阶段最有影响力的社会，都是那种可以缩小上层和下层之间差距的社会，也就是能够率先提高民众参与水平的社会。参与者数量的飞跃，构成了这些勇于开拓的社会的现代性，使其在数量层面上更具社会凝聚力和活力，也使它们能够超越同时代的其他社会，并给时代打上它们的印记。

在"希腊奇迹"（Greece miracle）的背后，根本的原因恰是希腊人在公元 5 世纪的时候给他们的城邦带来了类似现代性效应的飞跃。在那里，他们使公民的参与水平，不论在仪式层面，还是在政治层面，都超过了近东地区的其他任何国家。美索不达米亚早期文明中的神学观点认为："人类之所以被创造出来，只有一个目的：服侍神灵，供养他们吃喝、住宿，以便他们有足够的余暇从事神圣的事务。"[263] 希腊人的态度与此完全相反，他们认为本国的神灵与自己本性相当，只不过是在力量、寿命和美貌方面更胜一筹而已。人与神的关系本质上是一种投桃报李的互惠关系。作为对祈祷和祭祀的回报，人们希望神灵表现出善意。希罗多德对希腊文化和近东地区其他国家的文化之间的差异认识得十分透彻，因此，他把近东人对神灵的绝对服从称作"愚蠢"（silliness）。

希腊人这种具有现代性效应的跃进，有助于解释亚历山大大帝为何能从爱琴海推进到印度的旁遮普，并推翻那些虽然在人数和财富上占绝对优势，却在社会凝聚力方面无可救药地处于劣势的王国和帝国——它们的上层和下层之间、统治者和被统治者之间存在着致命的裂隙。铁板一块的社会与分崩离析的社会之间的反差，也有助于解释为何少数西班牙征服者能够推翻阿兹特克帝国和印卡帝国，因为正是这些帝国当中成千上万的臣民给西班牙人提供了不可或缺的帮助。这种以"现代性"（modernity，体现为更高的民众参与率）战胜僵化的帝国社会的范式，在 17 和 18 世纪被英国所复制。当时，少数英国商人推翻了印度的莫卧儿帝国，也是借助了当地土兵的力量，由这些部队完成了大部分战事。1857 年，当印度土兵发动反抗英国统治的起义时，镇压起义的不仅有英国军队，也有印度人。伦敦《泰晤士报》（Times）记者惊奇地注意到了这一点，他在报道中写道："男人、女人和儿童兴高采

---

[263] 塞缪尔·克雷默（Samuel N. Kramer）：《苏美尔人：他们的历史、文化和特性》（The Sumerians：Their History，Culture，and Character，University of Chicago Press，1963，p.123）。

烈地涌向勒克瑙，要帮欧洲人解决他们的同胞。"[264]《泰晤士报》记者当然会感到惊讶，因为若是印度人向伦敦开进的话，他的同胞肯定会是另外一种反应。其实，欧洲人之所以能够征服并统治世界性的庞大帝国，并不单单是由于他们在军事技术上具有优势，也是由于他们的社会更加具有政治凝聚力和社会凝聚力。

在19世纪末和20世纪初，当西方国家的立法机构把选举权从某些成年男性扩大到全体成年男性和成年女性时，就从基于有限选举权的议会主权国家转变成充分的代议制民主国家，从而进一步加强了国家的政治凝聚力和社会凝聚力。但在今天，西方的代议制民主正在受到挑战（即社会主义国家所讲的"民主集中制"）。各地都在抱怨，所谓的代议制只不过是在名义上允许民众参政。人民提出了许多混乱乃至自相矛盾的参政要求，比如"真正意义上的"参政——要求来自下层的代表真正、实际地参与政府决策。关于"真正意义上的"参政概念，仅以智利的社会主义者，巴西的"解放神学"信徒，西德的"绿党"（Green Party）成员，以及中东的伊斯兰教原教旨主义者为例，他们对这一概念的设想就可能非常不一致。

有几种因素可以解释人民为何如此热衷于参政，并对代议制民主颇有微词。原因之一在于，现代公民的教育程度更高，获取信息的渠道更多，他们更加自信，对社会的要求也更加严格。同样重要的一点在于，仅仅选举代表而不实际参政的民主制度已经日益失效。现代社会太过复杂，不可能仅凭上级领导或某个权力中心就能加以指导和控制，不论这种权力中心是白宫（White House）、克里姆林宫（The Kremlin）还是唐宁街十号（10 Downing Street）。单个人或单个政党已经无法有效地运作一个大型的现代社会，即使掌握了全部的现代技术资源，也照样无能为力。各国政府日益发现，即便是 *243*

---

[264]　引自盖伊·温特（Guy Wint）：《英国人在亚洲》（*The British in Asia*，Institute of Pacific Relations，1954，p.18）。

面对一些基本的任务，如维护法律和秩序，保护自然环境，维持住房条件和公共卫生的最低标准，提供符合国家需要的教育体系，也在变得越来越艰难。

目前，人们对代议制机构发起挑战的另一个原因在于，这些机构正被政客通过大众媒体来进行单向宣传。政治候选人像肥皂和牙膏那样被推向消费市场。例如，在1988年美国总统大选期间，竞选"经理"建议那些候选人回避那些诸如外交政策、贸易逆差、预算赤字、武器协议之类的严肃议题，而要重点谈论那些能够打动选民情绪的问题，如堕胎、死刑、囚犯权利、美国公民自由联盟会员资格，等等。同时，各种政治行动委员会也在通过巨大的财政杠杆来决定谁去竞选，以及谁能当选，以此来简化选举过程。对此，美国选民并非毫不知情，这一点可以从近来总统选举投票当中合格选民所占的比例持续下降上体现出来：1960年为62.8%；1964年为61.9%；1968年为60.9%；1972年为55.2%；1976年为53.5%；1980年为52.6%；1984年为53.1%；1988年为50.0%。

民众参与热情背后的这些综合因素，在全球各地的表现程度和表现方式有所不同。在美国，公民离开了投票箱，因为他们意识到了它的徒劳性质，与此同时，他们却踊跃地参与到自认为能够发挥一些影响力的日常事务当中。这种参与热情目前可以在诸多事务中体现出来：环境保护，增进妇女权益，发挥妇女作用，促进裁军，维护和平，关注食品和营养，自学与"自助"（self-help）。后者发展得尤为迅速，在1980年代中期，美国已有不下50万个"自助"团体在活动，成员超过1500万人。这些人自愿组成互助小组，以切实解决从出生到死亡的各种人生危机。小组成员不但想要成为消费者，还要成为社会参与者。他们希望自己可以更多地主导自己的生活，而不是依赖外面的各种专家。不论是有意还是无意，他们正在提出授权于民的根本问题，而且正在逐渐把"代议制民主"（representative democracy）转变为"参与式民主"（participatory democracy）。

在第二世界的社会主义国家，理论上的自我管理与实际上的自我管理之间的反差，比第一世界的资本主义国家中的反差还要大。马克思主义理论号召群众参与管理，实行"无产阶级民主"（proletarian democracy），但是，这种理论因现实当中自上而下的一党专政而流于形式。美国选民在自己的选举权被那些政治行动委员会和30秒广告搞得形同虚设时，对选举权的意义发出了质疑。同样，苏联选民（直到戈尔巴乔夫的"新思维"出现之后）对于既无候选人竞选也无候选人名单的选举，也表达了强烈的质疑。1988年2月19日，戈尔巴乔夫在苏共中央委员会前的一次会议上坦承："我们已经失败，而且仍在继续惨败，因为我们未能把基层民众的创意、热情和独立见解充分释放出来。这是我们改革当中最大、最艰巨、同时也是最重要的任务。"[265]

为了努力释放"基层民众的创意"（grass-roots initiative），戈尔巴乔夫在1989年3月允许新一届苏联议会举行首次竞选。竞选激起了如此强烈的政治风暴，以致《纽约时报》（New York Times）驻莫斯科前任记者，经常穿梭于莫斯科和纽约的戴维·希普勒（David K. Shipler）得出了一个结论："世界上最封闭的大国的政治辩论，要比世界上最民主的大国的政治辩论显得更机智，更老练。"与"总统选战这种微不足道的俗事"相比，希普勒发现莫斯科"围绕个人和国家的最根本的问题展开了富有创意和振奋人心的对话"。[266] 希普勒的结论得到了选举结果报告的支持，一大批党内高官、克格勃部门领导和高级军官纷纷落选。由此迸发出来的政治能量预示着一场高质量的新型政治斗争的开始。由于有了表达爱憎的机会，苏联人民在这次选举中对戈尔巴乔夫的改革表示支持，然而，他们同时也挑战了他试图革新而非颠覆的共产党和社会主义体制。

不仅是在苏联，在苏联的邻国波兰，民众的参与热情也改变了本国的政 *245*

---

[265]　苏联大使馆新闻公报（Press Release Soviet Embassy），华盛顿，1988年2月19日。

[266]　《纽约时报》，1988年11月14日。

治面貌。波兰的持不同政见者面对的是华沙政府与莫斯科政府联合起来的压倒性力量。任何武装反抗或是革命念头都注定会失败。亚当·米什尼克（Adam Michnik）这位地下活动的理论家和活动家，解决了如何在如此严酷的逆境中实现万众期待的民族自决的难题。1976 年，在一篇发人深省的文章中，他提出了一种迥异于此前那种通过革命策略夺取国家政权来实现理想的社会变革的办法。米什尼克写道，波兰人民应该暂时忽视国家问题，而应着手过好自己的生活，掌握自己的命运，"像自由人那样生活"（live as if we were free）[267]。人们的直接目标应该是社会目标，而非政治目标；也就是说，应该建设一个可以替代现有社会的新社会，而不是去夺取国家政权。尽管在这样的局面下仍然缺乏自由，但却能够赢得自治。只有在真正意义上实现自治之后，与当局谈判的时机才会成熟。

米什尼克其实是在号召基层民众发挥首创精神，戈尔巴乔夫也曾号召苏联人民发挥首创精神，只是收效甚微。但在波兰，这种首创精神却是一发不可收拾，因为它顺应了深得人心的民族主义合法事业。近年来，在团结工会的领导下，一种与现行社会形成竞争的自给自足的新社会牢牢站稳了脚跟，开始与华沙政府分庭抗礼。全国各地都建立了地下网络，内容涉及波兰人生活中的方方面面：从教育、医疗服务、保险，到出版、剧院、电影、广播，乃至录音带和录像带的生产。团结工会的基层参与策略是如此成功，以致在1989 年 4 月，波兰政府发现有必要签署一项协定，恢复团结工会的合法地位，并准备在同年 6 月公开举行议会两院选举。

在第三世界国家，民众的参政热情与第一世界和第二世界一样强烈，只是其具体表现形式各异，反映出这个特殊"世界"内部在民情和传统上的巨大差异。然而，不论其表现的性质如何，积极还是消极，他们却有一个共同

---

[267] 引自谢尔（J. Schell）："今天会更好"（A Better Today），载《纽约客》（New Yorker），1986 年 2 月 3 日，第 47—67 页。

特征，那就是自发性，这是一种来自下层的冲动，而且在时机和规模上经常出乎人们的意料。甚至当今时代"恐怖主义"（terrorism）的增长也具有这种特点。"恐怖主义"常被视为由敌国政府资助的孤立的阴谋集团的行径。*246*但若我们换一种视角来看的话，就可以从人类学的研究成果中发现，"恐怖主义"通常更像是一种以社区为基础的相对具有自发性的运动。恐怖分子采取行动和逃避侦察的有效性，通常直接取决于社区支持度，这些社区会把他们的事业视为正义的事业，把他们的恐怖行为视为美德。从这个意义上讲，一些社区可被称作恐怖分子的策源地，如印度的锡克教社区，北爱尔兰的天主教社区，黎巴嫩的什叶派穆斯林社区，以及遍布中东的巴勒斯坦人社区。

与恐怖活动一样无处不在的是第三世界国家突然爆发的起义。起义者通常都是具有压倒性多数的受害民众，他们几乎没有武器，已经不愿再去忍受残暴而腐败的统治，于是揭竿而起，推翻了长期以来受人诟病的独裁统治。就这样，巴列维国王（Shah Pahlavi）逃出了伊朗，马科斯家族（the Marcoses）逃出了菲律宾，杜瓦利埃家族（the Duvaliers）逃出了海地。1988年的缅甸"人民"起义差一点就推翻了强大的军人政权，当时的报道称："这是我们在世界各地看到的少数几个纯粹的人民革命之一。它没有领袖，没有组织。……一个由不到 30 岁的学生和僧侣组成的委员会在维持秩序，发挥了政府的某些职能。"[268]

基层群众运动和公开反抗的杰出案例，可能是南非正在进行的反种族隔离制度的斗争。在黑人社区内部，"街道委员会"（street committees）正在被组织起来。它们推翻了政府任命的社区议会，赶走了警察及其线人，并逐步接管了地方政权。黑人城镇变得非常难管，它们不服从政府的命令，政府只好把它们围困起来。全国各地的街道委员会正在协调群众的行动计划，这些计划的内容从抵制消费到临时大罢工，从调整学校课程到建立"人民法庭"

---

[268] 《纽约时报》，1988 年 9 月 10 日。

（people's courts）。基层民众的抵抗运动采取了分级组织方式，街道委员会由基层民众组成，上一级是市区委员会，再上一级是地区委员会，最高一级是总体协调委员会。最高权力一般交给曾被政府宣布为非法的非洲国民大会，大会的地下组织为街道委员会系统提供了领导和组织力量。"在一种难以驾驭的情况下，政府失去了控制力，"一位非洲高级领导人说，"人民也无法控制局势。他们虽然打破了政府直接统治的枷锁，但还不会控制和引导局势。权力真空已经出现。在人民掌权的情况下，人民正在开始行使管理权。"[269]

当代非洲革命者的这种观点使人联想到另一位革命者，托马斯·杰斐逊（Thomas Jefferson）。两个世纪之前，在签署《独立宣言》时，他踌躇满志地写道："面对人权，所有的眼睛都已睁开，或正在睁开。……人民大众不是生来就背上了马鞍，少数特权人士也不是生来就穿着马靴，踢着马刺，随时准备以上帝的名义合法地骑到他们的背上。"[270]

今天的革命者很熟悉杰斐逊和美国、法国、英国以及其他西欧起义领袖所倡导的反抗理论。坦桑尼亚总统朱利叶斯·尼雷尔（Julius Nyerere）走得更远，他在本国首都向外国使节发表演讲时说，非洲人决心扔掉被强加在他们背上的马鞍，任何外国势力都没有权利干涉这一解放进程。"正如过去英国人民、法国人民和俄国人民有权推翻本国的腐败统治一样，一个自主的非洲国家的人民，在 20 世纪后半叶，也同样有权改变他们的腐败政府。难道非洲人民就没有同样的权利吗？"[271]

对任何一个探求人类历史命脉的人来说，此时都会自然而然地提出一个问题：贯彻历史始终的这种参政热情，如今是否已在极为广阔的全球范围

---

[269]　叙述出自罗格斯大学（Rutgers University）教授约瑟夫·西尔弗斯坦（Josef Silverstein）。《洛杉矶时报》，1986 年 4 月 7 日。

[270]　引自康马杰（H. S. Commager）："作为世界理想的革命"（The Revolution as a World Ideal），载《星期六评论》（*Saturday Review*），1975 年 12 月 13 日。

[271]　尼雷尔讲话稿，载《国家》，1978 年 6 月 8—15 日。

再次证明了自己的价值。我们会不会再次见证一场可以超过曾在历史上推翻查理一世（Charles Ⅰ）、乔治三世（George Ⅲ）和路易十六（Louis ⅩⅡ）统治的民众参政热潮？尼雷尔提到的那些西方起义背后的意识形态，是哲学家约翰·洛克（John Locke）在他的《政府论》（*Essay on Civil Government*，1690）一书中提出的思想。洛克宣称，如果统治者对他们的臣民统治不当，"由于这种背信弃义的行为，他们丧失了人民出于截然相反的目的而交到他们手中的权力，这种权力将回到人民手中，人民有权重新取得自己原有的自由"。不过，这个道理中的一个重要细节在于，洛克认为构成"人民"（the people）的是那些受过教育的有产者，而不是那些没有受过教育的大多数无产者——那些"日工、商人、纺织工人和挤奶工"，他们不明白，也不可能明白，因此需要有人告诉他们应该相信什么和做些什么。

约翰·洛克提出的"社会契约"（social contract），代表了 17 世纪的一次理论飞跃。如今，波兰的团结工会，南非的街道委员会，拉丁美洲的基督教基层社区委员会，以及活跃在世界各地的类似组织，也在要求出现类似的飞跃。约翰·洛克如果活到现在的话，无疑会惊奇地发现，他在《政府论》中使用的"人民"概念已经具有了全新的地理和社会内涵——它涵盖了全世界居民，而不只是几个西方国家的居民，它包括了所有的"人民"（all "the people"），而不只是少数受过教育的有产者。

最近活跃起来的全球民众所具有的抱负能否得到满足，目前还无法预见。未来就像过去一样，意料之外的事情出现的可能性更大。在这一过程中，那些被卷入政治漩涡的民众，可能注定要经历令人鼓舞的高潮和令人心碎的低潮，就像英国革命中的"圆颅党"（the Roundheads）和"保皇党"（the Cavaliers），美国革命中的"自由之子"（Sons of Liberty）和"大英帝国效忠派"（United Empire Loyalists），法国大革命中的"无套裤汉"（the sansculottes）和"流亡者"（the emigres），俄国的布尔什维克和孟什维克，中国国民党／国家主义者和毛泽东的"红卫兵"，以及最近齐聚世界上最大的广场并竖起自由女神像，继而在各地被当成"暴乱分子"被搜捕的学生和工人。唯一可以肯定的一点是，就像 20 世纪中叶见识广博的观察家无法预见 20 世纪后期出现的新技术和全球新型经济关系一样，今天的观察家也不可能预见主导 21 世纪中叶的将会是什么样的新型政治和全球新型政治关系。

人类进化到现在这个阶段所具有的态势，在《原子科学家公报》（*Bulletin of the Atomic Scientists*）中可以反映出来。这份公报在每月出版的杂志封面上都印有一个"末日时刻表"（Domesday Clock），钟表的分针位置代表了人类处境的危急程度。在 16 年的时间里，它的分针都稳稳地停在午夜零点时刻。1984 年 1 月，分针被回拨到午夜前 3 分钟的位置，然后停在那里，直到 1988 年 2 月，编辑们又把它回拨到午夜前 6 分钟的位置。这种变动反映了超级大国在销毁携带核弹头的中程导弹方面，以及苏联从阿富汗撤军方面取得的进展。

在以世界末日为终点的漫长曲线上，把分针调到午夜前 3 分钟，可能只是一种无关紧要的上扬信号。另一方面，我们在追溯了人类的历史命脉之后，又可得出这样的结论，即我们这个时代有着巨大的潜力，也有着巨大的危机。这些生死攸关的事情既没有迫使我们相信末日，也没有让我们陷入至福千年的幻想。相反，我们得出了一个没有终结的结论。拜我们的基因和技术所赐，我们能够自由地选择成为自己命运的创造者，而不是被造物，就像有些人所作的那样。选择权在我们手中，而且它仍是一种开放的选择。

这种开放性——"智人"既可以登上珠穆朗玛峰，也可以下到美国大峡谷的前景——使当今时代成为人类历史上最激动和最重大的时刻。如今，人类能够达到造物主的新高度，也可能沦为被造物而销声匿迹。后一种命运曾被过去的无数物种所证实，只因它们不能适应周围环境的变化。如今，人类自身要为周围的环境变化负责，因此，人类的问题不是去适应一种他们无法掌控的环境，而是去适应自己为满足人类自身需要而创造出来的环境。

这一任务对于以"智人"自居的人类来说，相对比较容易。然而，这一任务却迟迟仍未启动，因为过去流传下来的一些东西遮蔽了人们的眼睛。这种困境的源头可以追溯到几千年前的旧石器时代，根据人类学家斯坦利·戴蒙德的说法，我们的祖先当时就像强征的士兵一样被裹胁到了文明的进程，而非出于自愿。强迫手段之所以能被当成一种必要措施被人们所接受，是因为当时没有其他办法能使新生的人类家庭存活下来。历史证明，世界各地的文明是一些严厉的监工，最终靠国家和市场的不断鞭策维持下来。不过，人类文明的确结出了果实，充分满足了当时的需要，这也是它们得以长久存在的原因。这也是我们能够成为这颗星球上最大赢家的原因。然而，在这一过 *250* 程中，我们太过注重成就，以至于不能松懈、休息或去享受过去历尽艰辛取得的成果。我们被传统遮蔽了双眼，使我们在老路上徘徊不前，丝毫意识不到有通向新高地和新机会的新道路。在几十年前的大萧条的困难时期，约翰·梅纳德·凯恩斯率先意识到了这种典型的历史困境，他把那种不知节制的进取行为称作"一种讨厌的病态，病人半是罪犯，半是变态，人们应该战战兢兢地把这些人交给精神病专家"。不过凯恩斯也对这种"病态"（morbidity）表示了尊敬，因为它"在促进资本积累方面极为有用"。只是一旦完成"积累"（accumulation）目标，凯恩斯总结道，"我们就应该再次把重心放到目的而非手段上，注重质量甚于用途。我们应该尊敬那些教会我们如何充实妥善地安排时日的人，那些能够及时享受生活的快乐的人。……这种生活已经开始。"[272]

这种生活的确已经开始。现在的问题是能否允许这种生活继续下去——人们是否已经领悟到，自加挞伐或任何其他形式的"鞭策"（whips），如今已是既无必要，又贻害无穷。对于那些懂得如何"安排时日""及时享受生活"的人来说，他们的时代已经到来。

---

[272]　凯恩斯：《劝说集》，第 371—373 页。